»Mutter Courage des Theaters«
Ida Ehre

ZUM BUCH

»Die sanfteste Diktatorin, die sich denken läßt«, so nannte Walter Jens die Prinzipalin des Theaters einmal. Ida Ehre war Jüdin und während des Faschismus zwölf Jahre mit Berufsverbot belegt und mußte fliehen. Ein solches Schicksal forderte sie aber eher heraus, als daß es sie ohnmächtig machte.
»Ich probier's halt mal«, das war ihr Motto oft im Leben und auch ihre Reaktion, als man sie völlig überraschend 1945 bat, doch selbst ein Theater aufzumachen. Sie verspürte in diesem Moment zwar einen ungeheuren Hunger, ihrer eigentlichen Profession, der Schauspielerei, nachzugehen, aber sie sagt zu und versucht diesen ungeheuren Kraftakt – mit Erfolg.
Es war kein einfaches Leben, das ich geführt habe, auch in bezug auf Männer, so sagt sie. Ida Ehre ist alles: Geliebte, Ehefrau, Mutter und eine Schauspielerin mit einer ungeheuren Überzeugungskraft. Sie ist Beispiel für den gelungenen Spagat zwischen weiblicher Rollenzuweisung und Selbstverwirklichung im Beruf. Ihre Lebensgeschichte ist geprägt von innerem Widerstand und der sich immer wieder erneuernden Kraft, aus der die Inspiration für das Neue wächst. Diese Eigenschaft bewahrt sie sich bis ins hohe Alter, indem sie auch Mut zur Häßlichkeit beweist. Und ihr Mut ist es auch, der sie so unsterblich macht.

ZUR AUTORIN

Verena Joos wurde 1951 in Lörrach geboren, hat in Freiburg Germanistik und Philosophie studiert und schließlich ihre Leidenschaft fürs Theater zum Beruf gemacht. Sie arbeitete in Freiburg, Pforzheim und Kassel als Dramaturgin und befaßte sich auch mit Regie- und Konzeptionsarbeit. Heute hat sie sich mehr dem Journalismus zugewandt: Als Rezensentin, Buchautorin und Hörfunkmitarbeiterin lebt sie mit ihrem Mann und ihren drei Kindern in Kassel.

VERENA JOOS

»Mutter Courage des Theaters«

Ida Ehre

ECON & LIST TASCHENBUCH VERLAG

In der Reihe »Rebellische Frauen« sind bereits erschienen:

Annette Seemann
»Ich bin eine befreite Frau« – PEGGY GUGGENHEIM (TB 26512)

Jochen Schmidt
»Tanzen gegen die Angst« – PINA BAUSCH (TB 26513)

Leo Linder
»Ah, mein kleiner Herzog, du hast Angst?« – JEANNE D'ARC (TB 26514)

Barbara Leisner
»Unabhängig sein ist mein heißester Wunsch« – MALWIDA VON MEISENBUG (TB 26515)

Matthias Henke
»Süchtig nach der Sehnsucht« – EDITH PIAF (TB 26516)

Mariam Niroumand
»Westwärts, junger Mann!« – MAE WEST (TB 26517)

Max Gallo
»Ich fürchte mich vor gar nichts mehr« – ROSA LUXEMBURG (TB 26518)

Siegfried Obermeier
»Ein Weib mit ungeheurem Talent« – ANGELIKA KAUFFMANN (TB 26559)

Katharina Zilkowski
»Le style c'est moi!« – COCO CHANEL (TB 26563)

Veröffentlicht im Econ & List Taschenbuch Verlag
Der Econ & List Taschenbuch Verlag ist ein
Unternehmen der Econ & List Verlagsgesellschaft, München
Originalausgabe

Umschlagkonzept: Büro Meyer & Schmidt, München – Jorge Schmidt
Umschlagrealisation: Tabea Dietrich, Costanza Puglisi, München
Titelabbildung: Bildarchiv Preußischer Kulturbesitz, Berlin (Ida Ehre)
Lektorat: Ulrike Meiser, Düsseldorf
Gesetzt aus der Rotis, Linotype
Satz: Josefine Urban – KompetenzCenter, Düsseldorf
Druck und Bindearbeiten: Ebner Ulm
Printed in Germany
ISBN 3-612-26568-7

INHALT

VORWORT *Ida Ehre – eine erste Annäherung* 7

1. KAPITEL *Wiener Kindheit um 1900* 11

2. KAPITEL *Wo, bitte, geht's hier zum Theater?* 33

3. KAPITEL *Schmaler Weg in den hohen Norden* 45

4. KAPITEL *Endstation Sehnsucht* 61

5. KAPITEL *Finstere Zeiten* 71

6. KAPITEL *Ein Kapitel für sich* 77

7. KAPITEL *Kleine Fluchten, große Fluchten* 87

8. KAPITEL *»Du schaffst das schon«* 95

9. KAPITEL *Fuhlsbüttel – sieben Wochen Ewigkeit* 105

10. KAPITEL *Eine neue Zeit, ein neues Theater* 111

11. KAPITEL *Auf den Schwingen des Erfolgs* 127

12. KAPITEL *Draußen vor der Tür* 141

13. KAPITEL *»Rettet die Hamburger Kammerspiele!«* 149

14. KAPITEL *Kinder, Küche, Kammerspiele* 161

15. KAPITEL *Zwischen Kommerz und Risiko* 171

16. KAPITEL *Mit Elan in die Siebziger* 189

17. KAPITEL *Die späten Highlights und die leidigen Finanzen* 203

18. KAPITEL *»Sag nein!«* 213

19. KAPITEL *»Auch der scheenste Jud' wird amal alt ...«* 221

EPILOG 233

ANHANG *Literatur* 237
Register 238

VORWORT

Ida Ehre – eine erste Annäherung

Vor mir auf dem Schreibtisch steht seit etwa einem halben Jahr das Porträt einer kleinen, großen alten Dame. Das dunkle Haar, in das sich noch kaum ein graues verirrt hat, ist sorgfältig gepflegt und in weichem und strengem Schwung zugleich um das schmale Gesicht gelegt, eine einzige widerspenstige Locke schneidet eine wohlkalkulierte Kerbe in die Symmetrie. Dunkle, auf den ersten Blick ein wenig strenge Augen blicken mich an und gleichzeitig durch mich hindurch, in die Ferne. Sie haben viel gesehen und viel durchschaut, diese Augen. Und dennoch schenken sie dem zweiten Blick, der sich vom ersten nicht hat einschüchtern lassen, einen kaum merkbaren Ansatz des Augenzwinkerns, des geheimen, belustigten Einverständnisses. Diese Augen haben auch viel gelacht –, manchmal trotz, manchmal vielleicht auch gerade wegen ihres unbestechlichen Durchblickes. Die Nase ist groß, kräftig und wirkt doch wohlproportioniert in dem feinen Gesicht. Und der Mund: Ganz wenig sind die noch immer vollen Lippen nach oben gezogen, ein Gran Spott liegt auf ihnen, und wenn ich sie anblicke, beziehe ich dieses Gran Spott auf mich. »Sie wollen ein Buch über mich schreiben«, scheint mich dieser geschlossene Mund zu fragen – »können Sie das überhaupt? Sie haben mich doch gar nicht gekannt.« Aber verkniffen wirken sie nicht, diese Lippen, eher ein wenig amüsiert. »Na, dann legen Sie mal los«, scheinen sie schließlich zu befinden. »Wir werden sehen, was dabei herauskommt.«

Ja, da lege ich nun also los. Natürlich hat die alte junge Dame recht: Ich habe Ida Ehre nicht gekannt. Aber ich habe sie sehr wohl wahrgenommen und bewundert. Sie war die erste Intendantin eines deutschen Theaters seit den Zeiten der Caroline Neuber im 18. Jahrhundert. Versteht man unter »Theater« nicht das Ensemble oder das Ereignis, sondern das Haus, die feste Spielstätte, dann war sie – die Neuberin war ja die Prinzipalin einer fahrenden Truppe – die erste deutsche Intendantin überhaupt. Sie hat »ihr« Haus, die Hamburger Kammerspiele, fast fünfundvierzig Jahre geleitet, durch die Klippen des Anfangs geführt, seine Midlife-, seine Auslastungs- und seine finanziellen Krisen bewältigt, den Spagat zwischen Zuschauerinteressen, künstlerischem wie politischem Anspruch und gesellschaftlichen wie pekuniären Verpflichtungen virtuos gemeistert. Und sie stand, fast bis zum Ende, im Zentrum des Bühnengeschehens: eine beeindruckende Schauspielerin, die in und mit ihren Rollen alt werden und jung bleiben konnte. Dies alles wußte und sah ich nur aus der Ferne, als später Zaungast ihres langen Lebens. So habe ich mich an Menschen gewandt, die sie kannten, die ihr nahestanden, um ihren Werdegang, ihre Karriere, ihren Charakter besser kennenzulernen. Nicht alle haben mir geantwortet, einige haben mir auch die Auskunft verweigert. Ich bin ihnen darum nicht böse. Mögen auch sie mir nicht böse sein, wenn aufgrund biographischer Löcher, die sie mir

hätten stopfen helfen können, einige Unklarheiten, auch einige Ungenauigkeiten bleiben. Zwei Gesprächspartnern indes gilt mein besonderer Dank: der Dirigentin und Kulturpolitikerin Irmgard Schleier, Initiatorin der Bewegung »Künstler für den Frieden«, später des »Festivals der Frauen«, die das mir fast unbekannte Kapitel von Ida Ehres Engagement in jener Bewegung aufgeschlagen hat, das mittlerweile zu einem Lieblingskapitel geworden ist, und dem Intendanten des Theaters in Lüneburg, Jan Aust, lange Jahre ihr Chefdramaturg, Produktionsleiter, rechte Hand und enger Vertrauter, der mir mit seiner großen Sachkenntnis und seinem analytischen Verstand, seinem Humor und seiner Sorgfalt auch dem zunächst unbedeutend scheinenden Detail gegenüber unschätzbar wertvolle Aufschlüsse über die »Ära Ehre«, den Theateralltag und seine Sternstunden gegeben hat. Ohne diese beiden kompetenten, freundlichen und hilfsbereiten Zeitzeugen wäre dieses Buch ein Fragment geblieben.
Umfangreiche Wühlarbeiten im Archiv für Theatergeschichte der Universität Hamburg waren außerdem vonnöten, um die Aufführungs- und Wirkungsgeschichte der Kammerspiele von ihren Anfängen bis heute darzustellen. Bei dieser Sisyphusarbeit hat mich Katie Lübbert aus Hamburg mit großem Einsatz und ebenso großem Einfühlungsvermögen unterstützt. Auch ihr herzlichen Dank!
Und: Dank auch an Ida Ehre selber, die mir, mit ihren Aufzeichnungen über Stationen ihres Lebens, erschienen unter dem Titel »Gott hat einen größeren Kopf, mein Kind«, welche ich mit großem Interesse gelesen habe, einen ersten Einblick in ihr langes, reiches Leben ermöglicht hat. Vieles, so bemerkt sie selbst in ihrem Vorwort, ist der Erinnerung entfallen, in manchem, so bemerkte ich im Laufe der Recherche, deckt sich die subjektive Erinnerung nicht mit dem starren Gerüst der Geschichte. Ich habe versucht, Widersprüche zwischen historischen Fakten und persönlich Erinnertem aufzuzeigen. Nicht eitler Besserwis-

serei halber, sondern gerade um dem Faktor Subjektivität als solchem Rechnung tragen zu helfen. Natürlich sind solche biographischen »Eigenschöpfungen«, seien es Verschiebungen oder Verdichtungen auf der Zeitachse, Auswechseln von Ursache und Wirkung, Auslassungen wie Ausdehnungen, bedeutsame Indizien für das Verhältnis des Subjekts zu seinem jeweiligen Gegenstand. Die Lust an der Spekulation über dieses Verhältnis – und damit auch die Lust daran, meine eigene Subjektivität am Spiel mit Geschichte und Fiktion, Wirklichkeit und Wahrheit teilhaben zu lassen – war für mich die eine treibende Kraft, die diesen Prozeß in Gang setzte. Die andere war meine Hochachtung vor Ida Ehre.

1. KAPITEL

Wiener Kindheit um 1900

Ein Lokaltermin mit Exkursionen

Am 9. Juli 1900 wird in Prerau, einer kleinen mährischen Bezirksstadt an der Betschwa mit etwa 20 000 Einwohnern, die zur damaligen K.u.K.-Monarchie gehört, Ida Ehre geboren. Sie ist das fünfte Kind der Familie. Ihr jüngster Bruder Paul erblickt eineinhalb Jahre später das Licht der Welt. Der Vater, Salomon Ehre, ist Oberkantor der Synagoge – im Osten »Chasen« genannt. Ein angesehener Beruf, der den Avancierten ihres Faches weitverbreiteten Ruhm und Gastiereinladungen bis in die Neue Welt einbringt. »Ich habe nie nachprüfen können«, schreibt Joseph Roth 1928, »ob die Juden recht hatten, die mir mit Überzeugung sagten, der und jener Chasen hätte besser gesungen als Caruso.«
Nun, Ida Ehres Vater hätte, wie sie in ihren biographischen Aufzeichnungen berichtet, lieber die Laufbahn eines Caruso eingeschlagen. Finanzielle, örtliche, religiöse wie vielleicht auch

familienlogistische Erwägungen mögen diesem Wunsche zuwidergesprochen haben. Mit 38 Jahren stirbt der Vater. Bertha Ehre, die Mutter, ist gerade 32, ohne Anrecht auf Pension und gezwungen, die Familie nun allein durchzubringen – in einer Zeit, in der das »soziale Netz« noch denkbar dünn geknüpft ist. Weder die Segnungen des Kindergeldes noch der Sozialversicherung kennt man in der Donaumonarchie. Eine Hausfrau wird also durch den frühen Tod ihres Gatten automatisch zur Erwerbstätigkeit verpflichtet, will oder kann sie nicht eine weitere eheliche Bindung eingehen. Bertha Ehre will dies ganz entschieden nicht, wenngleich es an Bewerbern für die aparte dunkelhaarige Schönheit nicht mangeln wird. Sie zieht, es muß im Jahre 1901 oder 1902 gewesen sein (hier existieren widersprüchliche Aussagen in Ida Ehres biographischen Verlautbarungen), mit ihren sechs Kindern und ihrem 70jährigen Vater nach Wien, in die Leopoldstadt.

Dieser Leopoldstadt, schon immer eine Insel für Zuwanderer, hat Joseph Roth in seinem Essay »Juden auf Wanderschaft« ein oft zitiertes literarisches Denkmal gesetzt, das auch hier, seiner Zeitbezogenheit und Farbigkeit wegen, in Auszügen wiedergegeben werden soll: »Die Ostjuden, die nach Wien kommen, siedeln sich in der Leopoldstadt an, dem zweiten der zwanzig Bezirke. Sie sind dort in der Nähe des Praters und des Nordbahnhofs. Im Prater können Hausierer leben – von Ansichtskarten für die Fremden und vom Mitleid, das den Frohsinn überallhin zu begleiten pflegt. Am Nordbahnhof sind sie alle angekommen, durch seine Hallen weht noch das Aroma der Heimat, und es ist das offene Tor zum Rückweg.

Die Leopoldstadt ist ein freiwilliges Ghetto. Viele Brücken verbinden sie mit den anderen Bezirken der Stadt. Über diese Brükken gehen tagsüber die Händler, Hausierer, Börsenmakler, Geschäftemacher, also alle unproduktiven Elemente des eingewanderten Ostjudentums. Aber über dieselben Brücken gehen in den Morgenstunden auch die Nachkommen derselben un-

Salomon Ehre, Ida Ehres Vater, war Oberkantor der Synagoge in Prerau
(Foto: du Vinage, Hamburg)

produktiven Elemente, die Söhne und Töchter der Händler, die in den Fabriken, Büros, Banken, Redaktionen und Werkstätten arbeiten.
Die Söhne und Töchter der Ostjuden sind produktiv. Mögen die Eltern schachern und hausieren. Die Juden sind die begabtesten Anwälte, Mediziner, Bankbeamten, Journalisten, Schauspieler...«

Auf die Juden in den böhmischen, mährischen, ungarischen und galizischen Städten und Schtetls wirkt Wien wie ein Magnet. Die Leopoldstadt wird ihre neue Heimat. In die Palais in der Praterstraße zieht das jüdische Bürgertum ein, in den Seitengassen mischen sich jüdische Handwerker, Händler und Arbeiter unter die Ansässigen. Max Adler, Sigmund Freud, Alfred Polgar und Arnold Schönberg wachsen hier auf, auch Elias Canetti verbringt unweit des Praters einige Jahre seiner Kindheit. In der Praterstraße, die zwar heute nur noch wenige Spuren des prachtvollen Boulevards zeigt, der sie im 19. Jahrhundert war, die Joseph Roth aber in den 20ern noch immer als »beinahe herrschaftlich« beschreibt, findet auch Bertha Ehre mit ihren sechs Kindern und dem 70jährigen Großvater ein, wenn auch bescheidenes, beengtes, so doch durchaus nicht bedrückendes Domizil. Den Lebensunterhalt der Familie bestreitet sie mit dem Verkauf eigener Näharbeiten, und das Geschäft muß durchaus einträglich gewesen sein, denn über Mangel am Nötigsten besteht in der großen Familie kein Anlaß zur Klage.

So viel ist es, was sich an nüchternen Fakten aus Ida Ehres Aufzeichnungen über die frühen Wiener Jahre herausdestillieren läßt. Unendlich freilich ist das Reservoir für Spekulationen, und das ist es unter anderem auch, was die Lektüre ihrer biographischen Skizzen so reizvoll macht und den biographischen Forschereros erweckt. So läßt sich etwa, nimmt man die verstreuten Anmerkungen über ihre Geschwister als Bausteine einer familiären Phänomenologie, nicht übersehen, daß zumindest fünf der sechs Sprößlinge eine darstellerisch-künstlerische Neigung aufzeigen und immerhin die Hälfte sie teil- oder zeitweise ausgeübt hat. Der Bruder Fritz, zwölf Jahre älter als Ida und ein jugendlicher Bonvivant auf der Bühne des Lebens, wird als begabter Sänger geschildert, einer, der in seiner Kehle das väterliche Erbe bewahrt. Allein Kosten und Länge der Ausbildung lassen ihn, dem aufgrund der Geschwisterfolge sicherlich schon früh bestimmt war, einen Teil des Lebensunterhaltes mitzubestreiten, vor dieser Karriere zurückschrecken und motivieren ihn, statt dessen den soliden Beruf des Kaufmanns zu ergreifen – laut Joseph Roth ja eine Art professioneller Grundausstattung der Leopoldstädtischen Bevölkerung. Paul dagegen, der Jüngste und Gegenstand von Ida Ehres innigster Geschwisterbindung, hat von der Mutter das Talent zum skurrilen Humor in die Wiege gelegt bekommen und ist nach Aussage der Schwester »der geborene Komiker«, ein unbekümmerter Virtuose des kindlichen »Als-ob«, so wie sie selbst diese Klaviatur auch wunderbar beherrscht. Auch Pauls Laufbahn mündet, fernab von der Bühne, in einen »anständigen« Beruf, den des Goldschmiedes. Immerhin eine bildnerische und somit im weitesten Sinne auch künstlerische Profession. Die älteste Schwester Ottilie – über ihr genaues Geburtsjahr gibt die Autorin keinen Aufschluß – hält dem geneigten und neugierigen Leser der Autobiographie viele Rätsel bereit, die nach Auflösung geradezu lechzen. Als besonders schöner Mensch wird sie geschildert, gleichzeitig – die Krux so vieler schöner Menschen – an Platzangst leidend, gepeinigt von der Vorstellung, ständig angestarrt zu werden. Ida Ehre charakterisiert sie als unglücklichen Menschen, sehr verschlossen, ganz anders als ihre anderen Geschwister. Ganz still, sehr belesen, sehr gebildet. Und dieser stille, unglückliche Mensch, dem es eine unglaubliche Pein bereitet, angestarrt zu werden, soll, zumindest für einen gewissen Teil seines Lebens, Schauspielerin gewesen sein, unter anderem in einem großen Theater in Berlin! Schwer nachvollziehbar, fast schon unglaublich klingt das, schwer nachvollziehbar als psychodynamisches Phänomen, wenn nicht im Sinne einer selbstauferlegten Schock- oder Desensibilisierungstherapie verstanden. Ottilie, so berichtet Ida Ehre, habe schließlich aufgehört mit der Schauspielerei und Dr. Heinrich Kanner geheiratet, Chefredakteur und Mitinhaber der *Freien Presse* – wie sie schreibt –, einer großen politischen Zeitung in Wien.

1. EXKURSION: INS DICKICHT DER PRESSE

Freie Presse – ein Zauberwort, das meinen Jagdinstinkt weckt. Ida Ehre muß die *Neue Freie Presse* gemeint haben. Eine Zeitung namens *Freie Presse* existiert seit den Siebzigern des 19. Jahrhunderts in Wien nicht mehr. Das war doch das Blatt, dem die erbitterte Polemik des Dichters und Publizisten Karl Kraus gewidmet ist! Ich wälze Jahrgang um Jahrgang seiner Zeitschrift *Die Fackel* und suche den Namen »Kanner« aufzuspüren. Lese mich hier an einem skurrilen Gerichtsprozeß, dort an einer bissigen Bemerkung über das Burgtheater-Ensemble, wieder anderswo an einer mit Herzblut verfaßten Würdigung des Dichters Peter Altenberg fest – und werde fündig, wenn auch in einem anderen Zusammenhang als erwartet: Kanner ist nicht Chefredakteur und Mitherausgeber der *Neuen Freien Presse*, dies ist ein Herr Moritz Benedikt, Lieblingszielscheibe Krausscher Schmähreden über ganze Jahrgänge der *Fackel* hinweg. Aber es gibt – ich staune – etwa ein Dutzend weiterer Tageszeitungen im Wien der Vorkriegszeit: Die *Arbeiterzeitung*, die *Wiener Allgemeine Zeitung*, das *Neue Wiener Tagblatt*, das *Neue Wiener Journal*, und wie sie alle heißen. Die Presse greift als wichtiger Machtfaktor in die politischen Auseinandersetzungen ein, der Meinungsmarkt ist reich bestückt, und der Kampf um die Abonnenten und Inserenten wird mit allen, auch mit durchaus unlauteren, Mitteln geführt. Im September 1902 mausert sich auch das Wochenblatt *Die Zeit* zur Tageszeitung, in der erklärten Absicht, dem Meinungsmogul *Neue Freie Presse* erbitterte Konkurrenz zu bieten. Ein Ereignis, das Karl Kraus folgendermaßen kommentiert: »... Daß aber Herr Kanner, der's früher bloß wöchentlich einmal nicht wußte, jetzt täglich und zweimal täglich nicht weiß, was er will, das zu verfolgen ist für die Leser viel weniger kurzweilig als er selbst es sich vorgestellt haben mag. Klar steht ihm immer noch einzig das Ziel vor den Augen, österreichische Minister zu stürzen.« Soweit Karl Kraus in der *Fackel* Nr. 118, Anfang Oktober 1902.

Diese geschliffene Sottise ist nicht die erste und nicht die letzte, die Karl Kraus dem Publizisten und Herausgeber Heinrich Kanner widmet. Aus einer Polemik von 1899 läßt sich stichwortartig sein privater und journalistischer Werdegang herauslesen: 1864 in Gallatz/Rumänien geboren, zog es auch ihn, wie so viele galizische Juden, in die Donaumetropole. Seine Karriere begann er bei der *Sonn- und Montagszeitung* und wechselte, nach einer Korrespondententätigkeit für die *Frankfurter Zeitung,* 1898 in die Chefetage der *Zeit,* damals noch Wochenzeitung und, nach eigenem Bekunden, auf striktem Antikorruptionskurs segelnd. Karl Kraus' ironische Randbemerkung am Ende des Zitats ist keine Eintagsfliege, sondern taucht, als schmückende Beilage in der Charakterisierung Kanners, immer wieder auf, ebenso wie der Vorwurf der quälenden Langeweile, die er mit seinen Leitartikeln allenthalben verbreite. Wie korrespondiert Kanners Neigung zum »Ministerstürzen« inhaltlich mit Ida Ehres Anmerkung, Kanner sei das Angebot gemacht worden, Kriegsminister in der Nachfolge Graf Berchtolds zu werden – wenn er sich denn taufen lasse? Dieses Angebot muß, wenn überhaupt, im Winter des ersten Kriegsjahres ausgesprochen worden sein. Im Januar 1915 fand im Kriegsministerium dann ja auch tatsächlich eine Ablösung statt. Nicht aus Altersgründen, wie Ida Ehre mutmaßt – Graf Berchtold ist zu diesem Zeitpunkt gerade 50 Jahre alt –, sondern aufgrund schwerwiegender Differenzen mit Kaiser und Kabinett. Freilich erwähnt Ida Ehre auch die vielen, vielen schneeweißen Seiten, die die *Zeit* während des Weltkrieges aufwies, allesamt Opfer der Zensur. Beläßt man diese beiden Ereignisse in dem engen zeitlichen Zusammenhang, in den Ida Ehre sie stellt, wird das Angebot eines Ministerpostens unwahrscheinlich. Tatsache ist, daß die *Zeit*, die zu Beginn des Kriegs einen überraschend scharfen Kurs gegen die Schwerindustrie führte – was die Zensurmaßnahmen erklärt – Anfang des Jahres 1918 Konkurs machte und die Konkursmasse verkauft wurde. Kanners Kompagnon Isidor Singer wird wegen Veruntreuung vor Gericht gestellt. Er selbst wird Mitarbeiter des *Neuen Wiener Journals*, das er hauptsächlich mit eigenen Erinnerungen aus der guten, alten, korrupten und galanten Zeit der Monarchie bestückt. Wenn man Karl Kraus vertrauen darf, ist er in diese Begebenheiten – meist handelt es sich um Berichte aus den Separées der Nobelhotels, in denen sich Politik in wenig delikater Weise auf Erotik reimt – hin und wieder auch selbst verstrickt. 1929 taucht der Name »Kanner« bei Karl Kraus zum letzten Male auf. Am 15. Februar 1930 stirbt Heinrich Kanner, 65jährig, in Wien.

Als erwiesen darf gelten, daß der Mann der schüchternen Ottilie jemand ist, der sich häufig im Rampenlicht, bisweilen auch im Zwielicht bewegt. Einer, der, zusammen mit seinem Kompagnon, häufig in Prozesse verwickelt ist. Meist geht es um die Verletzung des Urheberrechts, einmal um Urkundenfälschung, in einigen Verfahren auch um die Nichteinhaltung der Kündigungsfrist bei der Entlassung von 21 Mitarbeitern. Aus diesem Verfahren sind Kernsätze der klageführenden, ehemaligen Mitarbeiter wie auch des Angeklagten Kanner erhalten, die ihn als furchteinflößenden, unbeherrschten Choleriker charakterisieren. Ein Mann, der den Konflikt in der Öffentlichkeit nicht scheut, und die Blicke der Öffentlichkeit werden auch auf die publikumsscheue, wesentlich jüngere Gattin getroffen haben. Wie hat sie ihn wohl kennengelernt, und welche Rolle hatte sie in seinem schillernden Leben zu spielen? Eine unglückliche Frau, über deren wahrer Geschichte wohl für immer der Mantel des Vergessens liegen wird. Eine lebende Schnitzler-Figur, wie sie in ihrer unerlösten Melancholie nur das Wien der K.u.K.-Monarchie hervorbringen konnte. Ich hätte gerne mehr über sie erfahren, sie auf ihrem schweren Lebensweg, der 1938 auf grausame Weise im Konzentrationslager endet, ein Stück weiter begleitet.

Kommen wir zur nächsten Schwester, zu Lola, der Tänzerin an der Hofoper. Sie wird ebenfalls als wunderschön, aber von glücklicherem Naturell, geschildert, freilich ohne die Vorzeigescheu der großen Schwester. Acht Jahre älter ist sie als Ida, und: Sie war die erste, berichtet diese, die nackt getanzt hat im Burgtheater. Das war im *Spiegelmensch,* von Franz Werfel. »Sie saß nackt auf dem Souffleurkasten«, schreibt Ida Ehre, »und war wunderbar anzusehen. Wenn jemand so gewachsen ist, daß einen nichts an ihm stört, dann ist Nacktheit etwas völlig Keusches. Sie war acht Jahre älter als ich und fast schon erwachsen, ich aber noch ein Kind.« Soweit die Autorin.

Hier hat die große zeitliche Distanz, die zwischen Erleben und Niederschreiben liegt, im Sinne einer Zeitverschiebung gewirkt: Der *Spiegelmensch,* im Jahre 1918 geschrieben, 1920 publiziert und am 15. Oktober 1921 in Leipzig uraufgeführt (zeitgleich mit dem Württembergischen Landestheater Stuttgart), erlebt in Wien erst ein halbes Jahr später, am 22. April 1922, seine Erstaufführung, die Derniere folgt freilich nicht viel später. Lola ist zu diesem Zeitpunkt 30 Jahre alt, also mehr denn fast erwachsen, wie Ida Ehre erinnert. Sie selbst ist auch kein Kind mehr, sondern, in ihrem 22. Lebensjahr stehend, bereits als Schauspielerin in Deutschland engagiert und nur noch in den Sommerferien zu Gast in Wien. Trägt man dem Umstand Rechnung, daß von der Premiere bis zur Derniere nur wenige Wochen verstrichen sind, was Karl Kraus zwar mit Häme, dennoch glaubhaft versichert, so drängt sich die Vermutung auf,

daß Ida Ehre aus anderen Gründen nach Wien gefahren sein muß. Theaterferien können zu diesem Zeitpunkt noch nicht gewesen sein. Nur um die Schwester auf der Bühne zu sehen? Das ist unwahrscheinlich. So spektakulär Lolas Auftritt gewesen sein mag, ihr Part ist nur eine »Wurze«, wie man im Theaterjargon eine kleine Rolle mit bornierter Geringschätzung bezeichnet. Sie hat in diesem expressionistischen Künstlerdrama vorwiegend zu symbolisieren, nicht zu agieren. Möglich ist allerdings, daß in diese Zeit der Tod des geliebten Großvaters fällt, der dem Kindersextett bis zu Ida Ehres 22. Lebensjahr erhalten geblieben ist, und über dessen Bedeutung für die Wiener Kindheit noch die Rede sein wird. Lola, so erfahren wir weiter, heiratet den Burgschauspieler Philipp von Zeska (1864–1948), einen gebürtigen Hamburger, der noch vor Beginn des neuen Jahrhunderts in die Donaustadt übergesiedelt ist. Die Ehe ist indes nicht von langer Dauer. Sie wird geschieden, bevor die Nazis an die Macht kommen – nicht aus »rassehygienischen Gründen« also. Doch raubt ihr der Status der geschiedenen Jüdin die Erleichterungen der »privilegierten Mischehe«, macht sie zum Opfer des nationalsozialistischen Verfolgungswahnes. Auf abenteuerliche Weise und mit Unterstützung eines guten Freundes ist sie der Deportation entronnen und hat, von der kargen Wiedergutmachung, die der österreichische Staat ihr einräumt, noch ein paar Friedensjahre in Wien verleben können.
Ein Mitglied fehlt noch in der Geschwisterfolge, Idas Schwester Emma. Sie – unbestimmten Alters und in unbestimmter Relation zu den anderen Kindern (ich vermute, daß sie nach Lola und vor Ida geboren ist) – repräsentiert das ganz andere in der Familientradition, das, was bei sonst niemandem zum Tragen kommt. »Wir waren lebendig, farbig, sie dagegen war ein bißchen dumpf, sehr geradlinig.« Und resümierend: »Es ist schon sonderbar, wie bei manchen Menschen dieses Ursprüngliche, Erdverbundene durchkommt, vielleicht sind unsere Vorfahren einmal Bauern gewesen, wer weiß.« Viel mehr erfahren wir

Von ihrer Mutter Bertha lernte Ida Ehre den aufrechten Gang, das Foto entstand um 1913/14 (Foto: Hamburger Theatersammlung)

nicht über Emma. Immerhin ist sie in Wien, in einem sehr guten Modesalon, Modistin geworden, Hutmacherin verdeutscht, auch das ja, genaugenommen, ein künstlerischer Beruf, einer, der etwa in großen Theatern oder in der Haute Couture noch immer seine Existenzberechtigung und sein Ansehen hat, wie viel mehr im Wien der Kaiserzeit, wo die Kopfbedeckung unverzichtbares und buchstäblich prominentes Accessoire der Ausstattung der Dame – und auch des Herrn – von Welt ist.

Emma ist, dessenungeachtet, nur eine biographische Fußnote geblieben, eine Statistin der Kinderzeit. Schade. Emma hätte mich interessiert, gerade in ihrem Anderssein. Ist doch dieses Geradlinige, das Ida Ehre so sehr von ihrem eigenen Kern absetzt, und das sie, etwas überraschend, in einem Atemzug mit der Dumpfheit nennt, auch ein gewichtiger Bestandteil ihrer selbst gewesen. Wie auch die Naivität, die sie an anderer Stelle zur Charakterisierung Emmas herbeizitiert, ihr zu eigen war, wenn auch als eher verleugneter, weniger akzeptierter Teil ihres Selbst. Vielleicht ist es Emma, die Naive, der man sich, spekulativ und auf Umwegen, wieder annähern darf und sollte, wenn von Ida Ehres später Lust am Repräsentativen, ihrem Hasardspiel mit der Publicity die Rede sein wird.

Zentrum der Ehreschen Kernfamilie ist die Mutter Bertha, von Ida mit großer Innigkeit und unendlicher Dankbarkeit verehrt. Sie ist die eine der beiden Frauen, der Ida Ehre ihre Autobiographie gewidmet hat. Die andere ist Ruth, die Tochter.

Bertha Ehre ist es gewesen, die ihre Kinder »den aufrechten Gang« gelehrt hat, Selbstbewußtsein und Selbstverantwortung. Grundprinzip ihrer Erziehung ist die Achtung des jeweiligen Rechts- und Unrechtsempfindens jedes ihrer Kinder. Starre Verbote und Regeln gibt es nicht, statt dessen alles Verständnis für die verschiedenen individuellen Bedürfnisse und Fähigkeiten. Voller Wärme erinnert sich Ida Ehre an eben dieses Verständnis, an die Nachsicht, an die Geduld. Eigenschaften, die

die Mutter ihr nicht habe einpflanzen können, wie sie ein wenig bedauernd eingesteht. Welche Großzügigkeit und Empathie diese den verschiedenen Neigungen der Kinder gegenüber an den Tag gelegt haben muß, dafür gibt es viele Hinweise. Nicht Ida, die Zweitjüngste, ist es ja, die, wir wissen es schon, als erste den Weg zur Bühne einschlägt. Ottilie wurde bereits Schauspielerin, als ihre kleine Schwester noch ein Kind war. Ob ihre Laufbahn so ähnlich begann wie später die Idas? Das wissen wir nicht. Vermutlich war Ida zu diesem Zeitpunkt zu jung, um sich später noch an Einzelheiten erinnern zu können, und der spätere Austausch mit Ottilie scheint eher spärlich gewesen zu sein. Aber Lolas Karrierebeginn ist bezeugt, er ist mit dem der jüngeren Schwester, aufs andere Metier übertragen, nahezu identisch: »Als meine Schwester Lola sagte, sie wolle Tänzerin werden, hat meine Mutter gesagt: ›Probier es, geh hin zum Opernballett, frag an, ob sie dich nehmen. Nur zahlen kann ich nicht dafür.‹« Sehr begabt muß Lola gewesen sein, denn der Solotänzer Godlewsky hat sie tatsächlich unterrichtet. Eine Gratifikation, die damals nur besonders erfolgversprechenden Talenten gewährt wurde. Und dann kommt, acht Jahre später, Ida, die ebenfalls den Wunsch verspürt, ans Theater zu gehen ...

2. EXKURSION: INS ZWIELICHT DES BERUFSSTANDES SCHAUSPIELERIN

Um die Toleranz, die Großherzigkeit und Großzügigkeit der Mutter adäquat würdigen zu können, ist hier ein kleiner kulturgeschichtlicher Schlenker über den sozialen Status und das gesellschaftliche Ansehen der Schauspielerin und auch der Tänzerin, wie es sich noch zu Beginn dieses Jahrhunderts darstellt, hilfreich. Karl Kraus, der Herausgeber und Chefredakteur der *Fackel*, gibt viele eindrückliche Beispiele für dieses Ansehen und dessen Ursachen: »Die Theaterkasse wird gewiß nie das Luxusbedürfnis einer Schauspielerin decken können«, schreibt

er etwa am 10. Februar 1906, »wohl aber die Grenzen einhalten müssen, unter der die Kuppelei beginnt. Daß Theaterdamen sich bei Aushältern und ›Aufführfrauen‹ einen Nebenverdienst holen, sei ihre Privatangelegenheit, und nie sollen die Aufführherren die Verantwortung dafür tragen müssen. Jedenfalls bleibt es die eines literarischen Direktors und Shakespeare-Entdeckers unwürdige Tatsache, daß die Dame, deren Toiletten für die Hauptrolle von ›Was ihr wollt‹ 1500 Kronen kosten, 240 Kronen Monatsgage bezieht.« Diese Notiz wirkt für uns heutige Leser seltsam verschlüsselt und bedarf einer Erläuterung: Noch in den ersten Jahrzehnten unseres Jahrhunderts waren die Schauspielerinnen – im Unterschied zu ihren männlichen Kollegen – verpflichtet, ihre gesamte Bühnengarderobe selbst zu stellen. Modisches für alle Anlässe, von der Antike bis zur Jetztzeit, von der Robe bis zum Accessoire. Der schöne Schein, den die Schauspielerin allabendlich auszustrahlen hat, ist ein kostspieliger Schein. Der Zwang zur Repräsentation ist allgegenwärtig und übermächtig, und die Konkurrenz schläft nicht. Morgens proben, abends spielen, nachts schneidern – ein üblicher Tagesablauf für eine Schauspielerin.
Was aber, wenn es an Talent oder Neigung zum Schneidern mangelt? Was, wenn schon die puren Materialkosten den Löwenanteil der Gage verschlingen? Die Gesellschafts- und bisweilen auch die Gerichtsspalten der Wiener Tagesgazetten sind voll von Affären, die sich zwischen Schauspielerinnen und reichen »Gönnern« abgespielt haben oder abgespielt haben sollen, in der Hauptstadt wie in der Provinz. Genüßlich fördern Skandalreporter pikante Details ans Licht der Öffentlichkeit, und wenn es sich bei den »Delinquentinnen« um Schauspielerinnen der renommierteren Bühnen wie der Burg oder des Wiener Volkstheaters handelt, werden die Affären gar wochen- und monatelang breitgetreten, wohlfeiler Auflagensteigerung wegen. Der Kampf um die Marktanteile, wir erfuhren es schon, ist hart. Dabei existiert in der – damals fast ausschließlich von Männern beherrschten –

Presse ein merkwürdiges Mißverhältnis zwischen bewunderndem Hymnus an die Actrice als »Musengöttin« und ihrer Verachtung als »Dirne«, oft fast als Synonym für »Schauspielerin« verwendet. Faszination und Abwehr der »anderen«, der »selbständigen«, der andere Frauenbilder als das der ungefährlich-herkömmlichen Frau, halten sich eine fragile Balance, in der Wertung durch die Medien wie in der Gesellschaft gleichermaßen. Die (männliche) Öffentlichkeit tut sich schwer mit dem selbstgeschaffenen »Dämon Weib«, wird den Geist, den sie rief, nicht mehr los, steht in dem Zwang, mühsam zu domestizieren, was sie selbst als unbezähmbar emporstilisiert hat. Die Männerphantasie »Lulu« verwandelt sich unter der Hand in eine reale Bedrohung, deren passabelste Ikone nun einmal die Schauspielerin ist. Suffragetten – die, im England der Jahrhundertwende, eine wirkliche Bedrohung männlicher Herrschaftsbereiche darstellen – gibt es nicht in Wien. Hier gibt es bis ins Jahr 1919 noch nicht einmal ein Wahlrecht für Frauen.

Am 2. Juni 1911 geht eine flammende Anklageschrift des Vereins weiblicher Bühnenangestellten gegen die »wuchernden Liaisons« durch die Gazetten Wiens und der Provinz, in denen »zahlende Verhältnisse« als »Schädigung des ganzen Berufsstandes« angeprangert werden. Und wenig später, am 8. Juli 1911, verwehrt sich die Präsidentin des Frauenkomitees des Österreichischen Bühnenverbandes, Lucie König, in einer spektakulären Presseverlautbarung gegen »den Mißbrauch der Künstlerin als Freiwild«. Immer wieder wird, zumindest in den bühnengewerkschaftlichen Verlautbarungen, die »Toilettenverordnung«, dieses Diktat des selbstzufinanzierenden Glanzes auf der Bühne, als Ursache des erotischen Mißstandes angeprangert und ihre Abschaffung gefordert. Als Ida Ehre nach dem Krieg ihre Schauspielerinnenkarriere beginnt, ist der alte Zopf abgeschnitten, aber noch ihre Schwester Ottilie war jenem selbstzufinanzierenden Repräsentationszwang in ihrer aktiven Zeit als Schauspielerin unterworfen.

Bertha Ehre, die versierte Schneiderin, wird der Ältesten kräftig zur Hand gegangen sein, und die Liaison mit Dr. Kanner, dessen Chefredakteursposten gut dotiert war – Karl Kraus nennt für das Jahr 1903 die Summe von 20 000 Kronen (im Vergleich dazu: Das Jahreseinkommen eines »normalen« Redakteurs belief sich auf 6 000 Kronen, das jener Schauspielerin, über die Karl Kraus berichtet, auf knapp 3 000 Kronen), im Jahr 1907, in dem sich die beiden vermutlich kennengelernt haben, dürfte das Salär noch höher gewesen sein – hat Ottilie zumindest vor dem »Freiwildstatus« bewahrt.

Dreimal steht Bertha Ehre also dem Wunsch eines ihrer Kinder gegenüber, ans Theater zu gehen. Dreimal hat sie diesem Wunsch nachgegeben, nicht passiv erduldend, sondern aktiv ermunternd, wohlwollend begleitend. Fast scheint es so, als würden ihre Kinder ihr mit seiner Verwirklichung stellvertretend einen alten, vergebens geträumten Traum erfüllen. Das Berufsziel Theater, dessen Realisierung anderswo in dieser Zeit zum Sprengstoff für Familienbande wird – etwa im Falle der Tänzerin Valeska Gert, deren Vater mit Scheidung droht, falls die Mutter die Tochter in ihrem Vorhaben unterstützt, und diese Drohung dann auch wahr macht –, gilt für Mutter Ehre als ebenso honorig wie jedes andere, wenn es denn den Fähigkeiten und Neigungen des Sprößlings entspricht. Wenn nicht noch etwas honoriger.

Als Ida Ehre, sehr viel später, beim Ausfüllen des berühmten Proustschen Fragebogens, auf die Frage stößt: »Wen sehen Sie als Heldin dieses Jahrhunderts?«, antwortet sie: »Meine Mutter, aber sie hat es nicht gewußt.«

Heldentum – die Vorstellung ist wohltuend, daß, auch im Vorfeld der »großen Zeit«, diese Kategorie im großzügigen, großherzigen Pragmatismus des Domizils in der Praterstraße ein Fremdkörper war. Ein Leben den Neigungen gemäß und gleichzeitig die Tuchfühlung mit den Erfordernissen der Umgebung: Das ist es, was Bertha Ehre ihren Kindern zu vermitteln weiß.

Die Kultivierung eines gesunden Egoismus als unabdingbarer Voraussetzung für die Liebe zum Nächsten – ein Erziehungskonzept, das für die Zeit der Jahrhundertwende und auch noch für die Zeit danach gänzlich atypisch ist, visionär geradezu. Welch reiche Früchte es getragen hat – davon wird im Verlauf dieses Buches noch oft die Rede sein.

3. EXKURSION: IN DEN PRATER, DEN ORT, WO SICH BÄUME AUF TRÄUME REIMEN.

Wer ihn heute, hart eingekeilt von Messegelände, Trabrennbahn auf der einen, Stadterweiterung, Schrebergärten und Forschungsreaktor auf der anderen Seite, zum ersten Mal zu Gesicht bekommt, kann schwerlich die Faszination erfassen, die er auf das alte Wien, vor allem auf seine Kinder und ganz besonders auch auf seine Literaten, einst ausgeübt hat. Gleich nach seiner Freigabe 1766 als Naherholungsgelände durch Joseph II. versammelten sich hier Kegelbahnen, Ringelspiele, Schaukeln und Wirtshäuser zum Wurstelprater, und am anderen Ende trafen sich die Liebenden und Duellanten, erstere wie letztere manchmal mitten ins Herz. Kaffeehäuser siedelten sich an der schon seit uralten Zeiten kastanienumsäumten Hauptallee an; in den Nebengassen, die in die »Prärie« führten, zu den Dschungeln und Grassteppen, wo die Kinder später »Räuber und Gendarm« spielten und, noch ein wenig später, »Nationen«, wuchsen Maulbeerbäume. 1897 schenkte der technische Fortschritt der Gründerzeit dem Prater das Riesenrad. Arthur Schnitzler kannte die Faszination dieses Wunderwerks noch nicht, als er 1887 seine Eloge an den Wurstelprater schrieb. Ringelspiel, Schießbudenfiguren und die verschiedenen Personenwaagen mit ihren manchmal um fünf Kilo differierenden Gewichtsangaben genügten, ihn an diesem der Erholung und Zerstreuung gewidmeten Ort »die reinsten Wonnen« erleben zu lassen. Theodor Herzl schätzt vor allem die

Nobelallee mit ihrem ehernen Gesetz des Sehens und Gesehenwerdens, den erbitterten Kampf der Drehorgelspieler um Gehör und die Tanzböden, wo allsonntäglich »dem Dionysos ein rauschendes Fest gefeiert« wird. Peter Altenberg feiert die große Praterschaukel als erotisch-alkoholisches Pandämonium. Stefan Zweig fühlt sich in den Kaskaden von Lärm, Schwindel und Trunkenheit ebenso zu Hause wie Anton Kuh in der Stille der melancholischen Praterbank, die, abseits von den kulinarischen, taktilen, akustischen und visuellen Sensationen, den Liebespaaren für ein paar bewegte Augenblicke eine Zufluchtsstätte gewährt.

Auch für Ida Ehre und ihren jüngsten Bruder Paul ist dieser Prater der Ort ihrer sonntäglichen Kinderträume, und der Cicerone durch diesen Ort ist der Großvater, damals schon an die Siebzig, einer, der es versteht, mit den Kindern jung zu bleiben und doch, in dem quirligen, personenreichen Haushalt, seine Nischen der Ruhe und Abgeschiedenheit für Talmudstudium und Philosophie zu behaupten. Sonntag aber ist Pratertag. Man geht also die Praterstraße hinunter, überquert den Praterstern, wo die ersten exotisch-kulinarischen Versuchungen winken, lauter klebriges Zeug, bunt und süß, eigens für die Augen und Gaumen der Kinder hergestellt. Hier wechseln die ersten Kreuzer aus Großvaters Hosentasche ihren Besitzer. Dann geht es hinein ins Vergnügen, und dieses Vergnügen besteht bei Ida und Paul hauptsächlich am Spiel der Phantasie, am »Als-ob«, wir kennen das schon aus den Geschwistergepflogenheiten. Da ist etwa die große Grottenbahn, der Elias Canetti, um fünf Jahre jünger als Ida Ehre, in seiner Autobiographie »Die gerettete Zunge« eine wunderbare Eloge widmet. Immer wieder hat er sie aufgesucht, in Begleitung seines Kindermädchens Fanny – so etwas gab es freilich in der Familie Ehre nicht. Hat das »Maul der Hölle« beschrieben, das sich rot und riesig öffnet und seine Zähne zeigt. Kleine Teufel stecken Kinder, die sie an Gabeln aufgespießt haben, in dieses

Maul, das sich langsam und unerbittlich schließt – und dann, zum Entzücken der Umstehenden, wieder öffnet... Unersättlich ist dieses Maul, und auch den kleinen Elias hat es unzählige Male verschluckt, hat ihn an den Herrlichkeiten im Inneren vorbeigeführt, den Märchenfiguren wie Schneewittchen, Rotkäppchen, dem Gestiefelten Kater – bis hin zum »Erdbeben von Messina«, jener für damalige Zeiten perfekten Illusion aus Donner und Blitz, Trümmern und Flammen, der seine ganze kindliche Sehnsucht, seine ganze Bereitschaft zur Erschütterung galt. Beim Ein- oder Aussteigen mag er bisweilen eines Geschwisterpaares gewahr geworden sein, das mit hungrigen Augen und in regem Diskurs auf die verborgenen Geschehnisse im Inneren der Bahn Bezug nimmt. Geld für die Grottenbahn ist im Budget der wesentlich schlechter betuchten Familie Ehre nicht vorgesehen. Und das ist auch nicht nötig. Ida und Paul bauen sich ihre eigene Märchenwelt, der Anblick der Grottenbahn dient ihnen als Katalysator ihres ganz eigenen Spiels mit der Phantasie. Der Thrill, den sich der kleine Elias Canetti durch die reale Wiederholung immer neu beschaffen muß, hat sich diesen Kindern zu einem symbolischen Thrill verwandelt.

Die Bretterbühne, Tummelplatz für Pantomimen, Akrobaten, Feuerfresser, Jongleure, Abnormitäten und anderes fahrendes Volk, ist dem Portemonnaie des Großvaters angemessener. Stundenlang kann man für einen geringen Obolus dem pathetischen und spektakulären Treiben der Künstler zusehen, ein Glas Bier für den Großvater, ein »Kracherl« für die Kinder, das ist ein Sodawasser, stark sprudelnd, mit Himbeersaft blaßrosa gefärbt, inclusive. Hier, in den Schaubuden, meist einem der Gasthäuser integriert, findet sich reiche Nahrung für das »Als-ob«, das Ida und Paul später, zu Hause oder bisweilen auch in Kaffeehäusern, zu ihrer eigenen Inszenierung umwandeln. Auch der Heimweg steht ganz im Zeichen dieses »Als-ob«: Ein Umweg über die Kärntnerstraße, dem Großvater mit beharrlichem kindlichem Charme abgetrotzt, führt an einem Spielzeuggeschäft vorbei, dessen Auslagen all die Herrlichkeiten zeigen, die die Kinder Bertha Ehres nie besitzen werden: blondgelockte Puppen in prächtigen Roben für die Mädchen, Eisenbahnen mit Schienen, Weichen und Bahnhöfen für die Knaben... Zu Hause warten Küchengeräte, die man mit wenig Requisiten und viel Phantasie »beseelen« kann. »Es fehlte uns an nichts.« Das wirkt glaubwürdig.

Eins, zwei, drei, im Sauseschritt läuft die Zeit, in der Retrospektive auch im alten, gemütlichen, geruhsamen Wien: 1906 gibt die Duse im Theater an der Wien ihr umstrittenes Gastspiel mit »Hedda Gabler«, das die Zuschauer, Gazetten und Leser in erbitterte Fronten teilt. 1908 feiert Kaiser Franz Joseph sein sechzigjähriges Regierungsjubiläum, ein Spektakel, das auch den kindlichen Sensationshunger Ida Ehres vollends befriedigt. 1910 wird in der Donaumetropole ein Erdbeben registriert, das sein Zentrum in der Leopoldstadt haben soll. Im selben Jahr, Ende Mai, sorgt der Komet »Halley«, immer und immer wieder über Wien angekündigt, auf dem Kahlenberg für ein gastronomisches Massenereignis, ohne sich freilich der schaulustigen Bevölkerung zeigen zu wollen. 1910 stirbt Karl Lueger, seit 1895 Bürgermeister von Wien, ein »Christlich-Sozialer«, dessen offen antisemitische Gesinnung den schon vorhandenen, verdeckt antisemitischen Strömungen den Weg an die Öffentlichkeit, auch an die Presseöffentlichkeit gebahnt hatte. 1911 ergibt die Volkszählung, daß Wien zweimillionendreißigtausendachthundertvierunddreißig Einwohner hat. (»Nämlich zweimillionendreißigtausendachthundertdreiunddreißig Seelen und mich«, kommentiert Karl Kraus diesen Befund.) 1912 stirbt Freiherr von Berger, der Direktor des Burgtheaters, und der Intendantensessel des Hauses ist verwaist bis ins Jahr 1914, das Jahr, in dem allerdings andere Themen die Titelseiten der Gazetten füllen werden als die Führungskrise eines Musentempels, und sei er auch das Prestigeobjekt der ganzen Zunft. Die

Schüsse von Sarajewo am 28. Juni 1914 setzen das Startsignal für eine neue Zeit, die die Headlines der Kriegspresse und die Verlautbarungen der Politiker dem kleinen Manne lautstark als »große Zeit« schmackhaft zu machen nicht müde werden. Zu Ida Ehres »Mutterhaus« freilich dringt solche Propaganda nie wirksam durch.

2. KAPITEL

Wo, bitte, geht's hier zum Theater?

Aller Anfang ist schwer

1915. Seit einem Jahr herrscht Krieg in der Alten Welt. Auch Ida Ehres Bruder Fritz ist gemustert und für tauglich befunden worden, die »große Zeit« an der Front mitzugestalten. Die großen Gasthaussäle des Praters, in denen früher zu Blechorgelklängen die Paare ausgelassen getanzt, die Greise bedächtig ihr Bier getrunken und die Kinder genüßlich ihr »Kracherl« geschlürft haben, haben sich in triste Schlafstätten verwandelt. An den Wänden hängen Tornister und Rucksäcke, den Boden deckt Strohlager neben Strohlager. Die runden, weißen Tische, die einst mit großblumigen oder optimistisch rotkarierten Tischdecken geschmückt waren, stehen über- und ineinander verkeilt im Garten, zerbrochen sind die Gaslaternen. Die Kinder, die früher den Prater mit ihrer lauten Neugier belebt haben, sind fast alle von der Bildfläche verschwunden, das Ringelspiel hat seinen Betrieb eingestellt. Die Schießbuden sind ganz leer, nur der »Watschenmann«, so weiß der Dichter Alfred Polgar zu berichten, findet Zuspruch. »An seinen vollen Wangen entladen sich die in der Volksseele aufgepeitschten Proteste. Wienerische Revolutionsprophylaxe.« Das Riesenrad, Wahrzeichen Wiens und des Praters, dreht noch, aus alter Gewohnheit, seine gemächlichen Runden, aber die Waggons sind spärlich besetzt. Am Eingang des Vergnügungsparks befindet sich jetzt eine Kriegsausstellung – auf daß auch das Hinterland Zaungast der »großen Zeit« werden möge –, für deren Besuch in den Gazetten heftig geworben wird. Ein veritabler Schützengraben ist die Hauptattraktion, und »wenn man all das Interessante, das im Schützengraben zu sehen ist, genossen hat, kann man sich unter den mächtigen Eichen, bei trefflicher Militärmusik, in den Restaurants und Cafés (sofern sie nicht zu Kasernen umfunktioniert sind, d.V.) köstlich erholen«, so preist eine Meldung im *Neuen Wiener Journal* das neue, martialische Vergnügen an. Dem leiblichen Wohl sind freilich mehr und mehr die Grenzen der sogenannten »Surrogate« gesetzt: In den Kaffeehäusern wird Kaffee-Ersatz ausgeschenkt, nachmittags herrscht von zwei bis sieben Uhr striktes Schlagsahneverbot, keine Melange gefällig, ein kleiner Brauner allenfalls, der seinem Namen wenig Ehre macht, für den Teeliebhaber »Teefix«, eine Kunsttee-Essenz mit Rumaroma, für den Liebhaber von Eierspeisen »Dottofix«, der Ei-Ersatz. An vier Tagen der Woche ist der Zuckerbäckerladen geschlossen, an den übrigen gibt es nur wenig Bäckerei aus schwärzlichem Mehl, Bonbontüten ohne Bonbons, dafür eine neue Kreation: das gelbe Kriegsweckerl. »Das süße Wien ist tot«, resümiert Alfred Polgar mit bitterer Melancholie. Nur die »Diana-Kriegsschokolade«, die Schutzhülle verziert mit den Bildern der Heerführer, darunter ein gräulich-klebriges Surrogat-Gemisch, fungiert noch als Betthupferl für die artigen Kinder und papierenes Sammelobjekt zugleich. In den Spielzeuggeschäften sind die Puppen und Eisenbahnen von ihren Ausstellungsplätzen verschwunden,

haben jetzt die Zinnsoldaten Hochkonjunktur, Infanterie und Kavallerie, Gefallene und Schwerverwundete, dazu Sanitäter und Feldgeistliche, wie es das Kinderherz begehrt. Dazu gibt es, eigens von einer großen Spielzeugfabrik aus Böhmen entwikkelt, »den 42-Zentimeter-Brummer – die täuschende Nachahmung des Getöses unserer größten Kanonen«, im Dutzend billiger, ab drei Dutzend fast geschenkt.
Im Theater ist die leichte Muse mehr denn je gefragt. Im Volkstheater fällt eine Aufführung des Shakespeareschen »Julius Caesar« der Zensur zum Opfer, aber die Operette boomt in ungeahntem Ausmaß: Die 125. Aufführung der »Czardasfürstin« wird im Johann-Strauß-Theater gefeiert, im Carltheater, dem Theater in der Praterstraße, ganz in der Nähe von Idas Zuhause, bringt es »Fürstenliebe« auf 50 Aufführungen. Im Bürgertheater wird »Liebeszauber« ebenfalls zum 50. Male wiederholt, und das Lustspieltheater zelebriert die 100. Aufführung der »Prinzessin Revue«. Ebenfalls im Volkstheater ist, noch ein »Friedensprodukt« mit jahrelangem enthusiastischem Publikumszuspruch, »Die Grille« von Charlotte Birch-Pfeiffer zu sehen, ein »Ländliches Charakterbild« mit starken Rührstückeffekten, dabei handwerklich außerordentlich gut und mit sicherem Instinkt für Bühnenwirkung gebaut – *das* Well-made-Play des 19. Jahrhunderts. Es wird, ein Jahr später, Anlaß des allerersten Theaterbesuchs in Ida Ehres Leben sein. Doch so weit ist es noch nicht. Noch schreiben wir das Jahr 1915 ...
Ida Ehre ist fünfzehn Jahre alt, die Schulzeit neigt sich dem Ende zu, der Berufswunsch hat sich ausgeprägt: Schauspielerin möchte sie werden. Zwar hat sie bis zu diesem Zeitpunkt noch nie ein Theater von innen gesehen, aber sie weiß bereits um die Wirkung des gesprochenen, verdichteten Wortes. Hat mit Enthusiasmus Gedichte gelernt und rezitiert und damit Familie und Nachbarschaft tief beeindruckt. So kommt, Zeichen tätiger warmherziger Nachbarschaftshilfe, der Kontakt mit dem Burgschauspieler Heinrich Prechtler zustande, einem gestandenen

Mimen im 56. Lebensjahr. Dem spricht sie vor, »Des Sängers Fluch« von Uhland und »Es muß doch Frühling werden« von Emanuel Geibel. Prechtler ist beeindruckt, und auch seine Gattin, die Burgschauspielerin Ferdinande Schmittlein, eine hochkarätige Komikerin, einst gefeierte *Mutter Wolffen* in Gerhart Hauptmanns *Biberpelz,* sagt dem »Kind« eine erfolgreiche Theaterlaufbahn voraus. Der Mime ist bereit, sie einmal wöchentlich zu unterrichten. Ohne Entgelt, das ist, wie schon bei Lolas Ballettunterricht, die Bedingung der Mutter, die ja in den Kriegsjahren auch noch ohne den Zuverdienst des Ältesten auskommen muß. Ein paar Wochen lang bringt Ida den weiten Weg nach Döblingen hinter sich, wo die Prechtlers wohnen. Der Monolog des *Gretchen am Spinnrad* entsteht, auch der des *Klärchen.* Dann macht der plötzliche Tod Ferdinande Schmittleins und die tiefe Depression des Witwers, die diesem Tod folgt und schließlich in den Selbstmord mündet, dem so hoffnungsvoll begonnenen Ausbildungsverhältnis ein jähes Ende.

Ida ist wieder ohne Lehrer. Der Versuch, kostenlos in einer der vielen Wiener Privatschulen unterzukommen, scheitert, nicht an der Qualität ihres Vorsprechens, sondern am geringen Kalkulationsradius des Prinzipals. Ein Tuchhändler, glühender Verehrer ihrer Gedichtrezitationen – ihr Talent hat sich herumgesprochen in der Praterstraße und darüber hinaus –, besorgt ihr einen ersten »Job«: Gesellschafterin soll sie werden, und zwar bei niemand Geringerem als der Hofschauspielerin Auguste Wilbrandt-Baudius...

Auguste Wilbrandt-Baudius – eine Theaterlegende wird Mentorin

Heute ist sie vergessen. Damals galt sie – nach dem Tode der Charlotte Wolter im Jahre 1897 – als *die* Burgschauspielerin überhaupt: Auguste Wilbrandt-Baudius, 1844 in Leipzig geboren, debütiert 1861, gerade erst 17jährig, an der Burg – damals noch im alten Domizil am Michaelerplatz – und bleibt dem Theater bis zu ihrem Tode im Jahre 1937 als Integrationsfigur und Gegenstand allgemeiner Verehrung, unabhängig vom aktuellen, schnell wechselnden Publikumsgeschmack, erhalten. Darüber hinaus erwirbt sie sich auch als Rezitatorin klassischer und moderner Dichtung einen Ruf bis über die Grenzen der Hauptstadt und der Monarchie hinaus. Bezeugt ist etwa ihr Vorleseabend mit dem amerikanischen Sprachpolemiker und Enfant terrible Mark Twain 1899, beliebt ihre Sonntags-Familienjausen in den zwanziger Jahren in der Ballgasse, Wien 1. Freier Eintritt, wechselndes Rezitationsprogramm, Milchkaffee, Tee, Schokolade extra, um vorzeitige Tischreservierung wird gebeten. 1919 erscheint ihr erstes Buch, »Aus Kunst und Leben«. 1926 wird ihr, zusammen mit Arthur Schnitzler, der Ring der neueingerichteten Burgtheaterstiftung verliehen. 1931 feiert sie bei bester Gesundheit ihr 70jähriges Bühnenjubiläum, und 1935, ein Jahr vor ihrem Tod, hat sie sich in einem entzückenden, äußerst gehaltvollen, mit humorvoller Weisheit formulierten Bändchen ein literarisches Denkmal zu Lebzeiten gesetzt: »Erinnerungsskizzen einer alten Burgschauspielerin« heißt das Buch, und es enthält Anekdoten über berühmte, damals längst verblichene Schauspielerpersönlichkeiten, noch aus den goldenen Zeiten der Intendanten Heinrich Laube in den Sechzigern, Franz Dingelstedt (1870–1881) und Adolf von Wilbrandt, dem die Leitung der Burg von 1881 bis 1887 oblag, und dem sich Auguste im Jahre 1873 anvermählt hatte. 1875 kommt ihr Sohn Robert Wilbrandt zur Welt, der später in Tübingen ein berühmter Nationalökonom wird und von dessen zukunftsweisenden Visionen zahlreiche Veröffentlichungen zeugen – unter anderem das Buch »Die deutsche Frau im Beruf.«

Sein Vater und Augustes Mann, Adolf von Wilbrandt, hat sich im letzten Drittel des 19. Jahrhunderts mit zahlreichen Roma-

nen, Erzählungen und Studien sowie einer Reihe historischer und national gesinnter Stücke einen Namen gemacht. Er gilt als einer der Repräsentanten des bürgerlich-epigonalen Theaters der Gründerzeit, gegen das sich schließlich die Autoren des Naturalismus mit aller Heftigkeit wandten. Eines seiner Theaterstücke, »Arria und Messalina«, 1874 im Burgtheater uraufgeführt, bedeutete für eine zehn Jahre ältere Kollegin der Baudius, für Charlotte Wolter, den Durchbruch ihrer Karriere, die Eintrittskarte in die Unsterblichkeit. Zwanzig Jahre war das Stück im Repertoire, zwanzig Jahre war sie Messalina, die Hetäre, die Teufelin. So hat sie Hans Makart gemalt, so können wir sie heute noch im Historischen Museum der Stadt Wien bewundern. Charlotte Wolter, nicht Auguste Wilbrandt-Baudius, wurde *die* Actrice der Ära Wilbrandt: Ihr widmet der schriftstellernde Intendant seine weiteren Stücke. Sie ist seine Poppäa, seine Persida, seine Kriemhild... Was mag da in Auguste Wilbrandt-Baudius vorgegangen sein, die sich, ausgerechnet in der Ära des eigenen Gatten, mit dem Virtuosentum auf der zweiten Geige begnügen muß?
1887 quittiert Wilbrandt sein Amt, ein Jahrzehnt später stirbt die Wolter. Auguste ist zu diesem Zeitpunkt 53 Jahre alt, um einiges jünger aussehend und noch immer eine wunderschöne Frau. Sie ist im Salondamencharakterfach beheimatet, eines, das auch für das höhere Alter noch beachtliche, ja spektakuläre Rollen bereithält. Und sie ist angesehen, ist beliebt, in der höheren Gesellschaft wie bei den einfachen Leuten. Eine Frau mit Herz und Verstand und einer warmen, mitreißenden Bühnenausstrahlung, von der selbst der »notorische Nörgler« und unbarmherzige Kritteler des Burgtheaters, Karl Kraus, immer wieder zu schwärmen weiß. Als Ida Ehre, fünfzehnjährig noch und sehr schüchtern, das erste Mal ihren Salon betritt, ist sie bereits 71 Jahre alt, seit vier Jahren Witwe, aber schon länger von ihrem Gatten getrennt, der seine letzten Lebensjahre in seiner Geburtsstadt Rostock verbracht hat. Ida Ehre erinnert sich ihrer

in ihren autobiographischen Skizzen als »so an die Fünfzig, schneeweißes Haar ... Und die blauesten Augen, die ich in meinem ganzen Leben gesehen habe, faszinierend blaue Augen ...« Eine vitale alte Dame, die trotz ihres hohen Alters noch mit beiden Füßen im Berufs- und Gesellschaftsleben steht. So ist es denn auch nicht gar so verwunderlich, daß Ida Ehre sich im Alter ihrer künftigen Mentorin so heftig verschätzt hat.

Die weißhaarige Lady findet Gefallen an dem scheuen Mädchen mit dem unbeugsamen Drang zur Bühne, nimmt sie in ihre Dienste: Rollen abhören, Briefe beantworten, vorlesen. Und sie öffnet ihr zugleich das Tor zur großen Welt. Menschen, die sie bis dato nur aus Zeitungen kennt oder allenfalls aus Erzählungen des Schwagers, der als Chefredakteur einer großen Zeitung in journalistischer Tuchfühlung zu den Prominenten seiner Zeit lebt, begegnet sie jetzt von Angesicht zu Angesicht. Und sie genießt es. Anfangs mit ungläubigem Staunen, später, als sie sich ihrer Rolle und Funktion sicherer wird, mit ungebrochenem Vergnügen. Diese kindliche Freude am Umgang mit Prominenz wird sie bis ins hohe Alter begleiten, wo sie sich, selbst oft die Prominenteste mittlerweile, im Augenmerk der anderen und in der Tuchfühlung mit den anderen VIPs noch immer mit demselben Behagen sonnen kann wie damals, als sie, sicher und geborgen im Windschatten ihrer gütigen Mentorin, die ersten Schritte auf das gesellschaftliche Parkett machte.

Die 86jährige Marie Freifrau von Ebner-Eschenbach hat sie noch kennengelernt, kurz vor deren Tod im März 1916. Diese galt damals als die bedeutendste deutschsprachige Schriftstellerin, eine lebende Legende im Wien der K.u.K.-Monarchie. Auch sie hat den goldenen Zeiten des Burgtheaters einen Erinnerungsband gewidmet, wie später ihre um vierzehn Jahre jüngere Freundin, die Wilbrandt-Baudius. Ich stelle mir vor, wie die beiden Damen im Gespräch die Heroen und Heroinen der

Vergangenheit heraufbeschworen haben und wie das junge Mädchen mit glühenden Ohren ihren Erzählungen gelauscht hat. Burgtheaterschauspielerin sein! Zugang zu den Großen der Welt- und Geistesgeschichte haben! Das war doch ein Ziel, das den langen, steinigen Weg über Ausbildung und Provinz, finanzielle Engpässe und erotische Anfechtungen lohnte!
Auch in höchsten diplomatischen Kreisen verkehrt Auguste Wilbrandt-Baudius – und mit ihr ihr frischgebackenes künstlerisches und gesellschaftliches Mündel. Von einer Abendeinladung beim Grafen Berchtold, dem österreichischen Minister des Äußeren, seit 1914 schlicht Kriegsminister genannt, damals allerdings schon beurlaubt und zum Oberhofmeister Kaiser Karls degradiert, weiß Ida Ehre zu berichten. Ein glanzvolles Diner mit Tischherrn, prunkenden Uniformen und prachtvollen Roben ist angesagt: Ferdinandine Gräfin Berchtold, die Gattin des Ex-Ministers, steht an federführender Spitze jener 21 Damen der Wiener Gesellschaft, die soeben dem Grau-in-Grau der schlichten Kriegskleidung öffentlich den Kampf angesagt haben. Sie lasse sich nach wie vor repräsentable Kleidung schneidern, erklärt die wackere Dame namens auch ihrer Mitstreiterinnen in den Wiener Gazetten. Nicht gerade (feindliche) Pariser Modelle, aber dennoch: Auch ihre Schneiderin wolle ja während des Krieges ihr Auskommen haben... Auf der damastgedeckten Tafel, die Ida Ehre ehrfurchtsvoll beschreibt, fehlt es an nichts: Der Kosmos der Surrogate hält im hochherrschaftlichen Stadtpalais derer von Berchtold keinen Einzug. Ebenfalls nicht in dem der Gräfin Kinsky, auch sie eine erste Adresse der Wiener Crème de la crème, eine freundliche, großherzige Dame Mitte Fünfzig, deren Abendeinladungen oft bestaunter Gegenstand der Gesellschaftsspalten im Zeitungsdschungel sind. Wer hier eingeladen ist, gehört dazu...
Ida Ehre lebt jetzt also in zwei Welten. Hie die Heimstätte in der Praterstraße, wo es, zu Kriegszeiten noch mehr als im Frieden, der ganzen Kraft und des blühenden Erfindungsreichtums der

Mutter bedarf, um finanziell über die Runden zu kommen. Dort die Suiten und Paläste der Reichen und Bedeutenden, wo es an nichts mangelt, wo Hunger nur eine Zeitungsmeldung, Not nur ein Anlaß für Wohltätigkeitsveranstaltungen ist. Wie sie, die eben Sechzehnjährige, diesen »Spagat« zwischen den Milieus innerlich verarbeitet hat, mutet erstaunlich an. Da ist keinerlei Abwertung der Herkunft zu spüren, keinerlei Sozialneid, keinerlei Defizit an Selbstbewußtsein zum dritten. Nur Dankbarkeit, der Wärme der einen wie den Segnungen der anderen Welt gegenüber. »Ich habe Glück gehabt«, lautet das schlichte Resümee. Glück mit dem »Mutterhaus« und Glück mit ihren einflußreichen Gönnerinnen.

Ida lernt in Begleitung ihrer Mentorin auch das »Literarische Wien« kennen, das im Café Herrenhof, vor allem aber im Café Central, jener legendären »Rettungsstation für Zerrissene« (Alfred Polgar) mit dem rätselhaften Fluidum, seine geistige Heimat gefunden hat: Alfred Polgar, Arthur Schnitzler, Roda Roda, Anton Kuh, Egon Friedell... Vor allem Peter Altenberg, jener geniale, anarchische, leidenschaftliche Außenseiter, der Phantasie lebte und Wirklichkeit dichtete, ist ihr im Gedächtnis geblieben. Wie er da, im karierten Anzug mit zu kurzen Hosen, sandalenklappernd, ohne Strümpfe, die Zwickerschnur breit wie ein Meßband, am Wirtshaustisch Lyrik tobte, etwa in der Art:

Du hast Sorgen, sei es diese, sei es jene – – – ins Kaffeehaus!
Sie kann, aus irgendeinem, wenn auch noch so plausiblen Grunde, nicht zu dir kommen – – – ins Kaffeehaus!
Du hast zerrissene Stiefel – – – Kaffeehaus!
Du hast 400 Kronen Gehalt und gibst 500 aus – – – Kaffeehaus!
Du bist korrekt sparsam und gönnst dir nichts – – – Kaffeehaus!
Du findest keine, die dir paßt – – – Kaffeehaus!

Du stehst innerlich vor dem Selbstmord – – – Kaffeehaus!
Du haßt und verachtest die Menschen und kannst sie dennoch nicht missen – – – Kaffeehaus!
(1918, ein Jahr vor seinem Tod entstanden.)

1916. Mit dem Fiaker läßt Auguste Wilbrandt-Baudius ihre jugendliche »Sekretärin« allein ins Theater fahren. Ihr Debüt als Zuschauerin, daran erinnert sie sich noch, ist »Die Grille« von Charlotte Birch-Pfeiffer. Ein Märchen für Erwachsene, in dem – ob es das war, was Ida so sehr fasziniert hat? – ein armes Mädchen trotz mannigfacher gesellschaftlicher Ächtung und wirtschaftlicher Unbill am Ende das ganz, ganz große Glück macht. Oder ist es einfach diese faszinierende Semiotik des Theaters, deren schöner Schein die Intimität, deren konstituierende Realität die Öffentlichkeit ist? Diese Transparenz der »Vierten Wand«, die aus dem noch so virtuosen Spiel des »Als-ob« erst das Publikumsereignis macht?

Ida will es wissen. Im selben Jahr noch, 1916, wird sie, auf Fürsprache ihrer Mentorin, zur Aufnahmeprüfung der K.u.K.-Akademie für Musik und darstellende Kunst zugelassen. Sie besteht, glänzend vorbereitet durch Auguste Wilbrandt-Baudius, die Vorprüfung. Und sie besteht die Hauptprüfung – steht nun, überglücklich und ängstlich zugleich, vor dem letzten Hindernis, das sich ihrer Berufsausbildung noch in den Weg stellt: Wie kann das Studium finanziert werden? Freiplätze werden in der Akademie erst vom zweiten Jahr an vergeben, wenn der Kandidat oder die Kandidatin bereits ihre Förderungswürdigkeit unter Beweis gestellt hat. Nun kann nur noch ein Stipendium helfen.
Wieder tritt, man darf vermuten durch Vermittlung von Auguste Wilbrandt-Baudius, eine hochvermögende Gönnerin auf den Plan. Es ist die Baronin Königswarter, millionenschwere Witwe eines in Wien berühmten Wohltäters, Antiquitäten-

sammlers und Liebhabers der Künste wie der Künstler. Sie erklärt sich bereit, die Kosten für das erste Jahr zu übernehmen, und, als das Institut für das zweite und dritte Jahr den Freiplatz einräumt, das Stipendium gar weiterzubezahlen. So kann Ida den mütterlichen Haushalt ein wenig mitsubventionieren.

Die Ausbildung ist hart – jeden Tag Unterricht von morgens neun bis nachmittags fünf Uhr –, aber auch äußerst profund: Neben dem Rollenstudium stehen die Fächer Mythologie, Fechten, Tanzen, Kunstgeschichte, Französisch, Italienisch und vieles andere mehr auf dem Programm. Die Lehrer sind erstklassige Kräfte, zumeist am Burgtheater engagiert. Einmal erhält sie auch Gelegenheit, mit den Großen ihrer Zeit und ihres Faches auf Tuchfühlung, auf den Brettern der Burg zu agieren: Unter 60 Akademie-Aspirantinnen wird sie auserkoren, in einer Inszenierung der »Hermannsschlacht« den Satz hinauszuschleudern: »Was gibt's? Was läuft das Volk zusammen?« »Ich stand den Großen gegenüber«, erzählt sie, fast ein halbes Jahrhundert später, einem Journalisten des *Hamburger Abendblatts,* »einem Teßler, einem Devrient, einer Bleibtreu, und erfuhr das erste Mal, was Größe ist.« Aber es gibt auch Komisches zu erinnern: »Die Herren trugen zur Probe waschlederne weiße Handschuhe. Und solche Bügelfalten hatte ich noch nie gesehen.« Das Hoftheater und sein Ensemble, eben von einer gefeierten Gastspielreise aus der neutralen Schweiz zurückgekehrt, weiß auch in schwerer Zeit zu repräsentieren …

Drei Jahre dauert das Studium auf der Akademie. Für Ida Ehre werden es zwei Kriegsjahre und ein Friedensjahr sein. Dreißig neue Operetten sind für das Jahr 1918 angekündigt, meldet Karl Kraus, aber in den Lebensmittelgeschäften herrscht gähnende Leere. »Die Lage ist hoffnungslos, aber nicht ernst«, hat der große Aphoristiker lakonisch und oft zitiert befunden. In Ida Ehres letztem Semester verschwindet aus dem Bild der Stadt allmählich das »K.k.« und »K.u.K.« Die Hoflieferanten verkleben mit schamvollem Papier ihre sonst in Goldlettern prunkende Würde, die bronzenen, gipsernen, hölzernen Doppeladler stürzen von den Hausfassaden und Firmenschildern hinab auf das Pflaster oder verbergen sich unter Tuchkapuzen. Die Kokarden mit den kaiserlichen Initialen werden von den Kappen der Militärs getrennt. Wien ist nun nicht mehr die Metropole einer imperialen Weltmacht, sondern die Hauptstadt einer Alpenrepublik von 6,5 Millionen Einwohnern. Ida Ehre erhält ihr Diplom als eine der Besten und verläßt die Donaustadt, die sich von den Blessuren der »großen Zeit« nur mühsam zu erholen beginnt. Nach Bielitz-Biala führt sie ihr erstes Engagement, als »Sentimentale und jugendliche Liebhaberin.« Jetzt wird es ernst mit dem »Als-ob«.

3. KAPITEL

Schmaler Weg in den hohen Norden

Bielitz-Biala

Bielitz also. Bielitz an der Biala, gegenüber der galizischen Stadt Biala gelegen, ehemals Österreich-Schlesien zugehörig, jetzt unter polnischer Regierung. Etwas mehr als 18 000 Einwohner zählt das Städtchen, als Ida Ehre mit Neugier, Ehrgeiz und Enthusiasmus ihren Einzug hält. Wollwarenindustrie ist hier ansässig, eine Gewerbeschule, ein evangelisches Seminar – und ein prächtiges Stadttheater, das unangefochten den kulturellen und gesellschaftlichen Mittelpunkt von Stadt und Region bildet. Und Direktor Popp hat Großes vor mit seiner »jugendlichen Liebhaberin und Sentimentalen«: Ihr Debüt ist die »Viola« in Shakespeares »Was ihr wollt«, eine sogenannte »Hosenrolle«, die aber in ihrer psychologischen Feinziselierung weit über die Konventionen dieses Genres hinausweist. Viola – das ist eine junge Frau, die Schiffbruch erlitten hat, in des Wortes reinster Bedeutung wie im metaphorischen Sinne. Allein, ohne Gefährten, vor allem ohne den Zwillingsbruder, ihr Spiegelbild und Beschützer zugleich, an feindliches Land gespült, ersinnt sie die Draperie mit dem männlichen Gewand als Überlebensstrategie. Als Cesario tritt sie in die Dienste des liebeskranken Herzogs Orsino, der den »Knaben« als Amors Boten zur vergebens angebeteten Olivia schickt. Dieser, seit dem Tod ihres Bruders in objektloser Innerlichkeit gefangen und verstrickt, enthüllt sich angesichts des jungen »Mannes« augenblicklich der lang verschüttete Weg zum Du, und sie verliebt sich in heftiger Spontaneität in ihn. Cesario indes, oder vielmehr Viola, die unter der Camouflage steckt, entwickelt tiefe Gefühle zu ihrem Brotherrn, der seinerseits von einer rätselhaften, irritierenden Zuneigung zu seinem jugendlichen Schützling erfaßt wird. Ein subtiles Spiel der Verkennung und Täuschung entfaltet sich, in dem Violas äußere Maske und bewußtes Rollenspiel den inneren Masken und unbewußten Selbsttäuschungen ihrer Mitmenschen entsprechen. Shakespeare, ihr geistiger Vater, läßt sie Drahtzieherin, Katalysator und Opfer der Irrungen und Wirrungen zugleich werden: Hinter ihrem virtuosen Spiel mit der sprachlichen Mehrdeutigkeit blitzt immer wieder ihr wahres Wesen durch. Der Lust am Führen der Schicksalsdrähte werden durch schmerzliche Konflikte, peinliche, ja lebensbedrohliche Situationen beklemmende Grenzen gesetzt. Und bis, »Jupp heißa, bei Regen und Wind«, der Narr sein melancholisches Schlußlied anstimmen darf, hat in dieser Komödie ein junges Menschenkind alle Höllen der Verluste, der Verstellungen, der widerstreitenden Gefühle durchlitten und durchforscht. Welch eine anspruchsvolle, welch eine unglaubliche Aufgabe für eine Anfängerin! Und diese Aufgabe ist in allerhöchstens drei Wochen Probenzeit zu bewältigen. Mehr war damals für eine Schauspielproduktion nicht vorgesehen.

Es gibt eine Aufnahme von Ida Ehre aus dieser Zeit. Ein Bewerbungsfoto, das Direktor Popp eine allererste Inspiration für sei-

ne riskante Rollenbesetzung gegeben haben könnte: ein geheimnisvolles Wesen, angetan mit verwegen drapiertem Herrenhut und weich das Antlitz umschmeichelndem Pelzkragen, in dieser Kombination eine scheinbar naive, aber gerade ob dieses Scheines raffiniert in Szene gesetzte Verheißung des Androgynen … Große, dunkle Augen, dieses Gesicht beherrschend, in weite Fernen gerichtet und doch voller Bereitschaft, sich dem Nahen zu verhaften. Ein weich geschwungener Mund, in dessen Winkeln sich sublim Energie und Durchsetzungswillen verraten, die kräftige Nase, über die sie als Kind einst so unglücklich war, der sich die Proportionen des Gesichts aber längst angeschmiegt haben, auch sie ein Widerschein offensiv verfochtener Individualität. Ja, so muß eine »Viola« aussehen, könnte der Intendant erwogen haben. So ist sie auch heute noch gut vorstellbar.
Ob Direktor Popps Gedanken diese Richtung einschlugen oder ob seine Besetzungsphantasie von anderen Erwägungen und Rahmenbedingungen gespeist war –, wir werden es nie erfahren. Ida jedenfalls ist den hohen Erwartungen ihres Chefs gerecht geworden. Nach der Premiere am 27. September 1919 schreibt der *Bielitzer Anzeiger:* »Frl. Ehre bringt vor die Rampen ein anerkennenswertes Temperament, sympathische Stimm-Mittel, Deutlichkeit der Diktion und eine gewinnende Erscheinung von glatten, weichen Bewegungen.« Die *Ostschlesische Deutsche Zeitung* läßt verlauten: »Ihr Temperament verrät echtes Theaterblut!« Und in der *Oberschlesischen Post* steht: »… die Viola des Frl. Ehre scheint zu den besten Hoffnungen zu berechtigen.«
Die Feuertaufe ist bravourös bestanden: Bielitz-Biala hat einen neuen Star. Und auch hier, in der Provinz, steht eine Schauspielerin in jenem für Wien schon beschriebenen, merkwürdigen Zwielicht von romantischer Anbetung und präsumptiv-*herrschaftlicher* Vereinnahmung als Objekt der Begierde. Ida Ehre erzählt in ihren biographischen Skizzen von einem polnischen

Panzerzug, der zur Zeit ihres Debüts in Bielitz stationiert und dessen Offiziere auf »Was ihr wollt« gleichsam »abonniert« gewesen seien. Ein Billett – sie hat es aufbewahrt bis zu ihrem Tod – findet den Weg in ihre Garderobe: »Die Offiziere des Panzerzuges Smock, begeistert von Ihrem Spiel, erlauben sich, Sie da und dahin einzuladen ...« (Den Namen des Lokals hat sie uns vorenthalten.) Ida erscheint zu dem Treffen, eine Kollegin mit madonnenhaft unberührbarer Ausstrahlung im Schlepptau – ganz alleine möchte sie dem Männercorps denn doch nicht gegenübertreten. Erst viel später erfährt sie, daß eben diese Madonna dem gängigen Freiwild-Vorurteil buchstäblich nach Leibeskräften zugearbeitet haben soll ...
Dem Treffen folgt eine Einladung zu einem großen Offiziersball nach Krakau, dem sie, mittlerweile mutiger geworden auf dem glatten gesellschaftlichen Parkett, solo Folge leistet. Mit wenigen, aber gekonnten sprachlichen Pinselstrichen skizziert sie dieses rauschende Fest als einmaliges Comeback alter K.u.K.-Walzerseligkeit und Lebensfreude, läßt ein Wirklichkeit gewordenes Märchen in schöner Unmittelbarkeit wieder aufleben. Es muß ein starker Eindruck für die 19jährige gewesen sein, der in der mittlerweile 81jährigen Schreiberin diese Impressionen so plastisch wachgehalten hat.
Doch in Bielitz wird beileibe nicht nur gefeiert: Zehn Hauptrollen hat Ida Ehre zu spielen, in den sieben Monaten, die sie in der Tuchmacherstadt verbringt. Ihr zweiter Part ist die Iphigenie, es folgt die »Laura« in Strindbergs »Vater« – Direktor Popp hat auch vor der modernen, durchaus nicht unumstrittenen Dramatik keine Berührungsängste. Ihre Anfängergage wird, auf Betreiben der Kollegen, aufgestockt, »wo doch das Publikum der Ehre wegen ins Theater gehe«. Trotzdem zieht es Ida weiter. Als sie ihren Abschied nimmt, regnet es Blumen vom Schnürboden.

Von Czernowitz nach Bukarest

Die nächste Station ist Czernowitz am Pruth, die Hauptstadt der Bukowina. Im Weltkrieg war die Stadt mehrmals in russischem Besitz gewesen, seit 1919 ist sie rumänisch. Etwa 86 000 Einwohner hat sie, davon über die Hälfte Deutsche, der Rest Rumänen und Polen. Sehr viele Juden sind hier ansässig, verrät uns die Brockhaus-Enzyklopädie von 1924. Bischofssitz, Kathedrale, Landesmuseum, deutsche Universität – seit 1919 rumänisch –, Deutsches Theater, verrät sie weiter. Die Sprache hat im Musentempel, im Unterschied zum akademischen Elfenbeinturm, mit dem Erwerb der neuen Nationalität nicht gewechselt. Hier verbringt Ida Ehre die Hälfte der Spielzeit 1920/21. Die andere Hälfte ist Bukarest, dem damaligen »Klein-Paris«, vorbehalten. Vom Deutschen Theater Czernowitz nach Bukarest – ein beachtlicher Karrieresprung. Folgen wir ihr also ebenso sprunghaft in die Metropole des Königreichs Rumänien.
Bukarest. Bukarest an der Dimbovita, umgeben von einem Festungsgürtel von 75 Kilometern Länge, mit 18 Forts und ebenso vielen Zwischenwerken, das kündet von wahrhaft martialischer Vergangenheit. Doch wenn man einmal drinnen ist, fühlt sich die militärische Realität eher grotesk an: »Die Offiziere schminkten sich und trugen Korsetts«, erinnert sich Ida Ehre später, in einem Interview mit dem *Hamburger Abendblatt*. Woher sie letzteres wohl weiß? Wie auch immer, Bukarest ist eine in vieler Hinsicht beeindruckende Stadt: 338 000 Einwohner hat sie, als Ida Ehre ihr Engagement im Deutschen Theater antritt. Ein königliches Palais, eine berühmte Bildergalerie, eine Universität, eine Kriegsakademie, zahlreiche, meist griechisch-orthodoxe Kirchen – und prächtige Einkaufsstraßen mit Geschäften, deren Schaufensterauslagen auf soliden Wohlstand hinweisen. Hier herrscht – zumindest in den bürgerlichen Kreisen – ein anderer Lebensstandard als zur gleichen Zeit in Wien,

der »Mutterstadt«, mit der Ida Ehre treu in Tuchfühlung bleibt und die schwer unter der wirtschaftlichen Krise zu leiden hat, unter der völligen Zerrüttung der Kronenwährung, hervorgerufen durch den Verlust der Märkte und Liefergebiete nach dem Ende der Monarchie einerseits, die starke Behinderung des Handels durch die Binnenlage andererseits. Einen Zugang zum Meer gibt es ja in der armen kleinen Alpenrepublik nicht mehr... In »Klein-Paris« dagegen lockt der Luxus, und Ida weiß auch von Kolleginnen zu berichten, die sich ihre Scheibe davon raffiniert abzuschneiden wissen. Die Methode ist bekannt, die Belohnung zuweilen fürstlich. Sie selbst hat der Versuchung widerstanden, die auch sie heimgesucht hat – aber das ist eine andere Geschichte.
Man spielt, mittlerweile schreiben wir das Jahr 1921, Schnitzlers »Reigen«. Eine nüchterne Feststellung zwar, die indes den theater- und literaturgeschichtlich interessierten Leser als veritable Sensation anmuten dürfte: Nur wenige Wochen vorher, am 23. Dezember 1920, war es bei der Uraufführung des Werkes – fast zwei Jahrzehnte nach seiner Entstehung – an Max Reinhardts Berliner Kleinem Schauspielhaus zu einem ungeheuren, Eklat gekommen. Gelenkte Demonstrationen gegen das als »pornographisch« diffamierte Stück störten den Ablauf der Premiere, die mehrmals kurz vor dem Abbruch stand. Der preußische Kultusminister untersagte weitere Vorstellungen. Der in die Annalen der Justizgeschichte eingegangene sogenannte »Reigenprozeß« vom 5. bis 12. November 1921 gegen die wegen Unzucht und Erregung öffentlichen Ärgernisses angezeigten Schauspieler Gertrud Eysoldt und Maximilian Sladek endete zwar mit einem Freispruch, doch nachdem auch Aufführungen in Wien und München zu organisierten Krawallen deutschnationaler, katholischer und antisemitischer Kreise geführt hatten, verbot Schnitzler weitere Inszenierungen. Erst 1982, nach dem Tode seines Sohnes und Erben Heinrich, gelangt das Werk wieder auf die Spielpläne der Schauspielhäuser.

Bukarest 1921: Hier geht das Skandalwerk, dessen Titel zugleich sein strukturelles Konzept verrät, ohne Komplikationen seitens der Zensur oder des Publikums über die Bühne. À la bonne heure, Klein-Paris! Es ist ein spektakuläres, lange verkanntes, streng zyklisch gebautes Stück. Zehn Figuren bilden das Personal der zehn Dialoge, zehnmal findet sich ein Paar zur sexuellen Vereinigung – ehe es zum Letzten kommt, schließt sich freilich der Vorhang oder geht das Licht aus, je nach Gusto des Inszenierenden. Nach jeder Szene wird einer der Partner ausgetauscht und dabei die gesellschaftliche Stufenleiter auf- und abgestiegen: Dirne und Soldat, Soldat und Stubenmädchen, Stubenmädchen und junger Herr, und immer so weiter, immer fort, bis schließlich der Dichter mit der Schauspielerin, die Schauspielerin mit dem Grafen und dieser mit der Dirne des ersten Bildes den nun geschlossenen Reigen tanzt. Ein Totentanz, der dem »kleinen Tod« gewidmet ist. Das Ritual der Verführung und Unterwerfung auf dem sprachlichen und phänomenologischen Seziertisch. Zehn bitter pessimistische Strophen auf die Unmöglichkeit gemeinsamen Glücks.
Was mag die Bukarester dazu verleitet haben, scharenweise in dieses Stück zu strömen? Nun, gewiß war der spekulativ-pornographische Aspekt, der über die Kanäle der Flüsterpropaganda auch die Hauptstadt des Königreichs Rumänien erreicht haben dürfte, ein nicht zu unterschätzendes Motiv. Ida Ehre spielt die Schauspielerin, mit einem Hemdhöschen bekleidet, auch für ihre Kollegen allabendlich ein starker visueller Anreiz, wie sie berichtet. Dem Publikum ist sie in ihrer spärlichen Bekleidung freilich nur Quell reger Phantasien. Die Szenen finden zu seinem Unmut unter der Bettdecke statt...
Ihrer Rolle als Schauspielerin in Schnitzlers »Reigen« verdankt Ida Ehre übrigens den ersten Heiratsantrag ihres Lebens: Ein hartnäckiger Verehrer ist das, der da allabendlich mit Blumen und Briefen vor dem Theater wartet. Idas spröde Ablehnung scheint seinen erotischen Ehrgeiz nur anzustacheln. Schließ-

lich reist er gar nach Wien, um bei der Mutter um die Hand der Tochter anzuhalten. Doch hat er in dieser, die von frühauf darauf bedacht war, ihren Kindern die Lebensentscheidungen selbst zu überlassen, eine denkbar ungeeignete Fürsprecherin gefunden. Ida bleibt bei ihrem Nein. Und auch von der Verheißung großzügiger Geschenke läßt sie sich nicht beirren. Kurze Zeit später verläßt sie die schöne Stadt an der Dimbovita. Das österreichische Bühnensortiment ist ihr zu klein geworden. Nach Deutschland will sie, wo es so viel mehr Theater gibt. Das erste, das sie kennenlernt, steht in Cottbus in der Niederlausitz.

Cottbus, Frankfurt, Bonn

1921, noch immer. Cottbus, Kreisstadt im preußischen Regierungsbezirk Frankfurt/Oder. Links der Spree gelegen, damals etwa 48 000 Einwohner, ist es ein Ort, der seine Bewohner hauptsächlich durch die hier reichlich ansässige Tuch- und Buckskinindustrie ernährt. Buckskin – so nannte sich damals ein tuchartiges Wollgewebe, fast ausschließlich für Herrenbekleidung verwendet. Auch eine eigene Tuchindustrieschule und eine Höhere Webschule sind vorhanden. Ida bezieht Quartier bei einer Knopfmacherin und ist fasziniert von dieser enorme feinmotorische Fähigkeiten in Anspruch nehmenden Kunst.

Am Theater lernt sie ihre erste große Liebe kennen, es ist ein Kollege, der in ihren Aufzeichnungen namenlos geblieben ist. »Liebe« hat sie, sinnigerweise, mit ihm gespielt, eine damals oft auf den Spielplänen auftauchende, eher unfreiwillig expressionistische Ehetragödie des Dramatikers und Lyrikers Anton Wildgans (1881–1932), der in diesem Jahr zum Direktor des Burgtheaters erkoren und diese Position gleich zweimal innehaben wird, nämlich von 1921–1923 und 1930/31. Die pessimi-

stische Grundhaltung des Stückes scheint kein gutes Omen für die Beziehung gewesen sein: Der erste Geliebte bleibt nur eine Episodenfigur in ihrem Privatleben.
Statt dessen boomt es im Berufsleben gewaltig. Eines Tages wird Geheimrat Frankfurter, einer der bekanntesten Theateragenten in der Zeit der Weimarer Republik, auf die Anfängerin aufmerksam und stellt ihr eine Bestallung am Schauspielhaus Frankfurt in Aussicht. Ida fährt zu ihm nach Berlin. Die Billigung ihres Intendanten, der ihr diesen Karrieresprung herzlich gönnt, hat sie. Sie spricht vor und verläßt sein Büro mit einem Empfehlungsschreiben an Richard Weichert, den Frankfurter Intendanten. Eigens für sie setzt Immisch, der Cottbuser Chef, Hebbels »Judith« auf den Spielplan – welche Grandezza! –, damit Ida die Titelrolle studieren und später in Frankfurt den Part der Schauspielerin Agnes Müller übernehmen kann, die nach Berlin engagiert worden ist. Doch Frankfurt gerät, im Gegensatz zu Cottbus, nicht in den Genuß, sie in dieser monströsen Rolle zu bewundern. Kaum ist das Stück im Cottbuser Spielplan, wird es aus dem Frankfurter aufgrund einer Erkrankung des »Holofernes« gestrichen. Nun ist sie plötzlich – Agnes Müller hat alles gespielt, was gut und teuer ist – als »Maria Stuart« gefragt ...
Selbstverständlich kann Immisch seinen Spielplan nicht ein zweites Mal revidieren. So lernt die Einundzwanzigjährige denn den ganzen, schweren, umfangreichen Text für sich allein. Die letzten Verse werden im Zug nach Frankfurt memoriert. Und sie debütiert, mit nur zwei Proben, in der Bankmetropole am Main als »Maria Stuart« ... Welche Chuzpe für eine junge Schauspielerin! Von der Presse als begabt, aber noch nicht fertig genug befunden, tritt sie die Rückreise an. Einen dritten Versuch in Frankfurt, dieses Mal als »Lady Anna« in »Richard III«, wagt sie denn doch nicht. Wer will es ihr verdenken?
Statt dessen wechselt sie 1922 nach Bonn, eine Universitätsstadt im preußischen Regierungsbezirk Köln, die damals noch

nicht ahnt, daß ihr eines Tages Ehre und Bürde anvertraut werden wird, Regierungssitz eines Gebildes mit Namen »Bundesrepublik Deutschland« zu werden. Damals zählt sie etwas mehr als 90 000 Einwohner, davon 3008 Studierende und 179 Hörer. Einige dieser Studierenden – Hörer wohl weniger – sind Mitglieder der berühmten Burschenschaft »Borussia«, und mit einem von ihnen, dem Grafen Schamier, einem Fuchsmajor, freundet sie sich an, so daß sie in den Genuß kommt, die feierlichen Rituale der Kommersabende kennenzulernen. An einem dieser Abende wird sie erstmals mit der preußischen, der gründlichen, der vernichtenden Variante des Antisemitismus konfrontiert, zwar zunächst nur verbal, aber schockierend genug. Ida »outet« sich und verläßt hocherhobenen Hauptes – auch das ein Erbteil der Mutter – den martialischen Raum, gefolgt von ihrem Freund, der diesen Eklat zum Anlaß nimmt, der Burschenschaft für immer den Rücken zu kehren.
Im Theater gibt es solche antisemitischen Ausschreitungen – noch – nicht. Ida Ehre lernt dort Bruno Hübner kennen und Max Noack, beide auf dem Sprung zu einer großen Karriere. Sie genießt das unbeschwerte Leben in der Stadt am Rhein, in der, neben Klavieren, Steingut, Porzellan und Schreibwaren, auch damals schon Fahnen produziert werden, ein Geschäft, das seine volle Blüte erst ein gutes Jahrzehnt später erleben wird...
Dann geht sie, nach einem kleinen Umweg über Cottbus, nach Königsberg am Pregel, in die Hauptstadt der preußischen Provinz Ostpreußen. Ein weiterer Markstein auf dem Weg einer ansehnlichen Theaterlaufbahn ist erreicht.

Debüt in Bonn 1922 (Foto: Hamburger Theatersammlung)

Königsberg

Ida Ehre hat Königsberg geliebt, diese wunderschöne alte Stadt ganz im Nordosten Deutschlands. Ein Zentrum des Seehandels, eine bedeutende Messestadt, fast so wie Frankfurt in dieser Zeit. Und all die beeindruckenden Monumente ehemaliger religiöser, geistiger und politischer Größe, heute nur mehr auf verblichenen sepiafarbenen Fotografien zu bewundern, sind 1922, in dem Jahr, in dem Ida ihren Weg in den Norden vollendet hat, sind sie noch pralle Realität: der Dom aus dem 14. Jahrhundert, die Universität Albertina, 1544 gegründet, an der einst Immanuel Kant lehrte, das prächtige Schloß … Königsberg ist eine Stadt, in der Weltläufigkeit und Bodenständigkeit sich eine flirrende Balance halten. Auch das Theater macht da keine Ausnahme. Pamela Wedekind spielt hier, Friedrich Domin, Ruth Hellberg – »Intendant war dort Leopold Jeßner«, schreibt Ida Ehre. Hier irrt sie. Der berühmte Jeßner, gebürtiger Königsberger, war hier Intendant von 1915–1919. Danach hat er ans Staatliche Schauspielhaus Berlin gewechselt. Doch zu Gastinszenierungen ist er immer wieder gerne in seine Heimatstadt gekommen, bisweilen mit prominenten Gästen. Ida Ehre hat seiner Strahlkraft, seiner psychologisch-theatralischen Intuition, seiner Souveränität und Menschlichkeit ein überzeugendes sprachliches Denkmal gesetzt. Man kann sich vorstellen, daß sie viel von ihm gelernt hat.

Für sie wird Königsberg zum Sprungbrett in eine Profession, von der sie zu diesem Zeitpunkt nicht ahnen kann, daß sie sie, mehr denn zwei Jahrzehnte später, einmal regelmäßig und erfolgreich ausüben wird. In Königsberg übernimmt sie, gerade 22 Jahre alt geworden, ihre erste Regie. Wie spektakulär diese Tatsache ist, muß man sich heute, in gesichertem, fast achtzig-

Die »Märchenprinzessin« führt 1923 Regie in Königsberg
(Foto: Hamburger Theatersammlung)

jährigem Abstand zu dieser Epoche, eigens vor Augen rufen. Weibliche Regisseure: Das war im deutschsprachigen Theaterraum geradezu ein Widerspruch in sich, im Gegensatz etwa zu England, wo beispielsweise rund um die Jahrhundertwende die Erstaufführung zahlreicher Stücke von Henrik Ibsen dem Engagement und der Inszenierungstätigkeit zweier risikobereiter Schauspielerinnen zu verdanken sind. Ihre männlichen Kollegen mußten von den beiden freilich erst mühsam zum Mitspielen motivieren: Bei denen war Ibsen, als Dramatiker, der erstmals und konsequent den Frauen die zentralen Rollen auf den Leib schrieb, nicht sonderlich beliebt.

Doch wir sind nicht in London, sondern in Königsberg am Pregel. Man probt »Die armseligen Besenbinder« von Carl Hauptmann, dem älteren Bruder Gerhart Hauptmanns, 1913 erschienen und im selben Jahr in Dresden uraufgeführt. »Altes Märchen in fünf Akten« lautet sein Untertitel, ein reizvolles, bühnenwirksames Stilgemisch aus Sage, Legende, Traum und akkurater, theatralischer Milieustudie. Ein Stück, das sicher zu Unrecht auf dem literarischen Dachboden verstaubt. Ida ist »klein besetzt«, vielleicht hat sie die Märchenprinzessin Trull gespielt, die ihren rätselhaften Spuk im Haus der Besenbinderfamilie erst im vierten Akt entfaltet. Der Regisseur wird krank, die Märchenprinzessin faßt sich ein Herz und bittet den Intendanten, ihr die Regie zu übergeben. Und der läßt sie gewähren. Ida wächst über sich hinaus, gestaltet ein Saufgelage im ersten Akt, einen berauschten Traum im zweiten, die Ankunft und das Treiben eines Magiers im dritten, eine Gefängnisszene und einen Geisterspuk im vierten und einen seligen Traum im fünften Akt. Kein schlechtes Pensum für eine Regieanfängerin! Ihr Intendant erscheint zu den Endproben, korrigiert einige Details im Timing und zeigt sich ansonsten mit der Inszenierung einverstanden, die ein großer Publikumserfolg wird. Frauen *können* Regie führen. Ida hat es bewiesen.

Lebendige, lehrreiche zwei Jahre verbringt sie in Königsberg, diesem Sprungbrett in die Metropolen, dessen theatralischer Magnet, Leopold Jessner, bei seinen inszenatorischen Stippvisiten auch die ganz Großen zu Gastspielen anzieht. Paul Wegener lernt sie kennen, jenes ostpreußische Urgestein, das am Staatsschauspiel Berlin verpflichtet ist und bereits zu den Großverdienern im Filmgeschäft zählt. Ein Kerl mit dem Körper eines Bullen und der Seele eines Kindes, ein barocker Mensch, mit dem Ida Ehre so manchen Abend zechend, singend, unbeschwert albernd verbracht hat. In Königsberg trinkt sie auch den ersten Grog ihres Lebens, »damals noch ohne Zucker«, erzählt sie später. »Heute trinke ich ihn hanseatisch.« Das Lokal hieß »Blutgericht«. Der Königsberger liebt es deftig, und Ida Ehre ist dem dortigen Menschenschlag auf Anhieb zugeneigt. Doch sie will weiter. Jeßner ist in Berlin. Dort zieht es sie auch hin – aber noch ist der ganz große Sprung nicht für sie vorgesehen. Dafür winkt Stuttgart …

4. KAPITEL

Endstation Sehnsucht

Stuttgart

Ida Ehres Abschiedsrolle in Königsberg – »Spiel von Tod und Liebe« von Romain Rolland – soll gleichzeitig ihre Antrittsrolle in Stuttgart werden. Der prächtige neue Bahnhof, erst 1922 vollendet und der ganze Stolz der Hauptstadt des Freistaats Württemberg, ist vorläufig die Endstation ihrer langen Reise in den Süden. Unweit dieses Bahnhofs, zwischen Schloß und Abgeordnetenhaus, liegt das Landestheater, ihre neue Wirkungsstätte. Ihr Direktor heißt Kraushaar, ein gemütlicher, gemütvoller Mensch, der das wienerische Idiom auch in der Stadt der Spätzle und Schätzle und Mädle und Häusle – die zu jener Zeit immerhin 338 000 Einwohner zählt –, was zu dem alles und jedes verniedlichenden Dialekt nicht so recht passen will – nicht abgelegt hat. Ein Stück Heimat für Ida Ehre, dieser Herr Kraushaar. Und bevor sie die Stadt vor dem Ende ihres Vertrages Richtung Mannheim verläßt, wird sie hier noch ganz

andere, für ihr künftiges Leben unvergleichlich bedeutsamere emotionale Wurzeln schlagen:
Die Romanze, die zunächst so gar nicht das Zeug zu einer solchen zu haben verspricht, nimmt ihren Ausgangspunkt im Marienkrankenhaus, einem großen Hospital am Hang Richtung Degerloch. Ida macht einen Krankenbesuch bei einer Freundin, und die, mit dem Sendungsbewußtsein der schon Verheirateten, spielt Schicksal: Da gebe es einen Oberarzt, eine ganz große Persönlichkeit, den sie, Ida, unbedingt kennenlernen müsse. Dieser Arzt ist der Gynäkologe Dr. Bernhard Heyde, und wie für ein Boulevardstück inszeniert, steht er kurz darauf vor dem Krankenzimmer... Es ist keine Liebe auf den ersten Blick, die Ida Ehre da schildert: »Wir haben sofort einen fürchterlichen Streit gehabt. Es ging um Bürgerlichkeit, was er darunter verstand und wie ich das definierte...« Was sie mehr anspricht als seine Worte, das sind seine Zeichnungen, mit denen er die Wände seines Arztzimmers ausstaffiert hat. Auf beides, die Worte und die Bilder und auf ihr Verhältnis zueinander, soll später zurückgekommen werden, in einem Kapitel, das eigens dem Versuch gewidmet ist, eine spekulative Charakterskizze von Ida Ehres Ehemann zu entwerfen, ja, genau das wird Bernhard Heyde ein gutes Jahr nach dieser ersten Begegnung. Hartnäckig hat er um ihre Hand angehalten, ebenso hartnäckig hat sie sie ihm zunächst verweigert. Schließlich hat er sie überzeugen können. Im Frühling 1928 werden sie Mann und Frau. Das Kind, das mittlerweile unterwegs ist, soll doch, so Dr. Heyde, »einen Namen« bekommen. Für Ida ist dies kein Grund zum Heiraten, hätte das Kind doch auch einen Namen, wenn sie ihm den ihrigen gäbe. Doch sie hat ihn gern, und das wird ausschlaggebend. Ihren Namen, der sich ja mittlerweile in der Theaterlandschaft herumgesprochen hat, behält sie bei.

Hier durchkreuzt die private Chronologie die berufliche: Ihre Bereitschaft zum Jawort läßt Ida Ehre nicht mehr in Stuttgart verlauten, sondern in Mannheim, wo sie seit etwa einem Dreivierteljahr engagiert ist. Ein berühmtes, traditionsreiches Theater, das Nationaltheater Mannheim, materiell und pekuniär wesentlich besser ausgestattet als das Landestheater in der württembergischen Hauptstadt. Und: Es bietet seinem Ensemble für die damalige Zeit ungewöhnliche soziale Sicherheiten. Erstmals wird Ida Ehre nun das ganze Jahr über durchbezahlt, auch die sechs Wochen Theaterferien werden vergütet. Und erstmals wird alles extra honoriert, was über 100 Vorstellungen im Jahr hinausgeht. Einen renommierten Intendanten hat das Haus, Sioli heißt er, und zwei Regisseure, deren Klang auch viel später noch das VIP-Gefühl im Zuhörer aufkommen lassen, wenn auch in sehr unterschiedlichen Funktionen: Dr. Gerhard Storz wird Baden-Württembergs erster Kultusminister, Heinz-Dietrich Kenter in Berlin ein großer Regisseur. Ausgezeichnete Kollegen hat die frischgekürte »Erste Charakterspielerin«: Bum Krüger, Ernst Langheinz, Annemarie Schradiek, Willy Birgel ... Das Publikum in der bedeutenden Binnenhandelsstadt liebt sein Theater, seine Stars, ob sie nun singen, tanzen oder spielen. Man ist stolz auf sein Dreispartenhaus.

Vier Spielzeiten wird Ida Ehre dort verbringen, nicht eben zum Wohlgefallen ihres Mannes, der die Familie lieber an einem – seinem – Ort konzentriert gesehen hätte. In die zweite Spielzeit fällt die Geburt ihrer Tochter Ruth. Bis in den neunten Monat hinein hat sie Theater gespielt – sinnigerweise in einem Stück namens »Die große Hebammenkunst«. Der Titel freilich ist nicht allzu wörtlich zu nehmen. Er bezieht sich auf Sokrates' Begriff der »Mäeutik«, was zu deutsch »Hebammenkunst« heißt und womit er seine rhetorisch-dialektische Technik

umschreibt, dem Gegenüber durch richtiges Fragen die richtigen Erkenntnisse zu entlocken. Willy Birgel ist Sokrates, Ida Ehre seine Gattin Xanthippe. Kurz darauf nimmt sie dann die »richtige« Hebammenkunst in Anspruch. Am 20. Oktober, einem sonnigen Herbsttag, erblickt ihre Tochter Ruth, von ihr zärtlich »Sonnele« genannt, das Licht der Welt.
Bereits 14 Tage nach der Entbindung steht sie wieder auf der Probebühne des Nationaltheaters. Die Segnungen des heutigen Mutterschutzes gibt es noch nicht. Ich bin mir aber sicher, daß Ida gerne und keineswegs gezwungenermaßen stundenweise – Abendproben kannte man damals noch nicht – die Mutterrolle an ihr Kindermädchen delegiert hat, um Rollen aus dem Fundus der Theaterliteratur zu studieren. Warum sollte daraus auch ein Rollenkonflikt entstehen? Dr. Bernhard Heyde mag das anders gesehen haben, aber Ida hat mit seinem Ehering nicht auch sein konventionelles Korsett übergestreift. Und sie kann sich durchsetzen, das hat sie gelernt und schon so oft in beruflichen Zusammenhängen bewiesen ...
Sie überredet ihren Mann, sich als Schiffsarzt die große, weite Welt anzuschauen. Sie selbst entdeckt, früh für ihr Alter und mit unbändiger Lust, die Welt der Mütter – auf der Bühne und zu Hause. Sie spielt die »Gertrud« im »Hamlet«, Willy Birgel, ihr »Sohn«, ist gut zehn Jahre älter als sie, und sie empfindet das als wunderbare Herausforderung, nicht als Diskriminierung. Sie spielt in dem Antikriegsstück »Toboggan« von Gerhard Menzel eine neunzigjährige Frau und freut sich unbändig darüber, daß der Autor sie später, als sie ihm, nun abgeschminkt, gegenübersitzt, nicht erkennt. Ida Ehre, das wird deutlich, gehört zu der Spezies Schauspieler, die sich mit Können und Leidenschaft verwandeln, zu den Chamäleonsschauspielern, wie ich sie einmal nennen möchte, im Gegensatz zu den Identifikationsschauspielern, die jede Rolle mit dem Kosmos der eigenen Innerlichkeit ausstatten möchten.
Ihre vierte Spielzeit in Mannheim beginnt mit einem Intendan-

Ida Ehre in Mannheim, Ende der zwanziger Jahre
(Foto: Hamburger Theatersammlung)

tenwechsel und wird darob auch ihre letzte in der Neckarstadt sein. Maisch, der »Neue«, ist so ganz anders als der charmante, freundliche, weltläufige Sioli: Als strammer Befehlsgeber erweist er sich, als Diktator. Und Diktatoren – nicht Autoritäten – erwecken Idas Lust am Widerstand. »Wir lagen einander nicht«, resümiert sie, lakonisch, den latenten Grabenkrieg, der sich in unsinnigen Regieanweisungen seinerseits, der Verweigerung ihrer Befolgung ihrerseits und beiderseitiger Verärgerung zum dritten immer wieder Bahn bricht. Ida läßt soziale Absicherung soziale Absicherung sein und zieht mit ihrem Kind, ohne die konkrete Aussicht auf ein festes Engagement, ins Blaue hinein, nach Berlin. Endlich Berlin!

Berliner Luft

Berlin 1931. Noch immer ist die Reichshauptstadt mit ihren vielen großen Theatern der Magnet, der die Schauspieler anzieht, hier den ganz großen Durchbruch zu schaffen. Und doch hat die vielbesungene Berliner Luft mit ihrem holden Duft schon etwas vom Flair der »goldenen Zwanziger« verloren. Die Theater leiden unter empfindlichem Zuschauerschwund: Die Zeiten sind härter geworden, die Wirtschaftskrise hat ihren Höhepunkt erreicht, die Zeitungen schreiben von vier Millionen Arbeitslosen. Brüning erläßt seine erste Notverordnung »Zur Sicherung von Wirtschaft und Finanzen«. Und das politische Klima hat sich, seit die Nationalsozialisten in den Wahlen von 1930 unerhörte Gewinne verbuchen konnten, verschärft. Politik greift stärker denn früher auch ins Feuilleton ein.
Leopold Jeßner, der überzeugte Sozialdemokrat, ist ein erstes prominentes Opfer dieser Entwicklung. Schon im Januar 1930 hat er seinen Generalintendantensessel an den Staatlichen Bühnen räumen müssen. Er ist ganz eindeutig ein Opfer der deutschnationalen Presse, vor allem von Hugenbergs einfluß-

reichem *Lokal-Anzeiger,* der ihn buchstäblich aus Amt und Würden gejagt hat – auch wenn er dem Theater als Regisseur noch erhalten bleibt. Seinen Posten hat Ernst Legal übernommen. Starregisseur im Haus am Gendarmenmarkt ist Jürgen Fehling, eine genialische Natur, dessen künstlerische Vision und Formkraft sich am überzeugendsten im Chaos entzündet, das er, wenn es denn auf den Proben allzu harmonisch zugeht, zur Not auch selbst veranstaltet. Berserkerhaft wütend kann er werden, und Krach und Tränen sind während seiner Inszenierungsphasen an der Tagesordnung. Ein Fanatiker in der Arbeit, ein unerbittlicher Wahrhaftigkeitssucher, den im Furor des Gestaltens die psychische Disposition vor allem der Schauspielerinnen ziemlich kalt läßt. Bisweilen entschuldigt er sich am nächsten Tag mit Rosen für die Sottisen, die er, im Sinne des von ihm angestrebten Ergebnisses, versteht sich, freigebig austeilt. Ein Trost, wenn auch oft nur ein schwacher, für die verbal und emotional Verletzten.

Ein paar Jahre zuvor hat Ida Ehre anläßlich einer Stippvisite in Berlin Gelegenheit gehabt, dem unbeherrschten Meister bei der Arbeit zuzuschauen. Was sie da bei dieser einen Probe als Zaungast miterlebt hat, war für sie Abschreckung genug. Nein, Fehling und Ida Ehre – das wäre wohl kein gutes Gespann gewesen.

Aber Berlin hat ja so viele, große, berühmte Theater. Und trotz Wirtschaftskrise und bedrohlichem politischem Wetterleuchten entstehen auf diesen Theatern noch immer spektakuläre Inszenierungen, auch von Stücken solcher Autoren, deren Werke wenige Jahre später mit verlogenem Pathos den Flammen überantwortet werden. Und es gibt Schauspieler hier, deren Strahlkraft, teilweise bedingt durch die Breitenwirkung des Films, teilweise durch die Aufmerksamkeit, die die Großen der Theaterkritik, Julius Bab, Herbert Ihering, Alfred Kerr und bisweilen auch Karl Kraus allenthalben auf sich ziehen, bis in die hintersten Winkel der Provinz reicht. Ihre Namen sind die Kürzel von Legenden, die die Zeit überdauert haben: Heinrich George, Werner Krauß, Paul Wegener – den wir schon aus Königsberg kennen –, Gustaf Gründgens, Ernst Busch, Ernst Deutsch, Bernhard Minetti, Fritz Kortner, Albert Florath, Hans Otto, Elisabeth Bergner, Marianne Hoppe, Luise Ullrich, Carola Neher, Käthe Dorsch, Elisabeth Flickenschildt, Maria Koppenhöfer, Käthe Gold ... Noch gibt es einen regen Austausch zwischen den verschiedenen Bühnen, noch ist es möglich, daß etwa ein damals noch der kommunistischen Partei nahestehender Heinrich George von der Piscator-Bühne ins wohlbestallte Schauspielhaus am Gendarmenmarkt wechseln, Gustaf Gründgens zwischen diesem und Max Reinhardts Bühne changieren, selbst Bertolt Brecht, Hausherr des »Theaters am Schiffbauerdamm«, am Staatsschauspiel eine künstlerisch höchst visionäre, wenn auch sich als Zuschauerflop erweisende Inszenierung von »Trommeln in der Nacht« auf die Bretter zaubern kann. Es herrscht Transparenz in der Berliner Theaterlandschaft. Noch herrscht Transparenz.

Ida Ehre hat ihr Berlin-Debüt am Lessingtheater mit der Gräfin Terzky in Schillers »Piccolomini«. Ihre Gestaltung bringt ihr ein festes Engagement ein und großes Lob der Berliner Presse. »Diesen jungen Menschen muß man sich merken«, schreibt Julius Bab. Das »Theater unter den Linden« bietet ihr einen Gastvertrag an. Sie spielt den »Weibsteufel« von Karl Schönherr, ein damals viele Spielpläne zierendes, heute vergessenes Drama um ein labiles Dreiecksverhältnis, konstruiert als Inferno unerfüllter Leidenschaften, in dem jeder des andern Teufel ist. Idas Part ist der der vitalen, erotisch frustrierten Frau, die, von ihrem Mann zu einem wohlkalkulierten Fehltritt ermutigt, den Reizen ihres Galans erliegt und, als sie zu der Erkenntnis gelangt, daß sie von beiden Männern nur als Köder benutzt wird, ihre ungleichen Liebhaber mit dämonischer Kaltblütigkeit gegeneinanderhetzt. Es kommt, unumgänglicher Tribut an das Genre und seine Dramaturgie, zu Mord und Totschlag in diesem dramatischen Ehehöllenkonstrukt. Ein eher schwacher Plot mit drei bemerkenswert auspsychologisierten, expressiven Rollen, eine davon wird Paraderolle für Ida Ehre, in der sie alle Register ihres Temperamentes, ihrer rhetorischen Fähigkeiten, ihrer Courage, verdeckte Innerlichkeit nach außen zu stülpen, ziehen kann.

Im Lessingtheater spielt sie noch einen Nestroy, im Wiener Dialekt, dann, als Uraufführung, »Der Graue« von Friedrich Forster, eine Schülertragödie in der Tradition von Frank Wedekinds »Frühlings Erwachen«. Auch im Rundfunk faßt sie Fuß, dessen Hörspielproduktion damals – das Pantoffelkino ist ja noch nicht erfunden – auf Hochtouren läuft. Und dann meldet sich auch das richtige Kino: Die »Tobis« bietet ihr einen Filmvertrag an, Anfang 1933. Die Probeaufnahmen verlaufen zur allgemeinen Zufriedenheit: Ida Ehre wird für cinematogen befunden. Eine aparte, zierliche, Leidenschaft, Energie, Willenskraft bis hin zur Unbotmäßigkeit ausstrahlende Persönlichkeit, die einen wirkungsvollen Kontrapunkt gebildet hätte zum Defilee der Blonden, Sanften, mit ihren Schwächen Kokettierenden und zu guter Letzt ergeben Leidenden, mit denen der deutsche Film dieser Zeit und vor allem in der Zeit danach reichlich bestückt ist. Ja – dazu hätte sie das Zeug gehabt. Doch dazu soll es nicht mehr kommen.

5. KAPITEL

Finstere Zeiten

Adieu Theater, adieu Berlin

Die Ereignisse des 30. Januar 1933, wiewohl in gesicherter zeitlicher Distanz zu damals aus der politischen, gesellschaftlichen und wirtschaftlichen Entwicklung der Weimarer Republik komfortabel herzuleiten, schneiden dennoch eine tiefe Kerbe ins zeitliche Kontinuum. Nichts ist mehr so wie früher. Alte Hierarchien, Institutionen, Gesetze, Rechte und Gewohnheiten: es gibt sie nicht mehr. Schnell und mit vernichtender Gründlichkeit setzt das Nazi-Regime die alten Strukturen außer Kraft. Auch auf den Sektor der Kunst richtet es sein Augenmerk. Die latent subversive Macht des kulturellen Überbaues in eine stabil staatserhaltende zu verwandeln. Das ist die Methode, die dem Wahnsinn zugrunde liegt.
Aus den 25 Punkten des Programms der NSDAP, die der frischgekürte Reichskanzler Adolf Hitler umgehend vom Papier ins Leben zu transferieren sich tödlich entschlossen zeigt, hier nur

einige Kerngrundsätze, zitiert nach Knaurs Lexikon, Berlin 1938: »... Ein Jude kann nicht Volksgenosse sein. Kampf gegen Freimaurerei. An verantwortlicher Stelle nur Volksgenossen. Brechung der Zinsknechtschaft. Ersatz des römischen Rechtes durch ein deutsches Gemeinrecht. Schutz der Familie. Körperliche Ertüchtigung zur Hebung der Volksgesundheit (siehe Rassenpflege). Verhütung der Fortpflanzung Minderwertiger. Kampf gegen volksverhetzende Presse, Literatur und Kunst. Führerprinzip auf allen Gebieten. Zentralgewalt des Reiches ...«

Dieses Führerprinzip wird natürlich auch auf die gewachsenen Organisationen der darstellenden Künste angewendet. Die Genossenschaft deutscher Bühnenangehöriger (GDBA) wird aufgelöst, desgleichen der Deutsche Bühnenverein, die Korporation der Theaterleiter. All dies geht auf im großen Ganzen, der Reichskulturkammer als öffentlich-rechtlicher Körperschaft des Reiches, gegründet am 22. September 1933, mit dem Auftrag der »Zusammenfassung und organischen Gliederung der kulturschaffenden Deutschen.« Der Präsident der Reichskulturkammer ist Dr. Joseph Goebbels, der Reichsminister für Volksaufklärung und Propaganda. In sieben Bereiche gliedert er sein Imperium auf: Reichsmusikkammer, Reichskammer der Bildenden Künste, Reichstheater-, Reichsschrifttums-, Reichspresse-, Reichsrundfunk- und Reichsfilmkammer. Die Erneuerung der Kunst im Sinne der 25 Thesen kann beginnen.

Zunächst einmal werden alle Nicht-Volksgenossen an der Ausübung ihrer künstlerischen Profession gehindert, indem ihnen von der jeweiligen Kammer die dafür notwendige Lizenz verweigert wird. In der Reichstheaterkammer wird für diese völkische Selektion federführend als Präsident der Schriftsteller Rainer Schlösser, auch Reichsdramaturg genannt. In Berlin steht dieser freilich im Schatten des preußischen Reichsministers und Ministers des Inneren Hermann Göring, des Freundes der Musen und der Männer und vor allem der Frauen, die in ihrem

Dienste stehen. Die geistige und personelle Erneuerung »seiner« Theater hat der schwergewichtige Sanguiniker zur Chefsache gemacht. Auf sein Betreiben übernimmt Gustaf Gründgens 1934 die Intendanz des Schauspielhauses am Gendarmenmarkt, Heinrich George wird – seine linke Vergangenheit an der Piscatorbühne hat er in den Augen seines Gönners mittlerweile abgebüßt – 1938 Leiter des Schillertheaters, als »rotes Nest« inkriminiert und doch geduldet. Aber zuvörderst heißt es, in Berlin wie im übrigen Reich: Juden raus aus den Theatern.
Leopold Jeßner verläßt Deutschland, Fritz Kortner, Ernst Deutsch, Elisabeth Bergner, Lucie Mannheim, Wolfgang Heinz, Peter Lorre, Alexander Granach, Carola Neher und viele, viele andere. Ida Ehres Filmvertrag mit der Tobis – auch im Filmgeschäft, der Propagandawaffe Nummer eins, mischt der Preußische Reichsminister kräftig mit – wird aufgelöst, desgleichen ihr Vertrag am Lessingtheater. In Deutschland wird sie, solange die braunen Horden an der Macht sind, keine Bühne mehr betreten können. Nicht einmal einen Zuschauerraum oder einen Konzertsaal.

Kurzes Wiener Zwischenspiel

Wien, die Mutterstadt, wird ihre erste Zufluchtsstätte. Für eine kurze Zeit wohnen Mutter, Tochter und Enkelin unter einem Dach. In Österreich, das dem Reich ja noch nicht angegliedert ist, gibt es noch kein Berufsverbot für jüdische Künstler. So versucht sie, an den verschiedensten Theatern der Donaumetropole eine Anstellung zu finden, und kann schließlich, die passionierte und kultivierte Sprecherin, beim Rundfunk Fuß fassen.
Doch auch in der gemütlichen Alpenrepublik stehen die Zeichen, für den, der Augen hat zu sehen und Ohren zu hören, auf Sturm. Seit dem Frühling 1933, seit Engelbert Dollfuß, der Füh-

rer der »Vaterländischen Front«, regiert und das Parlament durch ein Notstandsgesetz außer Kraft gesetzt ist, bildet in Österreich nur noch das »rote«, das sozialdemokratisch geführte Wien und seine Arbeiterschaft ein Rudiment an Demokratie. Heimwehren und auch die katholische Kirche drängen auf Anwendung von Waffengewalt gegen die rote Enklave. Im Februar 1934 bricht der Kanzler mit Kanonen, Kerkern und Galgen den Widerstand der österreichischen Arbeiter und beseitigt so das wirksamste Antitoxin gegen das Nazigift, von dem sein »christlich-deutscher Bundesstaat auf kooperativer Basis« schon kräftig infiziert ist. Hitler ist dem kleinen Herrn nicht dankbar für seine Zulieferarbeit. Fünf Monate später läßt er ihn, wohl weil er, in enger Anlehnung an das faschistische Italien, energisch den Anschluß Österreichs an Deutschland bekämpft, ermorden. Dollfuß will Austrofaschist bleiben – das bezahlt er mit seinem Leben.
Schon im Vorfeld dieser dramatischen Ereignisse, schon 1933, kommt es in Wien verstärkt zu antisemitischen Ausschreitungen. An den Hausmauern prangen immer häufiger markige Naziparolen, in jüdischen Geschäften der Vorstadt zersplittern die Schaufensterscheiben, hin und wieder auch die Schädeldecken der Besitzer. Und oft will es die Polizei nicht gesehen haben, die offiziell streng hinter den Unruhestiftern her ist. Wien hat seine antisemitische Tradition, wie der politische Erfolg des Demagogen Karl Lueger vor dem Krieg belegt, wie aber auch etwa das große publizistische Interesse an Otto Weiningers grundlegendem Werk »Geschlecht und Charakter« bewiesen hat, ein jüdischer Philosoph, der die ethische Minderwertigkeit seiner Rasse »nachgewiesen« und die einzig mögliche Konsequenz aus dieser These gezogen hat – nämlich Selbstmord zu begehen. Auch die Presse, vor allem die unter jüdischer Leitung, hat schon seit der Jahrhundertwende seltsam masochistisch anmutenden antisemitischen Meinungen gehuldigt. Nicht zuletzt sind auch die direkten Ahnherrn der Nationalso-

zialistischen Partei und Adolf Hitlers markige politische Gruppen und Grüppchen, die im Sudetenland entstanden sind. Der österreichische Georg Ritter von Schönerer ist ihr geistiger Mentor gewesen – selbst der Name der Partei stammt aus dem Sudetengebiet. Mit ihrem Wotanskult, mit ihrem Kampfruf »Heim ins Reich« waren sie eine immer latente Gefahr schon für die habsburgische Doppelmonarchie. Die Wurzeln des Nationalsozialismus und damit des Antisemitismus sind also in österreichischem Humus auf mehrfache Weise solide verankert. Da wird es keiner großen Anstrengung bedürfen, endgültig die fatalen Konsequenzen zu ziehen.

Ida Ehre ist sehr wohl in der Lage, die Indizien der drohenden Gefahr richtig zu deuten. Ehe sie Wien wieder verläßt, rät sie ihren Geschwistern mit Nachdruck, sich außer Landes in Sicherheit zu bringen. Für sie ist die Ära Dollfuß und seine Ermordung durch die Nationalsozialisten nur ein Vorspiel: Eines Tages, dessen ist sie gewiß, wird, ja muß die kleine Alpenrepublik im großdeutschen Wolfsrachen verschwinden.

Doch nicht Ida Ehres Hellsichtigkeit ist die Antriebsfeder für ihren Entschluß, nach Deutschland zurückzukehren, wo ja schon deprimierende Realität ist, was in Österreich noch als schwarze Wolke am Horizont dräut: Dr. Bernhard Heyde hat, unter dem Eindruck der Machtübernahme, seiner Profession als Schiffsarzt Lebewohl gesagt und kehrt nach Deutschland zurück. Nach sechs Jahren »Splendid Isolation« der Ehegatten soll nun endlich, das ist sein dringender Begehr, die kleine Familie ihr künftiges Leben gemeinsam fristen. Seinen Posten als Oberarzt im Marienkrankenhaus kann er nicht wieder übernehmen. Schon seit dem 22. April 1933 regelt der sogenannte »Arierparagraph« mit grausamer Gründlichkeit die Modalitäten der Berufsausübung. Für Beamte, Rechtsanwälte und Ärzte im öffentlichen Dienst gelten verschärfte Aufnahmebedingungen. Hier genügt der Ariernachweis bis ins dritte Glied nicht als Kriterium für die Bestallung. Schon die Ehe – unerheblich, wie lange sie schon besteht – mit einer Person von nichtarischer Abstammung ist ein unüberwindbares Hindernis auf dem Weg zur beruflichen Karriere. Dr. Heyde bemüht sich um eine Praxis – für niedergelassene Ärzte gelten die verschärften Arierbestimmungen noch nicht – und findet eine Möglichkeit, sich in Böblingen zu etablieren. Nach den Millionenstädten Berlin und Wien nun die gemütliche Verschlafenheit der süddeutschen Provinz, nach einer sprunghaften Karriere als Schauspielerin nun die noch unstudierte Nebenrolle der Arztgattin, nach den befriedigenden Zeiten der selbstverdienten, ständig wachsenden Gagen nun das ungewohnte Los finanzieller Abhängigkeit. Ein Sprung ins kalte Wasser, vor dem ihr sicher auch bang gewesen ist. Trotzdem: Sie wagt ihn. Sie hat nichts zu verlieren. Und die Ehe mit einem Arier bietet ihr, der Mutter eines Kindes, das aus dieser Verbindung hervorgegangen ist, einen relativen Schutz: den der sogenannten privilegierten Mischehe. Das Nazivokabular hält für alle Eventualitäten des Lebens eine Definition bereit. Und die Definition »privilegierte Mischehe« hat manchmal Leben gerettet.

6. KAPITEL

Ein Kapitel für sich

Dr. Bernhard Heyde – der Versuch einer Annäherung

Dies also ist der Zeitpunkt, an dem Ida Ehres Ehemann, was seine reale Präsenz auf ihrer Lebensbühne betrifft, sich von einer Episodenfigur mit gelegentlichen Auftritten zu einer zentralen Gestalt, einem Mittelpunktdarsteller verwandelt. Es sei darum auch der Zeitpunkt, dieser bis dahin schemenhaft gebliebenen, sich im Laufe des gemeinsam durchlittenen Lebensdramas, dessen Drehbuch das Dritte Reich geschrieben hat, mehr und mehr verrätselnden Mittelpunktfigur ein eigenes, notgedrungen spekulatives Kapitel zu widmen. Ein Kapitel, dessen innerer Beweggrund Empathie ist, also die von vorgängigem Respekt getragene Bereitschaft, ihn aus seinen Voraussetzungen und Rahmenbedingungen zu verstehen – nicht die wohlfeile moralische Attitüde der mit der »Gnade der späten Geburt« Ausgestatteten. Diese Attitüde steht keinem der Nachgeborenen zu.

»Mein Mann, Dr. Bernhard Heyde, war Deutschnationaler«, erzählt Ida Ehre, fast 60 Jahre später, einem Journalisten der *Zeit*, Ben Witter. »Verzweifelt über die Mißerfolge der Republik, erwartete er eine Wende durch Hitler. Bis zum Röhm-Putsch (im Juli 1934, V.J.) glaubte er fest an eine Erneuerung Deutschlands. Und zu mir sagte er: ›Du bist anders als die Juden.‹ Und ich sagte zu ihm: ›Die Juden und die Deutschen sind sich doch sehr ähnlich, sie sind genauso grüblerisch, gründlich, selbstzerstörerisch und so sparsam und so strebsam und auch ohne Freunde auf der Welt.‹«
Ida Ehres Replik ist bedachtsam und weitsichtig und entspricht den avanciertesten Analysen des prekären deutsch-jüdischen Verhältnisses etwa durch den jüdischen Philosophen Yaacov Ben-Chanan aus den achtziger Jahren. Wenn man ihre klugen Sätze nicht aus den Fängen der Interpretation läßt, sind sie vielleicht sogar mehr als das, sind sie vielleicht, unbeschadet ihrer allgemeinen Aussagekraft, eine raffiniert verklausulierte Charakterisierung ihres Mannes. Und, zusammengebracht mit Bernhard Heydes fragwürdigem Kompliment, der Schlüssel seiner Zuneigung zu ihr. Ein Interpretationsversuch als Drahtseilakt, der es dennoch wert ist, unternommen zu werden. Hoffen wir, daß das gesammelte, mit wenig System und viel Spaß an (der) Freud angelesene psychologisch-analytische Rüstzeug als Balancierstange taugt.
Was Ida Ehre da als gemeinsame Charakterisierungsmerkmale von Deutschen und Juden nennt, ist ihr, der Jüdin nicht zu eigen – sieht man einmal von der Strebsamkeit und Gründlichkeit ab, die sie in ihrer beruflichen Laufbahn überzeugend unter Beweis gestellt hat. Wenn sie das Zeug zur Sparsamkeit hat, dann, weil die sozialen Verhältnisse ihrer Kindheit sie diese Sparsamkeit gelehrt haben. Ebenso aber ist ihr die Lust an der Großzügigkeit anzumerken, wenn ihre finanziellen Möglichkeiten ihr diesen Gestus erlauben. Grüblerisch, selbstzerstörerisch und ohne Freunde auf der Welt – das ist sie nun ganz und

gar nicht. Ihre Lebensfreude strahlt aus jeder Seite ihrer biographischen Notizen, jedenfalls bis zu dem Zeitpunkt, an dem Dr. Heyde sein lakonisches Statement hat fallen lassen. Daß diese Lebensfreude später der Eskalation des nationalsozialistischen Terrors bisweilen ihren Tribut zahlen muß, das steht auf einem anderen Blatt. Und selbstzerstörerisch – das ist beileibe kein passendes Prädikat für diese selbstbewußte junge Frau, die ihren Wunschberuf ihrem sozialen Status, der gewiß anderes, Bescheideneres für sie vorsah, unterstützt von ihrer Mutter, mit Charme und Bestimmtheit abgetrotzt hat. Freunde schließlich hat sie reichlich, und mit jedem Engagement wächst die Zahl derer, an die sie sich gerne und mit Wärme zurückerinnert, die sie nicht vergessen werden, und die auch sie nicht vergessen haben wird, als ihr, tausend Jahre später, die in der Rückschau auf elf Jahre zusammenschrumpfen, die ganz große Lebensaufgabe winkt.
Nein, Ida Ehre kann nicht sich selbst gemeint haben. Sie, die Jüdin, ist anders – wie Bernhard Heyde, sieht man seine Aussage in diesem persönlichen Zusammenhang, ganz richtig anmerkt. So hat er sie kennengelernt: offensiv, selbstbewußt, widerspruchsfreudig, lebensfroh, mutig, unkonventionell – eben anders. So hat er sich in sie verliebt, so hat er mit hartnäckiger Gründlichkeit um sie geworben. Vielleicht, weil sie, die Jüdin, so ist, wie er, rein optisch die Bilderbuchausgabe des blonden nordischen Menschen, eigentlich sein möchte?
Aber wie ist er wirklich? Kommen wir noch einmal zurück zur ersten Begegnung: dem Streit am Krankenbett der Freundin um die verschiedenen Auffassungen von Bürgerlichkeit. Mit an Sicherheit grenzender Wahrscheinlichkeit sind Ida Ehres Assoziationen zu diesem Begriff eher im Umkreis des Wortfeldes »Bourgeoisie« wiederzuentdecken, das Flair der persönlichen Freiheit und Großzügigkeit atmend, eine Errungenschaft der Französischen Revolution, verteidigt selbst durch das Terrorregime hinweg und in der III. Republik schließlich zur Blüte

gelangt – all das hat dem Wort bis in die zwanziger Jahre, den Zeitpunkt dieses ersten Diskurses, seinen Zauber erhalten. Dr. Heyde wird dagegen dieser auf dem Prüfstein stehenden Kategorie eher die Bürde der moralischen Pflichten abgeschmeckt haben, deren Überhang vor den – befreienden – Rechten diese Bürgerlichkeit in der Kritik der Antibürger schnell zur Spießbürgerlichkeit hat mutieren lassen. »Was darf ein Bürger alles« gegen »Auf was muß ein Bürger alles verzichten« – war dies das Thema des Disputs »Ehre gegen Heyde«?

Im Diskurs sind sich die beiden nicht nähergekommen. Aber über Bernhard Heydes Bilder hat Ida Ehre Zugang zu seinem Innersten gefunden. Lassen wir nun, nur scheinbar ein Widerspruch in sich, die stummen Bilder sprechen. Manchmal können sie es besser, so, wie sie es an jenem Nachmittag im Jahre 1927, offensichtlich, auch besser gekonnt haben. Eines davon hängt, wieder sagen wir der Chronologie für eine gewisse Zeit Lebewohl, später an der Wand von Ida Ehres kleiner Garderobe im Kammertheater in der Hartungstraße in Hamburg. Sie ist die Gründerin dieses Theaters und seine Prinzipalin, und Helmut Schmidt, damals Innensenator der Hansestadt, ein großer Bewunderer ihrer Person und ihrer Kunst, wird auf dieses Bild aufmerksam. »Ein graues Städtchen im Hintergrund«, schildert er es, in seinem Buch »Weggefährten«. »Schnee auf den Dächern«, so fährt er fort, »ein grünlich-dunkler Himmel darüber, im Vordergrund aber eine Frau, hingestreckt auf dem grün-fahlen Boden. Das Weinglas ist ihrer linken Hand entfallen; in der rechten ein großer Blumenstrauß, der fast ein Viertel des Bildes ausfüllt. Oder sind die Blumen ihr Traum? Ist sie eine Trinkerin im Delirium? Ist sie tot?«

Dieses Bild, das die Prinzipalin Helmut Schmidt schließlich geschenkt hat – ein weiterer Beweis für ihre Großzügigkeit –, hat Ida Ehre, wir springen wieder zurück in Bernhard Heydes Arztzimmer im Marienhospital, damals natürlich noch nicht sehen können, bedurfte es doch der Kenntnis, schließlich Faszination ihrer Person, die, wie auch immer surrealistisch verfremdet und durch Traum zensiert oder Tod bestraft, diese kostbaren Elemente des Lebensfrohen, des Bunten in jenes Ensemble aus tristem Grau oder fahlem Grün gezaubert hat. Auch ich habe das Bild nicht sehen können. Aber ich denke der Genauigkeit seiner Schilderung vertrauen zu dürfen. Und eine Ausstellung von Bernhard Heydes Bildern, postum, im Jahre 1990, in der Hamburger Galerie »Art East Art West« spricht eine ähnliche, jetzt endlich auch für die Allgemeinheit nachvollziehbare Sprache. Die Journalistin Doris Blum hat diese Ausstellung damals für *Die Welt* rezensiert.

»Sein Œuvre«, so schreibt sie, »ist eine menschliche Komödie voller Schrecken. Als Gynäkologe im Karolinenviertel ist er mit den Nachtseiten des Lebens vertraut. Randfiguren von der dunklen Seite der Straße, Außenseiter und Gestrauchelte zogen ihn an.« Und, weiter: »Da begegnen wir immer wieder seiner Alltagswelt als Arzt: deformierten Frauenkörpern mit traurigen Gesichtern, nicht nur im Ölbild, auch auf Rezeptblöcken hat er sie mit Kugelschreiber fixiert. Ein Reigen von Skeletten tänzelt über die ›Straßen der Erwartungen‹, wie er eine seiner Arbeiten nannte. Aber am Ende dieser Straßen steht für alle seine Figuren der Tod.« Seine Selbstporträts zeigen ihn als ernsten, nie die Spur eines Lächelns zeigenden Menschen. Nicht, daß sein Stift sich grundsätzlich gegen die Abbildung dieses Wesenszuges sträuben würde. Sein Freund Siegfried Lenz etwa weist auf Bernhard Heydes Konterfei ein breites, genüßliches Schmunzeln auf. Und Franz Kafka hat er als Tausendfüßler gezeichnet, hat so – ganz im Sinne des Dichters gewiß – dessen phantastische Novellenfigur Gregor Samsa mit ihrem Schöpfer im Bild vereinigt. »Doch solche lustigen Pointen sind selten in Heydes Werk«, resümiert Doris Blum, die in dieser Ausstellung von 140 Arbeiten des Künstlers Kenntnis nehmen konnte. »Kaum Lichtblicke. Ins Auge fällt das heile, fotografisch exakt gezeichnete Antlitz seiner Frau inmitten eines surrealen Dschungels aus

Fratzen, Fröschen und Fischen. Es mutet an wie ein letzter Hort der Wärme.«

Dieser Hort der Wärme ist auf den Bildern, die Ida Ehre damals, 1927, im Stuttgarter Marienhospital betrachtet, noch nicht vorhanden – aber als konsequent Abwesender, als Leerstelle, war er vielleicht ahnbar als imaginärer Sehnsuchtspol. Ahnbar zumindest für jemanden, der gewohnt ist, hinter dem Sichtbaren das Unsichtbare aufzuspüren. So wie Ida Ehre, die Schauspielerin, gelernt hat, den Textmaterialien, aus denen die Theaterrollen nun einmal gestrickt sind, die ungeschriebenen Subtexte zu entlocken, so hat sie wohl unter dem gestalteten Grauen dieser Bilder die Sehnsucht nach dem ganz anderen entdeckt. Und Trauer über diese Einbahnstraße der Hoffnungslosigkeit, hohe Sensibilität für fremdes Leiden, bereitwillige Identifikation mit ihm. So hat sich ihr, möglicherweise, dieses Korsett der Bürgerlichkeit, gegen das sie vordem im Gespräch so leidenschaftlich Sturm gelaufen ist, im nachhinein als lebensnotwendige Panzerung eines allzu verletzlichen Ichs entlarvt. So hat sie Zugang zu ihm gefunden.

Fünfzig Jahre wird Ida Ehre Dr. Bernhard Heydes Frau sein, in guten wie in schlechten Tagen. Und die schlechten Tage, dafür sorgt ein menschenverachtendes Regime mit tödlicher Gründlichkeit, werden sich bald zum harten Prüfstein dieser Ehe erweisen: Eines Tages im Jahr 1934, so erzählt uns Ida Ehre in ihren autobiographischen Skizzen mit großer Dezenz und ohne den Hauch einer Mißbilligung, hat ihr Mann ihr das Ergebnis einer merkwürdigen, auf den ersten wie auch noch für den zweiten Blick schwer nachvollziehbaren Gewissensentscheidung mitgeteilt. Er, als deutscher Mann, könne mit ihr, einer Jüdin, keine Ehe im eigentlichen Sinne mehr führen. Verlassen werde er sie und das Kind nicht – das ist für ihn selbstverständlich –, aber das weitere Zusammenleben müsse Intimität ausschließen. Ida Ehre fragt ihn, ob er ihr, einer jungen Frau, denn zumuten wolle, ihr weiteres Leben ohne Mann zu fristen, und

Ida Ehre (links) mit ihrem Mann Dr. Bernhard Heyde und Tochter Ruth Mueller-Eisler in den fünfziger Jahren (Foto: du Vinage)

erhält die Antwort: »Das macht nichts, das kannst du ruhig tun.« Auch die Replik auf ihre Frage, was denn aus einem Kind würde, so ein solches denn dieser außerehelichen Liaison entspringen sollte, wirkt vorgefertigt und wohlüberlegt: »Dann wirst du es bekommen, und es ist unser Kind.«
Ein verblüffendes, befremdliches Arrangement. Auch Ida Ehre war damals wohl befremdet und verblüfft, aber sie hat es akzeptiert als seine Entscheidung. Was mag in Dr. Bernhard Heyde wohl vorgegangen sein, was ihn umgetrieben haben, seiner Frau eine solche »Josephsehe« mit dem Freibrief erotischer Ausweichmöglichkeiten zu offerieren? Zunächst einmal: Er hat es sich weiß Gott nicht leichtgemacht. Das hätte uns, nachdem wir sein Charaktermosaik nun schon ein Stück weit zusammengesetzt haben, auch sehr gewundert. Der leichteste Weg – das wäre der gewesen, den so viele arische Männer, auch viele berühmte, im Rampenlicht der Öffentlichkeit stehende

arische Männer, eingeschlagen haben: die Auflösung dieser Mischehe zu beantragen. Die Scheidung wäre eine reine Formsache gewesen, einem weiteren Aufstieg in der Krankenhaushierarchie hätte nichts mehr im Weg gestanden, vor diskriminierenden Äußerungen oder Handgreiflichkeiten wäre er für immer verschont geblieben. Ein verlorener Sohn, der geläutert, mit allen Ehren heimkehrt ins Reich. Das wäre der breite Weg ins nationalsozialistische Paradies gewesen, wenn auch um den Preis des Verlustes der gewachsenen emotionalen Bindung. Er hat ihn nicht eingeschlagen. Das verdient zunächst einmal unsere Hochachtung.

Und der schmale Weg? Nun, der hätte darin bestanden, diese von Gesetzes wegen diffamierte Ehe zu leben, so gut es halt geht, das heißt: im Verborgenen, möglicherweise in der Emigration, wenigstens für die gefährdeten Mitglieder der Familie. Diese pragmatische Lösung aber hätte zweierlei vorausgesetzt: zunächst eine klare Distanz zur nationalsozialistischen Ideologie, das unerschütterliche Bewußtsein einer eklatanten Wertekluft zwischen dem erstrebsamen Erhalt dieser Mischehe und der Unsinnigkeit der Rassentheorie. Zum anderen aber den Glauben an die Vergänglichkeit des Tausendjährigen Reiches, das Vertrauen auf ein Leben nach dem Führer – ein Vertrauen, was wiederum von der erwähnten inneren Distanz gespeist wird. Diese innere Distanz hat Dr. Heyde zu diesem Zeitpunkt – noch – nicht. Er ist, wie Ida Ehre betont, kein Nationalsozialist, und mit zunehmender Publikwerdung der barbarischen Ausschreitungen wächst auch seine Abscheu vor der Hitlerdiktatur. Doch ist er Deutschnationaler – einer, der den Niedergang der Republik erlebt und diesen Niedergang der zunehmenden Entwertung aller Werte zugeschrieben hat. Ein Idealist eben, wie Ida Ehre, völlig zu Recht ganz ohne Ironie, bemerkt. Sein Korsett, von dem eingangs die Rede war, ist geschneidert aus solchen Idealen – Ideale, die, wie so oft bei im Kern angstbesetzten Menschen, durch Formen zusammengehalten werden. Erinnern wir uns noch einmal an den Diskurs über die Bürgerlichkeit...

So wählt er denn einen Pfad, den allein er sich bahnen muß. Fußstapfen, die eine Richtung weisen, gibt es wohl nicht. Er bietet ihr – die er braucht und, das ist sicher, nach wie vor liebt – den Schutz, auf den wiederum sie angewiesen ist. Für ihn ist das eine Frage der Ehre. Und er erwartet von ihr keine Dankbarkeit oder gar Unterwürfigkeit – dazu wäre sie wohl auch die falsche Person gewesen –, sondern er ist bereit, ihr alle Freiheiten zu lassen, die das erzwungene erotische Vakuum in der Ehe kompensieren können. Auch dazu bereit, die Verantwortung für die Folgen auf sich zu nehmen.

Dies alles mutet an wie der verzweifelte Versuch, den Normen gerecht zu werden, sich selbst für das Bestehen auf diesen Normen zu bestrafen und zuvörderst dem zweiten Opfer dieser Normen Gerechtigkeit zukommen zu lassen. Dieser Ehevertrag hat seitens seines Erfinders fast, möchte ich sagen, kleistische Dimensionen. Es ist das, was mich am »Prinzen von Homburg« immer so fasziniert und zugleich abstößt: dieser Triumph des Gesetzes über das Individuum, das erst frei werde durch die unbedingte Subordination unter dieses Gesetz... Nun, Prinz Friedrich von Homburg hat zum guten Ende immer noch seinen Kottwitz, der die Tragödie zur Komödie wendet. Bernhard Heyde muß mit seinem Dilemma selber fertig werden. Die tiefe existentielle Not, die er gelitten haben muß, als er seine Frau von seinen Erwägungen in Kenntnis setzt, hat sie sicherlich gespürt. Und sie ist ihm zeitlebens dankbar für seine Haltung, auch wenn sie ihr wohl nie wirklich nachvollziehbar gewesen ist. So bleibt ihr das Passepartout »Privilegierte Mischehe« über die Zeit des Naziregimes erhalten – alles andere als ein Rundumsicherheitspaket freilich, aber doch ein Etikett, das sie und ihre Tochter vor dem Allerschlimmsten beschützt.

Ob Bernhard Heyde wohl seine Aufkündigung der sexuellen Beziehungen später bereut hat, als zunehmend augenscheinlicher wurde, zu welch vernichtenden Maßnahmen gegen die Juden die Theorie von der arischen Herrenrasse geführt hat? Ob er jemals den Versuch gemacht hat, seine Entscheidung zu revidieren, oder ob Stolz oder Scham ihn daran gehindert haben? Ob Ida Ehre ihrerseits bereit oder gar begierig war, das einmal beschlossene und verkündigte platonische Verhältnis wieder auf komplexere Füße zu stellen? Das hätte mich brennend interessiert. Es wird ihr Geheimnis bleiben. Tatsache ist, daß ihre Ehe dieses teuflische »Reich der Notwendigkeit« überdauert hat – um 37 reiche Jahre, Seite an Seite, bis zum Tode Bernhard Heydes im Jahre 1977. Das spricht für sich.

7. KAPITEL

Kleine Fluchten, große Fluchten

Böblingen

Von der Bayerischen Versicherungsanstalt in München, einer Pflichtversicherung für Bühnenangehörige, erhält Ida Ehre den Bescheid, daß man sie aus dem Mitgliederverzeichnis streichen müsse. Immerhin bekommt sie ihre bisher eingezahlten Beträge zurück. Eine Summe, die den finanziellen Grundstock für die Einrichtung der Praxis bildet, welche in einem Teil der großen Wohnung eingerichtet wird. Es ist eine allgemeinmedizinische Praxis; Ida Ehre ist Dr. Heydes Sprechstundenhilfe und Assistentin bei kleinen, manchmal dennoch das Nervenkostüm bis zum Zerreißen strapazierenden Eingriffen. »Daran wirst du dich gewöhnen müssen«, kommentiert ihr Mann ihre gelegentlichen Proteste, wenn ihr Einsatz gar zu unvermittelt in Anspruch genommen wird. Sie arbeitet im Labor mit, bestrahlt die Patienten, und sie arbeitet sich ganz gut ein, sieht man einmal von den gelegentlichen Verständnisschwierigkeiten ab, die der ungewohnte Dialekt ihr bereitet. Im Laufe der fünf Jahre, die sie in Böblingen verbringt, lernt sie – schließlich ist sie doch in ihrem Wesenskern stets Schauspielerin geblieben, auch wenn der Arierparagraph sie an der Ausübung ihres Berufes hindert – und sie kann später, nun als Intendantin der Kammerspiele, selbst eingefleischte Schwaben, wie etwa den Bundespräsidenten Theodor Heuss, der 1952 die Kammerspiele besucht, um Helmut Käutners Inszenierung von Scribes »Das Glas Wasser« zu bewundern, mit einer perfekt schwäbischen Replik auf seine Anrede verblüffen. Eine Fertigkeit, die sie ihrem Sprach- und Sprechfundus in jenen Böblinger Jahren hinzugefügt hat.

Im Winter 1934 – das Grundsatzgespräch mit ihrem Mann über die künftigen Modalitäten der Beziehung liegt bereits hinter ihr – gönnt sie sich einen Urlaub in Davos, um Skilaufen zu lernen. Zu jener Zeit ist das ungehinderte Reisen ins Ausland noch möglich. Hier lernt sie einen Mann kennen, der das seinerzeit nur theoretisch umrissene, mit »was wäre, wenn ...« und »dann würde ich ...« markierte Arrangement Realität werden läßt. Zunächst stehen die Zeichen nur auf Freundschaft zwischen dem 22jährigen Stuttgarter und der 34jährigen »Neu-Böblingerin«, die in dem Altersunterschied ein unüberwindliches Hindernis für ein umfassenderes Verhältnis sieht. Gleichwohl: Ida Ehre genießt seine Gesellschaft, seinen Esprit, seinen Witz – und seine Anhänglichkeit. Die Urlaubsbekanntschaft überdauert den Urlaub, überdauert mühelos die geringe Distanz von gerade mal 18 Kilometern zwischen Stuttgart und Böblingen. Man trifft sich regelmäßig. Auch Dr. Heyde findet Gefallen an dem jungen Mann mit der zeichnerischen Begabung, dessen Spezialität die von leichter Hand aufs Papier geworfene Karikatur ist. Im Bildnerischen gibt es natürlich Anknüpfungspunkte zwischen den beiden Männern, wenngleich die unterschiedliche Schwerpunktsetzung in Sujet und Technik auch auf ihre Gegensätzlichkeit verweist. Man trifft sich also – zu zweit oder bisweilen zu dritt. Erst nach zwei, drei Jahren wird aus der Freundschaft zwischen Ida Ehre und dem jungen Mann eine Liebesbeziehung. Nun steht die Sache also hart im Raume, die vordem so leicht in den Gedanken gewohnt hat. Doch Bernhard Heyde steht zu seinem Wort: Zwar weiß er von der Umwandlung des Verhältnisses, doch streift er diese Tatsache niemals auch nur mit einer Silbe.

Ida Ehres Wirtschafterin ist nicht so generös, nicht so diskret wie ihr Ehemann: Eines Tages zeigt sie ihre Dienstherrin und deren Liebhaber bei der Gestapo wegen Rassenschande an...

Aber diese kleine Episode mit großen, fast fatalen Folgen sprengt abermals die Chronologie. Noch ist es relativ ruhig in Böblingen, Dr. Heyde und seine Gattin genießen die Wertschätzung ihrer Patienten. Auch die ersten Schuljahre der Tochter Ruth sind noch von diskriminierenden Äußerungen und Übergriffen weitgehend verschont. Noch gehen in der Provinz die Uhren etwas langsamer und gemächlicher als in den Metropolen. Noch.

Mit der Reichskristallnacht, der Nacht vom 9. auf den 10. November 1938, in der die Nationalsozialisten unter nun gänzlichem Verzicht auf rechtsförmige oder -verbrämte Begründungen mit direkten Aktionen eine neue Stufe der Judenverfolgung betreten, ändert sich das Klima auch in der kleinen Amtsstadt. Das Attentat in Paris, am 7. November verübt von Herschel Grynszpan am deutschen Botschafter, ist für den Propagandaminister Joseph Goebbels ein willkommener Anlaß, an der Spirale der Eskalation zu drehen. Überall im Reich zerstören nationalsozialistische Truppen oder fanatische Einzelgänger unter dem Deckmantel »spontaner Kundgebungen« jüdische Friedhöfe, Synagogen, Wohn- und Geschäftshäuser. Im Verlauf des Pogroms finden 91 Menschen den Tod, mehr als 30000 Juden werden verhaftet und in Konzentrationslagern inhaftiert. Darüber hinaus legt die Reichsregierung den Juden eine kollektive Sondersteuer in Höhe von einer Milliarde Reichsmark auf.

Auch in der Wohnung der Heydes zersplittern in dieser Nacht die Fensterscheiben. Der Pflasterstein, der in Ida Ehres Schlafzimmer geworfen wird – Symbol des massiven, haßerfüllten Übergriffs auf die Privatsphäre –, ist buchstäblich der Stein, der Bernhard Heydes Entscheidung ins Rollen bringt. Dies, nun wird es auch für ihn augenscheinlich, ist nicht das Deutschland, das er sich erdacht und ersehnt hat. Er ist entschlossen, seine Praxis aufzugeben und mit seiner Familie ins Ausland zu emigrieren. Aber wohin?

Amerika, das Sehnsuchtsland der deutschen Emigranten, scheint unerreichbar: Die Schwestern von Bertha Ehres Mutter, die seit Jahrzehnten dort leben, haben schon so vielen Menschen die Einreise ermöglicht, daß für weitere Hilfe kein Geld mehr da ist. So reist die Familie zunächst nach Hamburg, klappert dort die zahlreichen Konsulate um ein Einreisevisum ab. In der chilenischen Botschaft macht man ihnen Hoffnung. Eine Einreise sei grundsätzlich möglich, aber es bestehe kein Bedarf an Ärzten. Landarbeiter hingegen seien gefragt. Die erste Klippe, die vor der Ausstellung des Visums steht – nicht die letzte.

Nun beginnt ein Zickzackkurs quer durchs Reich, um den Papierkrieg, der einer Emigration vorausgeht, mit den erforderlichen »Waffen« führen zu können: Die Qualifikation als Landarbeiter muß nachgewiesen werden, später sind auch die Taufzeugnisse vorzulegen, nicht nur Bernhard und Ruth Heydes notabene, sondern auch Ida Ehres. Ein freundlicher Pfarrer, der am Marienhospital tätig ist, erklärt sich zu diesem lebensrettenden Betrug bereit. Endlich versehen mit den nötigen Papieren, tritt man die Rückreise nach Böblingen an, um den umfangreichen Haushalt aufzulösen. Adieu, Böblingen! Adieu, Seßhaftigkeit! Einiges wird verkauft, vieles verschenkt, ein Rest in Möbelkisten gepackt – für irgendein imaginäres Später aufgehoben. Wann und wo das sein wird – das steht in den Sternen. Zehn Reichsmark im Handgepäck werden den Auswanderern zugestanden, das macht dreißig Mark für die ganze Familie.

Von einer Freundin in London hat Ida Ehre noch zusätzlich 100 Pfund auf eine Bank in Santiago geordert, damit wenigstens ein kleines Startkapital vorhanden ist.
Noch einmal verzögert sich die Abreise, das geht auf das Konto der schon erwähnten Wirtschafterin. Als diese in Erfahrung bringt, daß auch Wolfgang, Ida Ehres Liebhaber, um ein Visum nach Chile ersucht hat, zeigt sie das Paar an. Doch die beiden, instinktiv vorgewarnt, können in getrennten Verhören die Absurdität dieser Anschuldigung glaubhaft machen.
Eines Tages im August 1938 sticht dann von Hamburg aus der kleine deutsche Frachter »Roda« in See. Er beherbergt zwanzig Passagiere, darunter Ida Ehres dreiköpfige Familie und Wolfgang, der in Antwerpen zusteigt. Die Fahrt über den großen Teich kann beginnen.
Die Stimmung ist gut auf dem kleinen Schiff, ausgelassen fast. Alle haben sie den Aufbruch ins Ungewisse gewagt, das doch nur besser sein kann als die Gewißheit der ständigen Gefährdung in der Heimat. Dieses gemeinsame Wagnis schafft gemeinsame Euphorie. Nur Bernhard Heyde dämpft die Stimmung mit seiner Skepsis. Er ahnt die unmittelbar drohende Kriegsgefahr, befürchtet einen Wettlauf mit der Zeit, und er hat recht mit seiner düsteren Prognose: Kurz vor den Azoren erhält der Kapitän ein Fernschreiben, das in lakonischen Kürzeln den Kriegsbeginn meldet und den Befehl enthält, sofort den nächsten deutschen Hafen anzulaufen. Eine Wende um 180 Grad, buchstäblich und metaphorisch. Das Schiff, unter anderem Namen und völlig verdunkelt, nimmt wieder Kurs nach Osten, die Euphorie wandelt sich in Verzweiflung und Angst vor dem, was die Rückkehrer beim Verlassen des Schiffes erwartet. Militärmusik und Kriegspropaganda quäkt aus dem Radio, aus Angst vor Feindberührung müssen die Passagiere unter Deck bleiben und sich ruhig verhalten. Die Besatzung, auch sie mit der Situation sichtlich überfordert, wird zunehmend ungeduldiger und ruppiger. Viele trübe Tage und gespenstische Nächte

später spuckt der kleine Frachter seine zwanzigköpfige Ladung wieder im Hamburger Hafen aus. »Hohe Gäste« haben sich am Kai eingefunden, um die Heimkehrer gebührend in Empfang zu nehmen. Es sind die Herren der Gestapo.

Hamburg

Hamburg, der Ort, an dem Ida Ehre 1939 als »menschliches Treibgut« an Land gespült wird, soll – was natürlich keiner der Beteiligten in diesem Augenblick ahnt – ihre zweite Heimatstadt werden. Was hat sie, die Jüdin in privilegierter Mischehe, in und von der Elbmetropole zu erwarten? Es gibt eine bis heute immer wieder gern kolportierte Legende, die da lautet, Hamburg habe aufgrund seiner hanseatischen Traditionen und seines stadtstaatlichen »Demokratieverständnisses« eine rühmliche Ausnahme im nationalsozialistischen Furor gebildet, habe dem Antisemitismus nicht in dem Maße gefrönt wie andere Städte. Ja, sei selbst in der Praxis der späteren Judendeportationen »humaner« vorgegangen.

All dem ist nicht so, wie der jüdische Künstler und Journalist Arie Goral, der seine Kindheit und Jugendzeit in Hamburg verbracht hat, als Zeitzeuge erinnert: »Hamburg war in den zwanziger Jahren schon eine Hochburg des völkischen und rassistischen Antisemitismus. Auch Hamburgs Straßen dröhnten von Haß- und Kampfgesängen wie ›Hakenkreuz und Stahlhelm‹. Auch Hamburg wurde überflutet von antisemitischen Pamphleten und Flugblättern. Auch in Hamburg flatterten zehntausendfach die Hakenkreuzfahnen und war Gebrüll, ›wenn das Judenblut vom Messer spritzt‹. So wurden in Hamburg auch am hellichten Tag Juden gejagt und verprügelt. Der SA-Terror beherrschte straßenweise ganze Stadtviertel und das nicht nur anläßlich von Demonstrationen. Ein in Hamburg SA-Schläger oft verteidigender Rechtsanwalt, der sich mit seinem Nazijargon in seinen Plädoyers besonders hervortat, war ein damals noch unbekannter und später zu grausiger Weltberühmtheit gelangender Vertreter ›deutschen Rechts‹. Sein Name: Roland Freisler.«

Soweit Arie Goral, der angesichts der zunehmenden antisemitischen Übergriffe noch 1933 nach Frankreich, zwei Jahre später nach Palästina emigriert. Den im ganzen Reich ausgerufenen, in Hamburg mit vorbildlicher Gründichkeit durchgeführten »Judenboykott-Tag« vom 1. April 1933 unter den Mottos »Kauft nicht bei Juden!« und »Juden raus!« hat er noch miterlebt. Eine glänzende Generalprobe für die späteren Eskalationen – in der Hansestadt ebenso wie im übrigen Reich. Unter der Ägide des Bürgermeisters C. V. Krogmann, der noch im Jahre 1979 in einem einschlägig bekannten braunen Verlag ein Buch herausbringen kann mit dem Titel »Es ging um Deutschlands Zukunft. 1932 bis 1939«, finden im November und Dezember 1941 Deportationen von Hamburger Juden nach Minsk und Riga statt, denen 2 100 Menschenleben zum Opfer fallen. Hamburg: ein Mikroausschnitt, der den Makrokosmos des Grauens originalgetreu abbildet. 1925 haben hier etwa 23 000 Juden gelebt, 1933 sind es 19 000, 1940 noch etwa 8 000, am 1. Januar 1942 4 000, und am 1. Januar 1943 noch etwa 1 800 Juden. Der Grund: Auswanderungen, Deportationen, Selbstmorde. Die Überlebenden sind meistens Personen, die in Mischehen leben.

In der Nähe von Hamburg, südlich von Bergedorf, wird 1938 das KZ Neuengamme errichtet, das bis 1945 rund 106 000 Häftlinge aus fast allen Ländern Europas aufnimmt. Etwa die Hälfte von ihnen ist dort umgekommen. Eine der vielen Außenstellen des KZs entsteht 1944 in Hamburg-Sasel, unweit des Bahnhofs Poppenbüttel, heute, wie die Zentrale in Neuengamme, als Gedenkstätte zu besuchen. Eine weitere Gedenkstätte existiert in der Janusz-Korczak-Schule am Bullenhauser Damm, wo im Keller der Raum zu besichtigen ist, in dem am 20. April 1945 jüdische Kinder und erwachsene Häftlinge von SS-Männern erhängt wurden, nachdem ein berüchtigter Nazi-Scharlatan in weißem Kittel an ihnen Tbc-Versuche durchgeführt hatte. Ein Lokaltermin zu diesen Stätten des Grauens straft die Mär von der hansestädtischen Liberalität so einfach wie eindrucksvoll Lügen.

In einem Text aus dem Gedenkbuch »Die jüdischen Opfer des Nationalsozialismus«, das der Hamburger Senat 1965 herausgegeben hat, also in der Amtszeit des jüdischen Bürgermeisters Prof. Herbert Weichmann, heißt es: »... Die Deportationen führten bekanntlich zur Liquidierung der Juden. Innerhalb des Bezirkes Nordwestdeutschlands ... waren die Abfertigungen durch die Behörden in Hamburg vergleichsweise erträglich, ja im Vergleich zu anderen Orten (z. B. Hannover, Kassel, Berlin) human. Nur einmal, bei einem Transport nach Minsk, mißhandelte der Begleitoffizier der Hamburger Schutzpolizei einen Transportteilnehmer auf dem Bahnsteig so schwer, daß er alsbald starb.« Und im selben Text heißt es weiter: »... Die Beamten der Gestapo hatten Anweisung, die Juden anständig zu behandeln. Trotzdem kam es gelegentlich zu häßlichen Entgleisungen ...«

Auf diese merkwürdige Technik der Schönfärberei, deren sich da ein sozialdemokratischer Senat bedient, um die Sünden der Vergangenheit zu relativieren, wird an späterer Stelle, wenn das Tausendjährige Reich auch in diesem Buche der Vergangenheit angehört, noch zurückzukommen sein. Zunächst einmal kehren wir zurück an Ida Ehres Ankunftsort, den Hamburger Hafen, und ihren Empfang durch die Hamburger Gestapo. Diese, wir haben es eben zur Kenntnis genommen, unterliegt in ihrem Vorgehen bestimmten, der Humanität verpflichteten Anweisungen. Ob die Herren am Kai davon Kenntnis haben?

8. KAPITEL

»Du schaffst das schon«

Überleben in Hamburg

Die Herren der Gestapo überprüfen die Papiere der Ankömmlinge. In Ida Ehres Paß steht, wie von den neuen Machthabern angeordnet: Sarah Ida Heyde, davor das große J. Da sie in einer privilegierten Mischehe lebt, führt ihr Weg nicht weiter zur Gestapoleitstelle Richtung Dammtor in der Rothenbaumchaussee. Mit dieser Leitstelle wird sie erst später Bekanntschaft machen. Man schickt die Familie in das Raphaelsheim in der Großen Allee, heute Adenauerallee, nicht weit vom Hauptbahnhof entfernt. Dieses Heim, von katholischen Schwestern geführt, ist eigentlich ein Auswandererheim für diejenigen, die Hamburg per Schiff verlassen wollen. Die Möbelkisten bleiben vorläufig im Hafen. Mit kleinem Gepäck macht man sich auf Quartierssuche, und die Schwestern im Raphaelsheim sind gastfreundlich, im Rahmen des Möglichen. Sie stellen der Familie ein kleines Zimmer zur Verfügung, zwei

Betten, ein Sofa, ein Tisch – mehr hat auch gar nicht Platz. Dr. Bernhard Heyde geht zur Ärztekammer und erfährt dort, was er ohnehin schon weiß: Eine eigene Praxis kann er, solange er in dieser eines deutschen Mannes unwürdigen Mischehe lebt, nicht führen, längst haben sich die Konditionen verschärft. Was ihm bleibt, sind Praxisvertretungen, die er, der »Wehrunwürdige«, für seine Kollegen, die längst auf dem »Feld der Ehre« ihre Pflicht tun, um ein Mindesthonorar ableistet. Dieses Feld der Ehre bleibt ihm verschlossen. Vielleicht hat ihm das das Leben gerettet.

Das Geld indes reicht nicht für die dreiköpfige Familie, schon gar nicht für die regelmäßige Alimentierung der Schwiegermutter in Bayern, nicht für die gelegentliche Unterstützung von Idas Mutter, die in Wien, seit der Führer im März 1938 auf dem Heldenplatz unter dem Jubel der Massen den Anschluß der »Ostmark« ans deutsche Reich verkündet hat, ein elendes und gefährliches Dasein fristet.

Was tun? In der Ernst-Merck-Straße, unweit von ihrem provisorischen Quartier, ist ein Amt für Familienunterhalt. Dorthin schickt Bernhard Heyde, der Prototyp des blonden Deutschen, seine Frau, für den sensibilisierten »Rassenforscher« – und alle »guten Reichsgenossen« waren dies zu jener Zeit – auf den ersten Blick als Jüdin identifizierbar, um die Möglichkeit einer finanziellen Aufbesserung zu erkunden. Auf den ersten Blick wirkt das Delegieren dieser Aufgabe vom – der Papierform nach – richtigen an den falschen Adressaten absurd, vorsichtig ausgedrückt. Doch werfen wir, des besseren Verständnisses halber, noch einmal einen Blick auf Bernhard Heydes Charaktermosaik, das wir mit Hilfe seiner Bilder, einiger verstreuter Äußerungen seiner Frau und einem Gran kühner Spekulation zusammengebaut haben. Das Amt als Ort des Öffentlichen, des Offiziellen, der Autorität – das ist das Metier, in dem er, der Angstbesetzte, in sich Gekehrte, sich unheimlich fühlt. Er kann sich entfalten, wo er helfen kann oder wo er abbilden kann, was und wer der Hilfe dringend bedürftig ist. Sein Ort ist der Platz am Patientenbett oder in der Praxis, wo seine Funktion eine klare Hierarchie schafft, die er dann, im Bewußtsein einer gesicherten Ausgangsbasis, aufgeben kann. Zum Bittsteller taugt er nicht. Eine Amtsautorität um etwas bitten zu können – das setzt ein Selbstbewußtsein des Bittenden von der eignen Dignität voraus, das er nicht besitzt. Wohl aber besitzt dies seine Frau – und das weiß er wohl. So ist es denn für ihn auch nur folgerichtig, daß Ida Ehre die Amts- und Bittgänge übernimmt: zum Amt für Familienunterhalt, später zur Wohnungssuche, zum Schlangestehen bei der Lebensmittelausgabe … Sie kann ihre Bedürftigkeit formulieren, erhobenen Hauptes, ohne sich dafür schämen zu müssen. Ein gewichtiger, wertvoller Anteil des mütterlichen Erbes steht in jener Zeit auf dem Prüfstein der Realität, und er hält ihr stand. Auch, als es noch schlimmer kommt.

Und Bernhard Heyde wird mit seinem Kalkül zunächst recht behalten, Ida Ehre wiederum wird das Glück haben, bei ihren Missionen auf Menschen zu stoßen, auf die das Prädikat des »linientreuen Volksgenossen« nicht zutrifft. Solche, die sie in dankbarer Erinnerung hat, als sie später einmal sagt: »Es hat doch aber auch die anderen Deutschen gegeben …« Professor Sievers, ihr Sachbearbeiter im Amt für Familienunterhalt, ist so einer. Er ist, nach Vorlage der Steuerbescheide aus der Böblinger Zeit, die Ida Ehe tatsächlich ins Exil gerettet hat, bereit, das Mindestgehalt aufzustocken. Auch Frau Walter, die in der Adolphstraße/Ecke Karlstraße in Hamburg-Uhlenhorst eine Villa bewohnt, deren Obergeschoß zu vermieten ist, gehört zu diesen »anderen Deutschen«. Ihr Mann ist Mitglied einer Freimaurerloge – auch dies ja, wir entnahmen es den 25 Thesen des NSDAP-Programms, eine Gruppe, die der nationalsozialistischen Verfolgungswut ausgesetzt ist. Um ihren Mann zu schützen, hat sie die Camouflage der NS-Frauenschaftsgruppe gewählt, in der sie, formal perfekt, innerlich mit Widerwillen, die gewichtige Funktion der stellvertretenden Kreisleiterin erfüllt. Ihre Kinder hat sie, zu deren eigenem Schutz, in die braunen Uniformen der Hitlerjugend gesteckt. Sie sollen von dem subversiven Gedankengut ihrer Eltern keine Kenntnis haben, um sich in kritischen Situationen ihre lebensrettende Unbefangenheit zu erhalten. Die beiden Frauen finden Gefallen aneinander, Frau Walter ist bereit, Ida Ehre und den Ihrigen die obere Etage zu überlassen, der Mietzins sprengt nicht den Rahmen der finanziellen Möglichkeiten, und so kann die kleine Familie, nach einem Jahr Provisorium, endlich ihre Möbelkisten aus der Spedition holen, wo sie noch immer lagern, ständig von der Konfiskation bedroht.

Ein kleiner Fundus, aus der Vergangenheit in die Gegenwart hinübergerettet, läßt ein Stückchen lang entbehrter Heimat entstehen, die ihr bis zum Ende des Krieges erhalten bleiben wird, zahlreichen Gefährdungen und Anfeindungen zum Trotze. Später, nach Kriegsende, in ihrer »richtigen« und endgültigen Heimat, in der Hallerstraße, die in einer Gegend liegt, welche in der Nazizeit oft nur mit dem Kürzel »Neu-Jerusalem« bedacht worden ist, wird Ida Ehre dann, eigenem Bekunden nach, zum »Schranknarr«, wird sie Schränke sammeln allen Alters und aller Stilrichtungen: Renaissanceschränke, Barockschränke, Biedermeierschränke. Schränke sind ein Symbol für Seßhaftigkeit – und dieses Privileg der Seßhaftigkeit ist es ja, das den Juden, den »vaterlandslosen Gesellen«, im Dritten Reich so gnadenlos und brutal verwehrt wird. »Juden mieteten oft große Wohnungen«, bemerkt sie später, rückblickend, in einem Interview, »obgleich sie sich doch Häuser hätten kaufen können. Aber sie waren sich wohl nie ganz sicher, ob sie auch darin sterben durften. Ich war es gewohnt, auf Koffern zu sitzen ...«

Das Sitzen auf Koffern hat mit dem Umzug vom kleinen Zimmer im Raphaelsheim in die Wohnung in der Adolphstraße vorerst ein Ende, nicht jedoch die latente, allgegenwärtige Gefahr, die Angst auslöst und oft auch einfach hilflos wütend macht: »Illustre« Personen des Dritten Reiches sind hin und wieder zu Gast bei der »Frauenschaftsführerin«, denen zu begegnen für die Jüdin im Obergeschoß wie für ihre pro forma linientreue Wirtin im Parterre nicht opportun wäre. Unter anderen prominenten Zeitgenossen verkehrt hier gelegentlich ein SD-Führer, auch in der Adolphstraße wohnhaft, dessen Tochter mit Ida Ehres Tochter Ruth gut befreundet ist – bis der Vater von Ruths Abstammung erfährt und weitere Kontakte mit dem »Mischling« rigide unterbindet.

Eines Tages – es muß der 5. oder 6. Juni 1942 gewesen sein – ist besagter SD-Führer wieder zu Gast in der Villa, nicht allzu lange allerdings, denn ihn führt noch am selben Tage, wie die Wirtin Ida Ehre später aufgeregt erzählt, eine geheime Mission nach Lidice, ein böhmisches Dorf unweit Prags. Diese Mission ist später zu trauriger Berühmtheit gelangt: Sie war eine »Vergeltungsmaßnahme« für das Attentat auf den Techniker und Routinier der Endlösung, Reinhard Heydrich, verübt von tschechischen Widerstandskämpfern, dem der berüchtigte Organisator des Genozids an den europäischen Juden am 4. Juni erlegen war.

Schon am gleichen Tag wurden in Prag 1331 Menschen hingerichtet. Gleichzeitig wurden aus Theresienstadt, dem »Konzentrationslager für Bevorzugte«, so die mehr denn makabre NS-Propaganda, 3000 tschechische Juden ausgewählt und in Vernichtungslager transportiert. In Berlin wurden von den noch verbliebenen »Schutzjuden« 300 verhaftet, 152 wurden sofort exekutiert, die anderen verschickt.

In der Morgendämmerung des 9. Juni fuhren von Prag zehn Lastwagen mit Kommandos des SD nach Lidice, einer von ihnen jener Nachbar Ida Ehres aus der Adolphstraße in Hamburg. Das Dorf wird dem Erdboden gleichgemacht, seine Einwohner ermordet. Eine jüdische Häftlingskolonne aus Theresienstadt wird dazu abkommandiert, die Opfer in einem Mas-

sengrab zu verscharren. Lidice – ein einzelner Aspekt nur im Panorama des Grauens, aber für Ida Ehre einer, der ihr nicht anonym geblieben ist, der sich mit dem Namen eines »Mannes von nebenan« verbunden hat. Ein Streiflicht nationalsozialistischer Realität, das, wie andere, weniger spektakuläre, aber ebenfalls mit ihr bekannten Personen verbundene, seine tiefen Spuren in ihr hinterlassen hat. »Nicht die vierzig Jahre Theater nach 1945 haben mich geprägt«, wird sie später, 1985, bilanzieren, »sondern diese Zeit damals.
Rückblickend ist alles wie ein Theaterstück gewesen: Diese vielen Menschen in ihrer ungeheuren Verzweiflung, mit ihren unendlichen Hoffnungen, ihren Wünschen, ihrer schrecklichen Lethargie ...« Und auch jene Menschen, möchte man hinzufügen, die sich bereitwillig in den Dienst des Terrors gestellt haben. Nicht nur die Opfer, auch die Täter werden zunehmend Teil von Ida Ehres Alltag.

Ein Abschied für immer

Noch einmal fährt Ida Ehre in jener mörderischen Zeit zu ihrer Mutter nach Wien. Ottilie, die älteste Schwester, ist zum Zeitpunkt dieser Reise schon in Theresienstadt, jenem »KZ für Bevorzugte«, umgekommen. Ob Ida der Mutter in ihrem Schmerz um den Verlust ihres Kindes beistehen, ob sie sie warnen, sie beschützen will? Ob eine dunkle Ahnung sie just im Augenblick höchster Gefahr in die alte Heimat treibt? Ob sie, selbst doch auch ein gebranntes, wenn schon aufgrund ihres privilegierten Status nicht »verbranntes« Kind, den Beistand, die religiöse Gewißheit ihrer Mutter sucht? Für Dr. Bernhard Heyde, der als Vertretungsarzt unter dem Diktat ständiger Erreichbarkeit steht, ist ein Telefonanschluß in die Villa in der Adolphstraße gelegt worden. Ida nutzt ihn, um zumindest fernmündlichen Kontakt zu ihrer Familie in Wien halten zu können.

»Gott hat einen größeren Kopf, mein Kind«, hat Bertha Ehre ihrer jüngsten Tochter einmal geantwortet, als diese ihre Angst und Hoffnungslosigkeit ins Gewand der existentiellen Frage kleidet. Diese Antwort ist nicht ohne Grund der Titel von Ida Ehres Autobiographie geworden. Enthält sie doch, in ihrer frappanten Schlichtheit, nicht weniger als die philosophisch-religiöse Quintessenz des jüdischen Glaubens. Sie kündet von jenem persönlichen Gott, der auf unbeantwortbare Fragen mit noch viel unbeantwortbareren antwortet und doch, in seiner Unbegreifbarkeit, noch immer der nächste Partner des großen Gesprächs bleibt. Erinnern wir uns an die Frage Hiobs, warum Gott die Ungerechtigkeit in der Welt zulasse – es ist just die Frage, die Ida Ehre ihrer Mutter gestellt hat. Und erinnern wir uns an die Antwort Gottes: »Wo warst du, als ich die Erde gründete?« Eine auf den ersten Blick vollkommen inadäquate Antwort auf eine durchaus sinnvolle Frage. Und doch löst sie beim Gesprächspartner nicht Skepsis aus, sondern Überwältigung, nicht Mutlosigkeit, sondern Zuversicht. Dieser Gott, der da zu Hiob aus dem Sturme spricht, spricht aus ganz anderen Sphären und in ganz anderen Dimensionen – und doch ist er so vollkommen real, so ganz und gar Persönlichkeit. Und weil er Persönlichkeit ist, gibt es Offenbarung, gibt es Erlösung. Keine Erlösung freilich, die in irgendeinem kausalen Sinn eine Folge aus der vorangegangenen Historie ist, darum der jähe Rückgriff auf den Ursprung. Auch keine, die sich nur auf den Bereich der Innerlichkeit erstreckt, darum der Verweis auf die Schöpfung der Welt, die Weltlichkeit selber. Diese Schöpfung, dieser Ursprung ist einer aus dem Chaos – und so haftet auch der Erlösung als seinem Gegenpol das Moment das Chaotischen an.

Die jüdische Utopie ist keine der ewigen Ruhe, keine des Quietismus oder des Pietismus. Es ist eine des ewigen Werdens, des ewigen Tätigseins im Gesetz und im Dialog mit den Menschen wie mit Gott. Ganz dem Heute, ganz dem Diesseits verpflichtet und, aller religionsphilosophischen Komplexität zum Trotze, in ihren praktischen Konsequenzen ganz einfach und klar.

»Mach dir keine Sorgen, Gott hat einen größeren Kopf, mein Kind.« Diese Worte sind es wert, noch einmal dem Papier anvertraut zu werden, sind sie doch für Ida Ehre in dunklen Zeiten der Stern der Orientierung gewesen, haben sie sie vor dem Gefühl der Hoffnungslosigkeit und der Gefahr der Selbstaufgabe bewahrt. Mit ihrer Mutter selbst ist ihr bei jener Wienreise nur eine letzte, flüchtige Begegnung vergönnt. Längst hat zu jener Zeit, in der Prinz-Eugen-Straße, wo heute die Arbeiterkammer steht, die »Zentralstelle für jüdische Emigration«, wie die Tarnbezeichnung für die Organisationszentrale des Massenmordes lautete, ihre systematische Vernichtungsarbeit aufgenommen, geleitet von einem berüchtigten »Experten« seines Metiers, von Adolf Eichmann höchstpersönlich. Der Gründlichkeit seiner Recherche entgeht auch die kleine, zierliche, mittlerweile über siebzig Jahre alte Dame nicht. Als Ida Ehre ihre Wohnung erreicht, trifft sie die Inhaberin nicht mehr an. Sie ist von der Gestapo abgeholt und, wie die Tochter erfährt, in einer Schule abgeliefert worden. Ida Ehre verbringt die Nacht wartend vor dieser Schule. Und was das Morgengrauen ihr entbirgt, faßt sie in ihrer Autobiographie in ganz wenige Sätze von so bewegender Schlichtheit, so karger, fast herber Innigkeit, daß man in jedem von ihnen den Schmerz mitempfindet, die nicht geweinten Tränen, die er in sich verschließt. Sie gelten einem letzten Brief, einem winzigen Zettel, der das Testament Bertha Ehres enthält, »nicht hassen, nur lieben«, einem kurzen Gespräch mit einem Mann, der sie vor der Schule beobachtet hat.

»... Dann hörte ich den Mann sagen: ›Sie ist im ersten Stock, das Fenster ist offen. Aber sie muß in der Mitte stehenbleiben.‹ Ich habe sie gesehen, ganz kurz. Wir warfen uns eine Kußhand zu, dann ging sie wieder zurück. Ich fragte den Mann, wann der Transport losgehe. ›Heute vormittag.‹ Ich wartete, weil ich meine Mutter auf einem der Lastwagen zu entdecken hoffte.

Schließlich sah ich sie, hoch aufgerichtet zwischen all den anderen armen Menschen. Ich hörte noch ihre Worte: ›Auf Wiedersehen, meine geliebten Kinder.‹ Sie wurde in Theresienstadt umgebracht.«

»Hoch aufgerichtet zwischen den anderen Menschen.« Dies ist, wenn man so will, der zweite, der nichtsprachliche Bestandteil von Bertha Ehres Testament. Eine Haltung, die jener Botschaft »nicht hassen, nur lieben« zur Seite tritt. Eine subversive, ja rebellische Kraft in den Augen des Despotismus – Bertha Ehre hat sie in den Tod hineingerettet, und ihre Tochter durfte Zeugin dieses für den aufmerksamen, den liebenden Blick ungeheuer spektakulären, ungeheuer kostbaren Vorganges werden. Ein Bild, das sie sich für alle Zeiten bewahren wird.

9. KAPITEL

Fuhlsbüttel – sieben Wochen Ewigkeit

Ein Leinwanddebüt mit fatalen Folgen

Der Tragödie folgt – so will es die antike Dramenkonzeption und zuweilen auch das Leben – das Satyrspiel. Die Satyrspiele freilich, die die Realität des Tausendjährigen Reiches ersinnt, sind oft von grausamer, lebensbedrohlicher Ironie geprägt, jederzeit geneigt, ins blanke Grauen umzuschlagen. Das »Satyrspiel«, in dem Ida Ehre eine tragende Rolle zugedacht ist, beginnt an einem Julitag im Jahre 1943. Es ist die Zeit der schweren Luftangriffe auf Hamburg, die die Stadt in ein flammendes Inferno verwandeln. Rund 40 000 Menschenleben fallen den Bomben und Bränden zum Opfer. Weder Strom noch Gas noch Wasser fließt noch in den Leitungen auch der verschont gebliebenen Häuser. Zur Abwendung des ärgsten Hungers gibt es, auf Schulhöfen postiert, »so eine Art Marketenderwagen«, die kalte Lebensmittel an die Bevölkerung ausgeben. Eine von oben angeordnete Mildtätigkeit, die sofort und optimal reichsweit publizistisch ausgeschlachtet werden soll. Ein Kamerateam der Wochenschau kommt und filmt die Menschenschlange, die in geduldiger Erwartung den Schulhof füllt, den auch Ida Ehre und ihr Mann – es ist Samstag, also praxisfrei – zwecks notdürftiger Alimentierung angesteuert haben. Sie reiht sich in die Schlange ein, er wartet am Tor – wir kennen das Prinzip der innerfamiliären Aufgabenverteilung bereits. Der Kameramann besichtigt die Menschenmasse ausgiebig, zwecks Auswahl einer geeigneten Hauptdarstellerin für den Zoom vom Massen- auf das Einzelschicksal, bis seine Wahl schließlich ausgerechnet auf Ida Ehre fällt. Sie soll, das ist sein dringender Begehr, den Part des »begünstigten Objekts« übernehmen.

Unter Hunderten von blonden, blauäugigen Frauen bleibt sein fachmännischer Blick ausgerechnet auf der kleinen, dunkelhaarigen Jüdin haften! Ida Ehre besteht, eine wahrhaft absurde Situation, mit dieser Kür zur Mittelpunktfigur das zweite Filmcasting ihres Lebens. Sie ist fassungslos vor Schreck, versucht, der Nötigung durch dezentes Ausweichen zu entgehen, doch der Kameramann zeigt sich hartnäckig. Führt sie gar an der Hand vors Objektiv, demonstriert ihr, wie sie die empfangenen Habseligkeiten wirksam zu präsentieren hat, und fordert ihr zu guter Letzt ein dankbares Lächeln für den Führer und seine Fürsorglichkeit ab. Dann ist sie »abgedreht«, scheint der Spuk vorbei, und als sie, wieder draußen vor dem Tor, ihren Mann von der grotesken Szene in Kenntnis setzt, entlädt sich die Spannung in unbändigem Gelächter.

Zwei Tage später wird aus der Farce bitterer Ernst. Von zwei Männern der Gestapo wird Ida Ehre abgeholt. Der Grund: Sie habe das deutsche Volk zum besten gehalten. Ein Köfferchen mit Nacht- und Waschzeug ist ihr erlaubt mitzunehmen. Ein Abschied auf ungewisse Zeit, ein Aufbruch zu ungewissem Ort. Die erste Station ist der Vorgarten der Gestapoleitstelle in der Rothenbaumchaussee, wo sie mit anderen Frauen, in Reih und

Glied aufgestellt, auf den Abtransport ins Polizeigefängnis Fuhlsbüttel wartet.

In einem Interview erinnert sie sich später an den »langen Paul«, der diesen Transport der »Schutzhäftlinge« – auch so eine monströse Vokabel aus dem Wörterbuch des Unmenschen – leitet. »Frauen schlug er nicht, die trat er«, ist ihr lakonischer Kommentar zu diesem treuen Diener des Systems mit dem teuflischen Vergnügen am Quälen. Der »lange Paul« bringt sie ins Haus 5, Saal 5. Etwa 40 junge Frauen bevölkern diesen Saal, nicht nur Jüdinnen, auch Holländerinnen, Russinnen oder auch einfach solche, die die Herrschenden in ihrem Anderssein irritieren. Drei Pritschen stehen jeweils übereinander, es herrscht drangvolle Enge. Die Kalfaktorin, die Aufseherin, sie soll von der Gestapo dienstverpflichtet gewesen sein, heißt von Bismarck, und sie ist aus unerfindlichen Gründen geneigt, ihren neuen Häftling bevorzugt zu behandeln. Anstaltskleidung soll ihr erspart bleiben, ebenso der tägliche Kartoffelschäldienst. Doch diesen privilegierten Status lehnt Ida Ehre ab, sicherlich zu Frau von Bismarcks gründlicher Verblüffung. Sie will sich nicht über ihre Mithäftlinge stellen lassen, keine Begünstigte der Gegenseite sein. Das erhobene Haupt des Opfers – es soll sich nicht der Gratifikation der Täter verdanken müssen. Und es will sich schon gar nicht über die Mitopfer erheben.

»Hoch aufgerichtet zwischen all den anderen« – dies Vermächtnis ihrer Mutter ist jedoch auch zwischen den Mauern des Polizeigefängnisses Fuhlsbüttel eine kräftige Überlebenshilfe. Ein Opfer, diese Erkenntnis impliziert jene Haltung, wird erst dann ganz zum Opfer, wenn es sich selbst aufgibt. »Und ich sagte mir nur: Du mußt versuchen, so weiterzuleben wie bisher«, erzählt sie später in einem Interview, »und wusch mich morgens und abends. Die anderen wuschen sich längst nicht mehr. Sie hatten sich schon aufgegeben. Aber nach acht Tagen wuschen sie sich wieder.« Das war, schreibt sie noch ein wenig später, in ihren

autobiographischen Skizzen, »ein Erfolgserlebnis, wie ich es nie wieder hatte.« Nicht um die Reinlichkeit als solche geht es Ida Ehre, sondern um den Mut zum Überleben, um den Glauben an die Zukunft. Ein Glaube, der vielleicht nicht Berge versetzen kann, aber doch schwierige, scheinbar nicht zu bewältigende Wegstrecken eher meistern läßt. Daß sie diese Zuversicht beispielgebend vermitteln kann, macht sie glücklich. Und an diese durch die Willkür des Schicksals kühn zusammengewürfelte Gruppe im Haus 5, Saal 5, der sie durch ihre innere Autorität und äußere Contenance eine Orientierung in schweren Zeiten geben kann, erinnert sie sich mit großer Wärme und stiller Wehmut. In den sieben Wochen, die sie schließlich in Fuhlsbüttel verbringen wird, wird jener Saal ihr Zuhause, werden jene Frauen ihre Leidensgefährtinnen, löst jeder Deportationsbefehl, jeder dieser Zettel in schreiendem Rot, der stumm-beredt vom nahen Tod seiner Inhaberin kündet, Schock, Angst und unmittelbare Identifikation mit der Betroffenen aus, nimmt jede, die im Besitz dieses Befehls den Saal verläßt, ein Stückchen des eigenen Lebens, der eigenen Zukunft mit sich. Freiheit, dieses Wort, das auf der Bühne, unter den Bedingungen des »Als-ob«, oft mit wohlfeilem Pathos gesprochen wird, verliert für Ida Ehre mit der zunehmenden Einsicht in die Eskalation der internen Gewaltmechanismen, die Willkür der Drahtzieher und die Einzelschicksale der Internierten immer mehr von seinem Realitätsgehalt. Als ihr Mann sie eines Tages im Gefängnis besucht – auch dies ein Privileg, das die Kalfaktorin bereit ist, ihr einzuräumen – und ihr dieses Wort »Freiheit« als Verheißung verstohlen zuflüstert, kann sie seinen Sinn kaum mehr erfassen. »Es kam ja niemand frei ...«
Und doch kommt sie frei. Ein Wunder für sie und ihre Mithäftlinge, das diese enthusiastisch mit ihr feiern. Ist doch dieser Gang in die Freiheit, den eine von ihnen gehen darf, ein Zeichen der Hoffnung auch für die Zurückgelassenen, ein Zeichen dafür, daß der Inhaftierung in Fuhlsbüttel nicht mit fataler

Zwangsläufigkeit die Deportation ins Vernichtungslager folgt. Ein kleiner Baustein zum Glauben. Und so, wie Ida Ehre ein Stück Gefangenschaft als unauslöschliches Kainsmal mit in die Freiheit nimmt, so läßt sie ein Gran Erlösungsgewißheit in den Mauern des Polizeigefängnisses zurück. Der »lange Paul« geleitet sie wieder zurück zur Gestapoleitstelle, wo sie noch einen endlos langen halben Tag auf die Bestätigung ihrer Entlassung wartet, dann endlich, nach sieben Wochen banger Ungewißheit, sieht sie ihren Mann, sieht sie ihre Tochter wieder. Schließen wir die Wohnungstür in der Adolphstraße, lassen wir sie in diesem alle Seiten überwältigenden Moment des Wiederbegegnens allein.

Erst jetzt erfährt Ida Ehre, wem sie ihre überraschende Freilassung zu verdanken hat: Ihr Mann war am Ammersee zur Schule gegangen, eine Klasse über ihm war der Schüler Heinrich Himmler, jetzt hoch dekoriert als Reichsinnenminister, Reichskommissar für die Festigung des deutschen Volkstums, Befehlshaber des Heimatheeres, Chef der deutschen Polizei, Reichsführer SS und, nach dem Tode Heydrichs, der entscheidende Organisator des Genozids an den Juden. Diesem Heinrich Himmler hat Bernhard Heyde einen Bittbrief geschrieben. Für ihn sicherlich ein psychischer Gewaltakt, den ihm nur die Übermächtigkeit der Verlustangst in die Feder diktiert haben kann. Doch scheint er die richtigen Worte gefunden zu haben: Ob Himmler sich an den ein Jahr jüngeren Mitschüler erinnert hat, ob pure Sentimentalität oder die Lust im Spiele war, die ihm zur Verfügung stehende Macht auch einmal wohltätigen Zwecken zukommen zu lassen, sei dahingestellt. Jedenfalls hat eben dieser Brief Ida Ehres Freilassung bewirkt, ihre zweite, ihre bewußte Geburt, mit deren Schilderung sie denn auch ihre Autobiographie beginnt.

10. KAPITEL

Eine neue Zeit, ein neues Theater

»Ich dachte, probier's halt«

Mai 1945. Der Krieg ist zu Ende. Hamburg, zu großen Teilen in Schutt und Asche liegend – die »Operation Gomorrha« vom Juli 1943 ist ihrem Codenamen gerecht geworden –, wird Bestandteil der britischen Zone. Die »Beckmänner«, jene geschundenen jungen Männer, die Wolfgang Borchert, auch er einer von ihnen, »die Generation ohne Abschied« genannt hat, kehren zurück in ihre zerstörte Heimat. Sie begegnen Trümmerfrauen, auch das eine neue Spezies von Wesen, welche der Krieg hervorgebracht hat, die gebückt ihre schwer wiegende Trauerarbeit leisten, schmalbrüstigen, hungrigen Kindern mit alten Augen, deren Lippen gelehrig das fremde Idiom der Besatzer buchstabieren, schiefen, nackten Litfaßsäulen, die nichts mehr zu vermelden haben, weder Durchhalteparolen noch Lichtspielereignisse, krummen, verbogenen Laternenpfählen ohne Lichtquellen, Gras auf den Ruinen.

Der Heimkehrer Wolfgang Borchert, 24 Jahre alt, hat dieser »toten hauslosen lärmlosen leichenfingerigen Stadt«, der trotz all ihrer Blessuren seine ganze Liebe und Sehnsucht gilt, in Kurzgeschichten voll schmerzlicher Ironie, bitterem, unterdrücktem Pathos und fragmentarischer Schönheit ein unvergleichliches Denkmal gesetzt. Kurz ist die Spanne seiner schöpferischen Kraft, dem Tode abgerungen. Den Wiederaufbau Hamburgs hat er nicht mehr erlebt. Aber die überwältigende Resonanz seines Hörspiels »Draußen vor der Tür«, am 13. Februar 1947 im Nordwestdeutschen Rundfunk gesendet, dringt noch bis zu dem Schwerkranken hin. Viele Menschen drängt es, ihm ihre Ergriffenheit mitzuteilen, in Briefen und auch persönlich. Zu den ersten Besuchern am Krankenbett in Hamburg-Alsterdorf, wo Wolfgang Borcherts Elternhaus steht, gehört auch Ida Ehre.
Abermals sind wir im Begriff, der Chronologie vorzugreifen. Noch aber schreiben wir das Jahr 1945. Der Krieg gehört der Vergangenheit an, die ehernen Gesetze des Tausendjährigen Reiches sind außer Kraft gesetzt. Ida Ehre zieht mit ihrem Mann und ihrer Tochter in die geräumige Parterrewohnung eines Mietshauses in der Hallerstraße, mitten ins ehemalige Judenviertel. »Hier saß im Juni 1945 eine Frau vor ihren Koffern, während die Wohnung für uns beschlagnahmt wurde«, erinnert sie sich später. »Vielleicht saß 1935 da auch eine Frau und bewachte die Koffer bis zum Abtransport.« Erstmals seit zwölf Jahren darf auch ihr eigener Name wieder auf dem Schild an der Tür auftauchen, und sie macht erleichtert Gebrauch von dieser Möglichkeit. Unter dem Namen ihres Mannes, groß und in Emaille »Dr. med. Bernhard Heyde«, prangt, klein und auf Messing: »Ida Ehre«. Ein kleines Stückchen nach außen dokumentierter Selbstwiederfindung.
Auch die Theater, seit dem September 1944 reichsweit »zwangsverriegelt«, öffnen wieder ihre Pforten. Soweit sie nicht in Trümmern liegen, und soweit die, die in ihnen gespielt haben

und weiter spielen wollen, die politische Überprüfung und gegebenenfalls Entnazifizierung überstehen. Es ist eine dürftige, von Hunger und Entbehren der elementarsten materiellen Dinge geprägte Zeit, und es herrscht dennoch oder vielleicht auch gerade deshalb ein großer Hunger nach geistiger Nahrung, nach ideeller Orientierung, nach Literatur und nach Stücken, die zwölf Jahre in Deutschland tabu waren, nach der Verbindung zum Draußen. Ida Ehre, die als Jüdin, vom Nazireich Verfolgte, natürlich über jedem Verdacht der Kollaboration oder des Mitläufertums steht, wird sofort für die erste Nachkriegsproduktion des Deutschen Schauspielhauses, aufgeführt in der St.-Johannis-Kirche in Harvestehude, verpflichtet. Es ist Hugo von Hofmannsthals »Jedermann«, und sie ist für die Rolle der Mutter engagiert.

Obwohl sie zwölf Jahre lang die Öffentlichkeit meiden mußte, also niemals auch nur den Zuschauerraum eines Theaters betreten hat, ist sie für viele Mitglieder des Ensembles keine Fremde und sind auch viele von ihnen ihr vertraut: einige aus früheren Engagements, andere haben die Freundschaft zu ihr nie aufgegeben, wie etwa Erwin Linder und seine erste Frau, Marianne Wischmann, an deren Hochzeit sie, die passionierte Köchin, für das Menü zuständig war. Wieder andere hat sie im Hause des Grundstücksmaklers und Theaterenthusiasten Erich Rohlffs getroffen, den sie während der Nazizeit kennengelernt und mit dem sich eine freundschaftliche Beziehung angebahnt hat.

Dennoch: Die zwölf Jahre schöpferischer Zwangspause haben Spuren des Mißtrauens, der inneren Reserve in ihr hinterlassen. Auch die Kollegen, Hamburger sind dabei und zufällig zum Kriegsende hier Angespülte, sind nicht frei von Schüchternheit, Befangenheit, bisweilen wohl auch Scham – soweit ihr Verhalten den ehemaligen Machthabern gegenüber oder ihr Wissen um die Greueltaten gegen ihre jüdischen Mitbürger dies nahelegen. Doch während der Arbeit bricht das Eis rasch, und fast wichtiger noch als die Vorbereitung dieser ersten Premiere werden ihr die Gespräche über den Auftrag und die Inhalte eines künftigen Theaters. Ida Ehre entwickelt ihre Visionen über ein »Theater der Menschlichkeit«, ein »Theater des guten Willens«, eines, das Wege aus dem Dunkel der Verblendung, des Hasses, des Schweigens und der Ratlosigkeit weist. Ihr Charisma, eine seltene, geglückte Melange aus Selbstbewußtsein und Diskursfähigkeit, Freundlichkeit und Bestimmtheit, Leidenschaft und Reserve, Weichheit und Härte, Intuition und Realitätssinn, fasziniert die Kollegen, und diese tragen ihr an, doch selbst ein Theater aufzumachen. »Ich dachte, probier's halt, was kann denn schon passieren?« ist ihre Reaktion auf dieses kühne, dieses in Deutschland bis dato unerhörte Ansinnen. Und Ida Ehre probiert's.

Man muß sich heute, aus der gesicherten Distanz von über fünfzig Jahren, die Ungeheuerlichkeit dieses Vorganges noch einmal ausgiebig auf der Zunge zergehen lassen, muß all seine merkwürdigen und exotischen Ingredienzien noch einmal genüßlich abschmecken. Eine Frau als Intendantin eines Theaters – eine solche Konstruktion ist in Deutschland bis zu diesem Zeitpunkt noch nicht einmal des Andenkens für würdig erachtet worden. Gewisse emanzipatorische Errungenschaften aus den zwanziger Jahren der Weimarer Republik, die freilich nie zu einem Leitungssessel in den oberen Etagen eines Musentempels führten, und sei es auch nur ein Tempelchen, aber immerhin der Vision der eigenständigen und -sinnigen Künstlerin konkrete Leitbilder schafften, denkt man etwa an Frauen wie die Grotesktänzerin Valeska Gert oder die Schauspielerin Rosa Valetti, wurden nach der Machtergreifung durch die Nationalsozialisten rasch als jüdisch-dekadent und verachtenswert angeprangert und »ausgemerzt«.

Eine Frau hatte nach ihrer wahren Dignität nun nur mehr auf dem Königsweg der Mutterschaft zu suchen, das einzige Dekor, das verliehen wurde, eine Frau zu adeln, war denn auch das

Mutterkreuz – und die Ernennung zur »Staatsschauspielerin« für solche Künstlerinnen, die diese Veränderung und Verengung des Frauenbildes in Theater und Film optisch und mimisch zu verkörpern bereit und in der Lage waren. Die anderen alle gingen, wie auch Ida Ehre, in die innere oder, wenn realisierbar, äußere Emigration. Mit Elisabeth Bergner, Therese Giehse, Lucie Mannheim, Fritzi Massari, Grete Mosheim, Lili Palmer, Camilla Spira und Rosa Valetti, um nur ein paar von ihnen zu nennen, verschwanden nicht nur künstlerisch hervorragende Schauspielerinnen buchstäblich von der Bildfläche, sondern auch alle Inkarnationen der anderen, der offensiven, der subversiven, der aufsässigen Frau. Was blieb – oder was künstlich hochgepuscht wurde –, es war der melodramatische Opferblick einer Henny Porten, die spitzmündige Kameradschaftlichkeit einer Lilian Harvey, die tapfere Wartehaltung einer Herta Feiler, die gänzlich unerotische, statuarische Nacktheit einer La Jana.

Lil Dagover charakterisiert in ihrer Autobiographie später das Rollenangebot, das der nationalsozialistische Film seinen Protagonisten bereithält: »Eine deutsche Frau betrügt nicht ihren Mann, ein deutscher Mann betrügt nicht seine Frau, ein deutsches Ehepaar bleibt nie kinderlos, ein deutsches Kind belügt seine Eltern nicht, ein deutsches Mädchen liebt keine Ausländer, ein deutscher Jüngling liebt keine Fremdländische.« Der Unbotmäßigen oder auch nur Sehnsuchtsvollen lauert der Tod auf, wie etwa, in zahlreichen Rollen, der blonden, breitbeckigen Kindfrau Kristina Söderbaum, die dem arischen Reinheitsgebot wie keine andere entsprach, und die unter der Regie ihres Gatten Veit Harlan eine rasante Karriere als »Reichswasserleiche« startete. Selbst bei den Frauenfiguren, die die verführerisch und selbstbewußt wirkende Zarah Leander, offiziell als Garbo- und Dietrich-Ersatz stilisiert, zu spielen hat, endet die Emanzipation stets beim Manne oder in der Einsamkeit. Cineastische Splitter, für die damalige Filmproduktion repräsentativ und aufs genaueste die Lage der Frauen widerspiegelnd: ihre Fixierung auf ein Rollenbild, das jede Selbstverwirklichung ausschließt, und ihre Frustration in einer von Männern dominierten Welt, der Ordnung, Pflicht und – zuvörderst – Vaterlandsliebe alles bedeuten.

Und dieses Rollenbild soll, mit dem Ende der nationalsozialistischen Herrschaft, gleichfalls mit einem Schlag der Vergangenheit angehören? Es ist schwer zu glauben, noch schwerer konkret vorstellbar. Der ideologische Überbau, so unstofflich schwerelos er auch wirken mag, ist in Wirklichkeit ein äußerst schwerfälliger Geselle, nicht einfach mit einem noch so brachialen Kraftakt stürzbar wie ein politisches Regime. Ein alter Nazi etwa wird mit dem Erhalt eines Entnazifizierungs-Zertifikats noch lange kein demokratisch denkender Mensch. Auch Antisemitismus läßt sich nicht per Verordnung aus der Welt schaffen. Und soweit man die Filmproduktion der frühen fünfziger Jahre als Seismographen für das Bewußtsein der Geschlechter voneinander und jeweils über sich selbst lesen darf, hat sich auch hier in der Tat nicht viel geändert. Noch immer dieselben oder sehr ähnliche Damen spielen jetzt nach dem Halbgott in Weiß schmachtende Krankenschwestern oder, da, wo noch immer »der Berg ruft«, schlichte Naturkinder mit zarten Sehnsüchten nach dem Mann mit den starken Armen. Die Ära der Trümmerfrauen, die zum Beseitigen des Schuttes, den die Männer hinterlassen haben, selbst starke Arme brauchten, ist schnell verdrängt worden, und mit der Heimkehr des Ernährers hat sich die alte Rollenhierarchie mit ihren ästhetischen Ingredienzien rasch wieder eingebürgert.

Doch im Juni 1945, in der St.-Johannis-Kirche in Harvestehude, geschieht etwas Neues, geschieht ein kleines Wunder. Eine Frau wird zur Theatergründerin, zur Prinzipalin erkoren, und sie nimmt die Herausforderung an.

Sogleich stellt sie das Projekt vom Kopf auf die Füße, fragt bei Erich Rohlffs an, ob er bereit ist, das Wagnis mit ihr zu teilen, und der sagt zu. Bis zu seinem Tode im Jahre 1976 wird er ihr als kaufmännischer Direktor zur Seite stehen. Um Theater zu machen, bedarf es weiter eines Raumes und einer Lizenz – letztere ist Ida Ehre, einem Opfer des Regimes von ehedem, gewiß. Um in ihren Besitz zu kommen und die Realisierungsmöglichkeiten einer festen Spielstätte zu erörtern, sucht sie die englische Militärregierung in der Rothenbaumchaussee auf, Ressort Theater. Der Theateroffizier heißt John F. Olden, der ungeachtet seines urbritischen Namens ein Englisch mit deutlich wahrnehmbarem österreichischen Akzent spricht. Ida Ehre »outet« ihn als Wiener, sich selbst als Wienerin, und von da an gestaltet sich der Diskurs sehr unkompliziert. Sie erzählt ihm von ihren Plänen und Visionen, und der charmante, gebildete Herr, der wenig später Inge Meysels zweiter Ehemann werden wird (auch diese eine Verfolgte des Nazireichs und seit kurzem als Schauspielerin am Thalia-Theater engagiert), findet an ihrem Vorhaben Gefallen und verspricht Unterstützung.

Wenige Tage später schon kann er die geeignete Immobilie präsentieren. Es handelt sich um das »Savoy-Theatre« in der Hartungstraße, wo derzeit für die englischen Besatzungssoldaten Kabarett gemacht wird, freilich mit dürftigem Publikumszuspruch.

Es ist ein Haus, dessen Mauern von einer wechselvollen Geschichte künden könnten, wären sie denn nicht zum Schweigen verurteilt: Ursprünglich eine Kaufmannsvilla, wurde es um die Jahrhundertwende seine Bestimmung, die Heimstatt der 1887 in Hamburg gegründeten jüdischen Loge B'nai B'rith (Söhne des Bundes) zu werden, einer Vereinigung, deren Ziel es war, Menschenliebe und Patriotismus zu fördern, Kunst und Wissenschaft zu unterstützen, Armen und Opfern von Verfolgung zu helfen. In den zwanziger Jahren und Anfang der Dreißiger gehörte es den Anthroposophen; 1936/37 wurde es zum Kammerspiel-Theater umgebaut. 1938 diente es für eine kurze Zeit dem Jüdischen Kulturbund als Stätte jüdischer Kultur. Nach

den Pogromen im November 1938 wurde der Theaterbetrieb verboten. 1942 wurde ein Proviantlager für Deportationen eingerichtet, 1943 von hier Juden nach Auschwitz deportiert. Nach Kriegsende schließlich okkupierten die Briten das Haus zu schon bekanntem Zweck. Nun also soll es das Quartier werden für ein »Theater der Menschlichkeit«.
Auch ein Name ist schon gefunden: »Hamburger Kammerspiele« soll die Bühne heißen, eine Reverenz an Erich Ziegel und seine Frau Mirjam Horwitz, die gegen Ende des Ersten Weltkrieges ihr Theater am Besenbinderhof mit diesem Etikett versehen hatten. Es war eine Bühne, die sich der Pflege des modernen dichterischen Dramas verschrieben hatte. Zahlreiche junge schauspielerische Begabungen fühlten sich durch diese Programmatik angezogen. Der junge Gustaf Gründgens etwa hat hier seine Anfängerjahre verbracht und auch seine ersten Inszenierungen präsentiert.
Kammerspiele also. Und wieder soll, unter veränderten Auspizien, die moderne Dramatik entdeckt werden. John Olden verschafft Ida Ehre den Zugang zu den zeitgenössischen Dramatikern des Auslands, von deren Existenz in Deutschland keiner so richtig Kenntnis hat, denn noch sind ihre Werke in keinem deutschen Verlag erschienen. Er läßt sie sich schicken, übersetzen und bemüht sich, Verlage für sie zu finden. Und die Erstaufführungsrechte vieler bedeutender Stücke gehen an das kleine Theater in der Hartungstraße.
Das erste dieser Stücke, mit dessen Erstaufführung am Montag, den 10. Dezember 1945 das Haus eröffnet werden soll, sein Autor ist der junge amerikanische Autor Robert Ardrey, heißt »Leuchtfeuer«. Ein symbolischer und programmatischer Titel für die Mission des Theaters, wie Ida Ehre sie in jenen Zeiten der Unsicherheit und Desorientierung sieht. Robert Michal hat die Inszenierung übernommen, Otto Gröllmann das Bühnenbild. Es agieren: Erwin Linder, Helmut Kröger, Willy Schweisguth, Hermann Schomberg, Hans Mahnke, Hanns Anklam, Eduard

Marks, Ingeborg König, Mary Werner und die Prinzipalin selbst. Glanzvolle Namen sind darunter, weitere glanzvolle Namen werden in den darauffolgenden Inszenierungen folgen. Der Sog des neuen Theaters und seiner Konzeption, die Leuchtkraft seiner Leiterin ist enorm. Eine verschworene Gemeinschaft ist es, die sich da tagtäglich zu den Proben einfindet, oft ohne eine warme Mahlzeit im Magen, manchmal in ungeheizten Räumen, mit kärglichsten Requisiten, kühn improvisierten Kostümen und diffuser Beleuchtung.

Ida Ehre erinnert sich, anläßlich eines Interviews zum 25. Jubiläum mit dem *Hamburger Abendblatt,* im Dezember 1974: »Da gab es kein Maulen über lange Proben trotz der Kälte. Und wie selig waren wir, wenn wir Holz für unseren Ofen hatten und es darauf etwas zu kochen gab. Einmal hat mein Mann von einem Patienten eine Eisenbahnschwelle bekommen. Darauf machten wir ein phantastisches Essen aus allen möglichen Care-Paket-Konserven. Die Kostüme waren bestenfalls aus Rupfen, das kratzte ganz scheußlich. Aber für Maria Stuart haben uns die Kunstschüler das Zeugs so toll bemalt, daß es wie Brokat aussah...«

Am 14. November 1945, also vier Wochen vor der Premiere, vermeldet die *Neue Hamburger Presse,* das einzige Zeitungsblatt im ersten Jahr der Befreiung vom nationalsozialistischen Alpdruck: »Die Frage des Theaterraums ist noch nicht völlig geklärt. Dem Entgegenkommen vom Welfare-Service ist es aber zu danken, daß das Haus in der Hartungstraße, das jetzige Savoy-Theatre, zunächst für drei Wochen zur Verfügung gestellt wird und daß dementsprechend dort auch ›Leuchtfeuer‹ erstaufgeführt werden kann.« Diese Notiz kann die »Chefin« nicht zufriedengestellt haben, und es bedarf ihrer eindringlichen Intervention, bis am 22. November endlich vermeldet werden kann: »Die Hamburger Kammerspiele haben ihr Heim bereits gefunden. Dem Entgegenkommen der leitenden Dienststellen ist es zu danken, daß das Haus in der Hartungstraße (bisher Savoy Theatre) der Direktion Ida Ehre schon jetzt ganz überlassen wurde, so daß sie sich, unbelastet durch die Sorge um den Raum, nun ausschließlich und mit Hochdruck der künstlerischen Arbeit widmen kann.«

Das tut sie auch, und nach der Premiere wird sie, was die Stabilität ihrer theatralischen Heimstätte angeht, Nägel mit Köpfen machen, so wie es ihre Art ist. Aber das ist schon ein anderes Kapitel. Lassen wir doch erst den Premierenabend, den Abend jenes 10. Dezember 1945, Revue passieren.

Es herrscht Eiseskälte, draußen, in den Garderoben, im Zuschauerraum. Vermummte Gestalten sitzen hier wie dort in gespannter Erwartung. Man hüllt sich in alles, was wärmt, um die fehlende Heizung notdürftig zu kompensieren. Was werden die da oben uns zeigen? Und: Wie werden die da unten auf diese neue, unerhörte Art theatralischer Botschaft reagieren? Der Vorhang geht auf, und mit ihm »die Tore zur dramatischen Kunst des Auslandes«, wie die *Neue Hamburger Presse* schon am nächsten Tag enthusiastisch vermeldet. Für die Rezension der Aufführung zeichnet René Drommert verantwortlich. Sie sei, als eines der ersten Dokumente der wieder erwachenden Kritik, an diesem Orte ausführlich zitiert; das krittelnde Genre hatte ja im Dritten Reich, Diktat des Reichsdramaturgen Rainer Schlösser, der Tugend der »Kunstbetrachtung« zu weichen. »Das Stück«, so schreibt Drommert weiter, »spielt auf einem Leuchtturm von novellistischer Symbolhaftigkeit, irgendwo im Michigansee, im Jahre 1939. Zwei Freunde, Charleston, ein Feuerwächter, und Streeter, ein Pilot, empfinden ein tiefes Ungenügen an der Zeit. Streeter sucht einen Ausweg im Tatenrausch und stürzt als Beobachtungsflieger im Kampf gegen Japan ab. Charleston flüchtet dagegen in die Einsamkeit und in die Vergangenheit, um von dort aus den Weg in die Zukunft zu finden. Er weiht sein Leben dem Gedächtnis an Schiffbrüchige, die vor 90 Jahren im Sturm umgekommen sind. Diese Toten, sechs an der Zahl, erscheinen als Personifikationen seiner

Gedanken leibhaftig auf der Bühne. Sie erteilen ihrem Gastgeber, Wirklichkeit geworden, eine umständliche Lektion: daß es unberechtigt sei, der Gegenwart und Umwelt zu entfliehen. Sie appellieren an den Glauben an die Zukunft.
Es ist ein Appell. Keine wirkliche Klärung und Befreiung. Das dramaturgisch und psychologisch unsichere Stück, dessen antifaschistischer Auftrieb zu manchen politischen Glossen über die Zeit führt, ist interessant als der Versuch eines begabten Autors, sich mit tieferen Problemen der Gegenwart auseinanderzusetzen, vor allem der Frage nach Krieg und Humanität. Es ist theaterwirksam schon durch die radikale Art, in der der Verfasser die geistige Spielebene der Realität durchbricht. Doch so übersinnlich es sich auch in einigen Zügen gibt: Es hat viel Oberfläche – bis heran zur Plakatierung.
Für den Regisseur Robert Michal, den an weit größeren Aufgaben geschulten, bot das Stück keine entscheidende Schwierigkeit. Mit triftigen Gründen spielte er alle menschlichen und psychologischen Momente aus, bis in jede Dialogpause hinein. So sicherte er, auf das günstige Bühnenbild Otto Gröllmanns gestützt, der Aufführung ihr wirksamstes Element: die atmosphärische Dichte. Die Intensität der Michalschen Arbeit ist schon an der Tatsache ablesbar, daß die Darsteller, die von sehr verschiedenen Bühnen kommen, bereits an diesem ersten Abend zu einem wirklichen Ensemble zusammengewachsen sind... Das Theater gab bei der Premiere, die sehr viel Beifall fand, bereits den ersten Glanz dem Begriff: Kammerspiele.«
Soweit die verhalten positive Resonanz in der Presse – wobei die Vorbehalte lediglich dem Stücktext selber gelten, nicht seiner Realisierung, seiner Botschaft und seinem Geist. Der Premierenbeifall ist rasch verklungen, jetzt muß sich das Stück in den laufenden Vorstellungen bewähren. Der Publikumsandrang ist zunächst bescheiden, und Erich Rohlffs mahnt, nach einer Handvoll mäßig bis schlecht besuchter Vorstellungen, besorgt einen Spielplan an, der sich mehr dem Unterhaltungs-

bedürfnis der potentiellen Besucher andient. Doch die Prinzipalin bleibt hart: Zum Lachen gibt es – noch – keinen Grund. Sie glaubt an den eingeschlagenen Weg, dessen Wegmarken sie in dem kleinen, oktavformatigen Programmheft, »Mit Genehmigung der Militärregierung« wird in den ersten Jahren auf jedem dieser Hefte stehen, formuliert hat, auch dieser Text ein Leuchtfeuer, das hier, zu unserer Erinnerung und ihren Ehren, noch einmal gezündet werden soll. Stellen wir die bange Frage, ob auch Erich Rohlffs im Laufe der Serie noch zufriedengestellt werden kann, für einige Zeit beiseite, und widmen wir uns diesem Dokument der ersten Stunde der Hamburger Kammerspiele:

Ida Ehre: Unser Streben

»Der Name ›Hamburger Kammerspiele‹ verpflichtet zur Fortführung einer Tradition, die aus dem lebendigsten und interessantesten Kapitel der Hamburger Theatergeschichte erwachsen ist; aber man muß sie aus dem Sinn des Begriffs ›Kammerspiele‹ aufbauen und nicht etwa aus den äußeren Formen, die zeitbedingt waren; denn so wie die Zeit sich radikal verändert hat, so auch die Aufgabe eines solchen Theaters. Nach dem ersten Weltkriege war der deutsche Staat zwar besiegt, aber nicht, wie heute, zertrümmert; damals galt es, durch ein halbes Jahrhundert festgefügten sozialen, ethischen und künstlerischen Begriffen das revolutionäre Theater, das immer sich erneuernde Experiment der Stile und geistigen Versuche entgegenzusetzen. Heute leben wir nach der radikalsten und vernichtendsten aller Revolutionen in einem totalen Nihilismus, und es ist notwendig, wie auf allen Gebieten, so auch auf dem des Theaters, eine neue Ordnung, neue Wertmaßstäbe, ein neues Weltbild aufzurichten; heute ist es »revolutionär«, der Ab- und Umwertung aller seelischen und geistigen Werte die

Erkenntnis der ewig gleichen Aufgaben und der unveränderlichen Gesetze des Mensch-seins entgegenzuhalten, und hierbei kann ein Theater einer ebenso leidenschaftlichen Anteilnahme im Für und Wider sicher sein, wie die alten Kammerspiele zu Erich Ziegels Zeit.

Denn der Kampf zwischen den beiden großen Strömungen im Leben und Wesen der Deutschen ist entschieden. Die Vertreter jener Lebensauffassung, die den Sinn eines Volkes und Staates in seiner Weltgeltung durch äußere Machtmittel sieht, forderten ein Gottesurteil heraus. Es ist gegen sie gefällt worden, und wir wissen es nun endgültig, daß eine neue und dauernde Geltung Deutschlands in der Welt nur durch Taten des Geistes, der Kunst und des Menschentums errungen werden kann, so wie unser aller Leben nur noch darin seinen Sinn finden kann. Hierbei fällt dem Theater eine entscheidende Rolle zu. Es muß dort wieder anknüpfen, wo die Fäden durch die Zensur oder durch Feindschaft zerrissen worden sind, es muß das Beste aus dem In- und Ausland suchen und zur Aufführung bringen und nur einem einzigen Ziel dienen, dem Ziel aller echten Kunst: die ewigen Wahrheiten zu suchen und ihnen Ausdruck zu verleihen. Das Mittel, dessen sich das Theater bedient, ist die Darstellung menschlicher Charaktere und Schicksale. Von diesem Weg dürfen uns keine Stilexperimente abbringen: was wir als echt und wahr empfinden, das müssen wir so gestalten, daß es dem Inhalt gemäß ist. Ein Stil entsteht nicht aus einer Theorie, sondern er ist der Ausdruck eines Lebensgefühls, das sich in künstlerischen Formen manifestiert, die in der Zeit ihrer Entstehung als das absolut Echte und Schöne gelten. Kritiker, Historiker und künftige Generationen mögen dann einmal einen neuen Stil darin erkennen und ihn benennen, wenn er einen eigenen Namen verdient.

So beginnen wir nun, nach dem Absoluten strebend, unserer Unzulänglichkeit gegenüber der idealen Forderung bewußt, aber gewillt, das höchste Ziel niemals aus dem Auge zu verlieren; wir wollen leben für unsere Bühne und spielen für das Leben.«

Dieses Manifest ist ein zeitgemäßes, in seiner Radikalität mutiges Bekenntnis zur Dignität des Theaters als moralischer Anstalt, ein ebenso mutiges zur »Inhaltsästhetik«, und es enthält, in der Einfärbung des Wortes »Stilexperimente«, schon einen dezenten Hinweis auf ein Unbehagen, das sich in späteren Jahren fast zur Idiosynkrasie steigern wird: das Unbehagen an der »Egomanie« solcher Regisseure, für die die Kritik in den siebziger Jahren das Etikett »Klassikerzertrümmerer« ersonnen hat. Ein Theaterabend ist für sie eine Art Ellipse, deren einen Mittelpunkt das Stück mit seiner Struktur und Inhaltlichkeit, den anderen der Schauspieler mit seiner künstlerischen Überzeugungskraft bildet. Dem Regisseur aber obliegt die Aufgabe, die Verantwortung für diese beiden Mittelpunkte auf sich zu nehmen, nicht etwa, für sich und seine Visionen den wahren Platz im Zentrum zu okkupieren.

Ein klares, eindeutiges Bekenntnis zum »Konservativismus« im buchstäblichen Sinn, zur Kunst des Bewahrens, zur Werktreue, das sie etwa mit Gustaf Gründgens teilt. Ein Schauspieler-Intendant auch er, der wie sie maßgeblich am Wiederaufbau des deutschen Bühnenvereins beteiligt war, und mit dem sie freundschaftlich und professionell verbunden war. »Der größte Feind einer neuen Theaterentwicklung ist unsere Originalitätssucht; der Wunsch, neu um jeden Preis zu sein; auch um den Preis des Werkes, das wir zu interpretieren hätten«, hat dieser 1948 in Stuttgart in einer spektakulären Rede vor dem Bühnenverein formuliert, damals sein Präsident, und sie, die Vizepräsidentin, hat ihm lebhaft zugestimmt. Eine Haltung, von der sie nie abgewichen ist, und die ihr später, als diese Haltung nicht mehr en vogue war, von diversen Kritikern den Vorwurf einbrachte, ihr Name stehe für verstaubtes Theater. Ein Vorwurf, mit dem an angemessener Stelle mich differenziert auseinanderzusetzen ich ihr schuldig zu sein glaube.

Aber nach diesem langen Exkurs zunächst wieder ein Zeitsprung zurück, ins Jahr 1945, das sich seinem Ende zuneigt, zurück zu Erich Rohlffs, den wir mit seinen Sorgen um die Zukunft der Kammerspiele nun schon unbotmäßig lange allein gelassen haben.

Bedeutet die zögerliche Publikumsresonanz zu Beginn tatsächlich die Notwendigkeit des konzeptionellen Umlenkens auf leichte Kost, oder wird Ida Ehres hartnäckiger Optimismus recht behalten? Er wird es. Die Durststrecke ist nach einer guten Woche beendet, dann beginnen die Zuschauer ins kleine Theater in der Hartungstraße zu strömen. Vier Wochen läuft »Leuchtfeuer« nun vor vollem oder fast vollem Haus. Die Feuertaufe ist bestanden. Auch ein Weihnachtsmärchen, »Prinzessin Huschewind«, von Kurt Reiß mit leichter Hand in Szene gesetzt, erfreut sich großer Beliebtheit, und zur ersten Silvesterfeier im künstlerischen Domizil – ein Fest, das Tradition werden wird – kann Ida Ehre mit ihrem Ensemble frohgemut die Gläser klingen lassen. Der Anfang ist geschafft. Auf ein frohes, erfolgreiches 1946!

11. KAPITEL

Auf den Schwingen des Erfolgs

Die Highlights der ersten Spielzeiten

1946 wird es in Hamburg Ernst mit der Demokratie. Die ersten Bürgerschaftswahlen stehen an, aus ihnen geht die SPD als stärkste Partei hervor. Der Sozialdemokrat Max Brauer wird Erster Bürgermeister der Hansestadt. Er wird dieses Amt bis 1953 und dann noch einmal von 1957 bis 1960 bekleiden. »Ein großer Renaissance-Patriarch«, erinnert sich Helmut Schmidt später an ihn. Ida Ehre hat keine Angst vor Patriarchen. Sie sucht ihn auf, um ihn und in seinem Namen die Stadt zu bewegen, das Haus in der Hartungstraße, das noch immer den Anthroposophen gehört, zu kaufen. Und das Wunder geschieht: Auf seine Initiative hin nimmt die städtische Sprinkenhof AG die Immobilie in Besitz und stellt sie ihr mietfrei zur Verfügung.

Wie hat Ida Ehre dieses Kunststück schaffen können? Nun, ein gewichtiger Teil jenes Erfolgs geht gewiß auf ihre Überzeugungsgewalt einerseits, die normative Kraft des Faktischen andererseits: Die ersten Premieren sind bereits über die Bühne gegangen, der Zuschauerandrang ist beeindruckend, das Auge der Militärregierung im allgemeinen und John Oldens im besonderen ruht wohlwollend auf dem von Ida Ehre ins Leben gerufenen theatralischen Experiment. Aber dieses Ensemble von Gründen erklärt noch nicht erschöpfend die Bereitschaft eines Senats, in Zeiten existentieller Not und dringender Wiederaufbaumaßnahmen in diesem Ausmaß Geld für die Kunst auszugeben. Sind möglicherweise in Max Brauers politischem Kalkül noch andere Gründe verborgen, die ihn die Initiative zu jener Stabilisierungsgeste ergreifen lassen? Oder, anders gefragt: Sieht auch die Stadt in dieser Maßnahme ein profitables Element?

Ich denke, sie sah es, und sie behielt mit ihrem Kalkül recht. Hamburg, als Handelsstadt nur tauglich als »Tor zur Welt«, mußte zusehen, daß dieses eingerostete Tor zum Ausland möglichst schnell wieder aufgeschlossen werden konnte. Dazu mußte es sich bemühen, möglichst schnell philosemitisch und antinazistisch zu werden, das befleckte Bild der Vergangenheit möglichst schnell und rückstandsfrei zu reinigen. Diesem Bemühen ist jene »Geschichtskosmetik« gewidmet, die schon an anderer Stelle skizziert und richtiggestellt worden ist. Diesem Bemühen wiederum kam eine Frau wie Ida Ehre entgegen wie keine andere prominente Persönlichkeit: Die Jüdin, der in der Hansestadt der Boden bereitet wird, ein kritisches, der Dramatik des Auslands verpflichtetes, weltoffenes Theater zu führen, das Opfer, dessen Botschaft nicht Haß ist, sondern Versöhnung im Medium des Reflexiven und Künstlerischen – ein wahrer Edelstein in der selbstgeschmiedeten Krone liberaler Kontinuität, ein spektakulärer, medial gut ausschlachtbarer Anlaß praktischer Wiedergutmachung. Ja, Ida Ehre »paßte« der Hansestadt. Was aber nicht heißen will, daß sie sich angepaßt, schon gar nicht, daß sie mit dem Kalkül ihrer Vertragspartner spekuliert hätte. In dieser Hinsicht ist sie, glaube ich, naiver, als ihre Gegner es ihr zugestehen mögen. Naivität – da ist er wieder, dieser ungern von ihr angenommene, eher verleugnete Anteil des Familienerbes, den ihre Schwester Emma, jene freundliche Episodenfigur ihrer Kindertage, für sie verkörpert hat, und den ich, als liebenswertes Ingrediens, in vielen auch ihrer Denk- und Verhaltensweisen wiederzuentdecken glaube.

Es war von Gegnern die Rede. Ida Ehre soll Gegner gehabt haben? Aber natürlich hat sie diese gehabt. Ein Mensch, eine Frau zuvörderst, die mit solch eherner Gradlinigkeit, solch konzeptioneller Unbedingtheit, solcher Leidenschaft zur Sache und solchem Eigensinn ihren Weg verfolgt, bleibt nicht verschont von kritischen, bisweilen gehässigen, manchmal vielleicht auch von Neid getriebenen Kommentatoren. Da gibt es die jüdischen Bekannten, die ins Ausland emigriert sind und es ihr übelnehmen, daß sie auf deutschem Boden, für ein deutsches Publikum, in dem sich doch auch die ehemaligen Täter wiederfinden können, ein Theater gründet – nach allem, was ihr widerfahren ist. Da gibt es andererseits die, welche den häßlichen Begriff von der »Ehrenjüdin« prägen und es ihr verargen, daß sie sich als solche vom »offiziellen Hamburg« benutzen, ja, kaufen, daß sie sich bei Empfängen herumreichen lasse, manchmal in zweifelhafter Gesellschaft ehemaliger »Nazi-Größen«, wie etwa der Geschwister Höpfner, die sich im Dritten Reich, synchron lächelnd und dito tanzbeinschwingend, die Sympathien der Führerclique erobert hatten – ein Zusammentreffen, das ausführlich durch die Presse gehechelt wurde. Wenn Ida Ehre – und das war in der Tat oft der Fall – sich auf Empfängen blicken ließ, dann eher aus dieser naiven Lust am Rampenlicht, das sie so früh und unverhofft kennengelernt hat, und das ihr zwölf Jahre lang so gänzlich verwehrt war. Oder oft auch im Bestreben, mit der »Zurverfügungstellung« ihrer Person auf die Sache, auf ihr Theater aufmerksam zu machen, das ja ständiger Subventionsmaßnahmen bedurfte und als dessen

Repräsentantin sie sich immer verstand. Ich glaube nicht, daß sie, um nur ein Beispiel zu entkräften, die Geschwister Höpfner gekannt hat. Zu sehr war sie von dem, was wir heute unter dem Begriff »Nazi-Kultur« zusammenfassen, abgeschirmt, zu sehr mit anderen, existentielleren Sorgen beschäftigt. Und bei den ihr bekannten Künstlern, deren Karriere das Dritte Reich nicht abschnitt, wußte sie für sich sehr genau zu differenzieren, wer seine privilegierte Position damals genutzt hatte, um anderen zu helfen, wer harmlos, wer schlichter Mitläufer geblieben und wer Täter geworden war. Nur der letzten Kategorie, der der Täter, galt ihr Groll, ihre Unversöhnlichkeit. Bisweilen ist sie für ihre Großherzigkeit, die mancher als Blauäugigkeit mißverstand, getadelt worden; bisweilen hat ihr auch ihre Tochter, etwa, wenn sie sich, zu spontan, wie diese es empfand, vor den Karren irgendeiner Wohltätigkeitssache spannen lassen wollte, bei der auch alte Nationalsozialisten die Begünstigten sein könnten, solche Blauäugigkeit vorgeworfen. Der Tochter steht, als Mit-Opfer, solche Kritik an ihrer Mutter zweifellos zu. Wir, die Nachgeborenen, sollten uns ihrer enthalten und Ida Ehres Haltung einfach, ohne wohlfeile Wertung, respektieren.

Gustaf Gründgens hat sie nach dem Kriege sofort die Hand gereicht, wie ihr Kollege Fritz Kortner dies auch von Herzen tat. Wolfgang Liebeneiner, auch er seinerzeit Günstling Hermann Görings, zum Professor und Chef der Ufa avanciert, und seine Frau Hilde Krahl, die in vielen seiner Filme spielte und als Tochter des »Postmeisters« (mit Heinrich George in der Titelrolle) eine jener für den Film des Dritten Reichs typischen weiblichen Opferbiographien verkörperte, nimmt sie mit offenen Armen in ihr Ensemble auf. Das Gerede um die beiden stört sie nicht. Sie vertraut, ebenso, manchmal auch mehr noch ein Mensch der Intuition als der Reflexion, ihrer Lauterkeit, und diese erweisen sich ihres Vertrauens, bald auch ihrer tiefen Freundschaft als würdig.

Liebeneiner zeichnet verantwortlich für die – nach dem Mär-

Ida Ehre 1946 in George Bernard Shaws »Frau Warrens Gewerbe« mit Hilde Krahl (links) (Foto: Hamburger Theatersammlung/Clausen)

chen – dritte Premiere, die bereits am 10. Januar 1946 auf die Bühne der Kammerspiele gebracht wird – unmittelbar nach der Erstaufführung von »Leuchtfeuer« beginnt also mit Elan die nächste, gerade vierwöchige Probenphase. Es ist »Frau Warrens Gewerbe« von George Bernard Shaw. Eine mutige, kluge, wirklich auf Hamburger Verhältnisse eingehende Stückauswahl der Prinzipalin und ihres Produktionsteams, wozu auch ihre langjährige Dramaturgin, Ilse Höger, gerechnet werden muß. Eine theatralische Wundertüte, die eine Bombenrolle für Ida Ehre, die Schauspielerin, enthält, eine ebensolche für Hilde Krahl, und eine mehr als dankbare Aufgabe für den prominenten, virtuos im psychologischen und soziologischen Dickicht stöbernden Regisseur.
Diese 1898 entstandene, gestochen scharfe und zugleich dialogisch äußerst elaborierte, »elegante« sozialkritische Attacke ihres Autors auf bürgerliche Konventionalität und Doppelmoral verdankt ihren Plot einem Milieu, für das Hamburg, oder vielmehr einer seiner Stadtteile, mit dem »Mrs. Warrens Gewerbe« bundesdeutsch konnotiert wird, geradezu in eins gesetzt werden wird: das der Prostitution. »Der König von St. Pauli«, im Frühjahr 1998 *die* Mehrteilersensation im privaten Fernsehen, jenes multimedial hochgepuschte TV-Ereignis, es beherbergte, die zeitlichen Veränderungen mit einbezogen und hochgerechnet, nur einen müden Abklatsch der Brisanz, den dieses mittlerweile hundert Jahre alte Stück noch immer in sich trägt.
Ida Ehre spielt die ehemalige Prostituierte Kitty Warren, die sich nun als Geschäftsführerin einer Bordellkette in mehreren europäischen Großstädten in die Charts der Spitzenverdiener hochgearbeitet hat. Auch Herren der guten Gesellschaft sind in ihre Unternehmungen involviert, und sie, von niedriger Herkunft, hat es durch Zielstrebigkeit, Skrupellosigkeit und Umsicht geschafft, sich in ihrem Dunstkreis als eine der ihren zu bewegen. Ein »eiskalter Engel«, der doch, in der Beziehung zu ihrer Tochter Vivie (das war Hilde Krahls Part) wird das offenbar, in sei-

nem Herzen Nischen der Sentimentalität, der Bürgerlichkeit, des Hungers nach Liebe bewahrt hat.
Ida Ehre hat genußvoll die ganze Doppelbödigkeit dieser Figur ausgelotet, hat sie nicht verraten an die wohlfeile Kritik ihrer Amoralität, sondern hat sich mit dieser im Zwielicht beheimateten und vom Zwielicht lebenden Frau mit der harten Schale, in der ein wunderbar weicher, unerlöster Kern steckt, gleichsam verbündet. Ein großes schauspielerisches Erlebnis, das Unzählige von Zuschauern in seinen Bann gezogen hat. Über 100mal hob sich der Vorhang über »Frau Warrens Gewerbe«, und im Parkett saß nicht nur das übliche Theaterpublikum, sondern auch Personen, die mit der Thematik des Stückes im wirklichen Leben betraut waren: etwa die »Fürsorgerinnen des Pflegeamtes, das mit der Prostitutionsbekämpfung im Gebiet Groß-Hamburg beauftragt ist«, und viele Damen des Gewerbes selbst, die wohl den Anteil an Authentizität in Ida Ehres Darstellung überprüfen wollten. Wie sie – die Szenen der Kunstausübung und des Gunst-Gewerbes sind im allgemeinen säuberlich voneinander abgegrenzt – vom Inhalt dieses Stückes in Kenntnis gesetzt wurden, dies ist eine andere Geschichte:
Dr. Bernhard Heyde hat sich, gleich nach dem Krieg, als praktischer Arzt im Karolinenviertel, mitten im Herzen von St. Pauli, niedergelassen. So versteht es sich von selbst, daß, neben der angestammten Einwohnerschaft des Viertels, auch Prostituierte seinem Patientenkreis angehörten, und, »wenn ein Zirkus gastierte«, erinnert sich Ida Ehre, und man meint das Schmunzeln, das sich ihrer wohlkontrollierten Mimik bemächtigt, förmlich zu spüren, »kamen zu ihm die Zwerge und Riesen, die ›Dame ohne Unterleib‹, die Akrobaten und Artisten. Es machte ihm viel Spaß, dieses Gemisch, und ich habe ihn oft aufgezogen damit.« Einfachen Leuten mit komplizierten Problemen hat er sich immer verbunden gefühlt, und immer noch füllen sich größere und kleinere Blätter, manchmal auch abgerissene Seiten von Rezeptblöcken, mit seinen zeichnerischen Visionen von all

dem, was er dem Alltag abgeschaut und dahinter an Abgründigem entdeckt hat. Abends aber ist er in der Hartungstraße anzutreffen – als Theaterarzt der Kammerspiele. Das ist *sein* Spagat zwischen den Milieus.
Als im Juni 1946, zum ersten Mal nach dem Kriege, wieder die Hamburger Theaterfestwochen stattfinden, die die verschiedenen Intentionen der verschiedenen Bühnen der Hansestadt sammeln und gerafft der Öffentlichkeit vor Augen führen sollen, können die Kammerspiele eine äußerst erfolgreiche, äußerst mutige erste Spielzeit bilanzieren. Die ersten Inszenierungen passieren noch einmal Revue, neben »Leuchtfeuer« und »Frau Warrens Gewerbe« steht auch die hundertste Aufführung von Axel von Ambessers Schauspiel »Das Abgründige in Herrn Gerstenberg«, Anfang März uraufgeführt, auf dem Spielplan, desgleichen Ferdinand Bruckners Dramatisierung von Kleists Novelle »Die Marquise von O.«. Damit aber noch nicht genug der theatralischen Novitäten: Heinrich Spoerls Satire »Die weiße Weste« erlebt ihre Uraufführung im Rahmen der Festwochen, wie, wenig später, die Komödie »Familienleben« aus der Feder des jungen amerikanischen Dramatikers Paul Osborn. Vier Ur- und Erstaufführungen also, dazu zwei Stücke von Autoren, deren Werk im Dritten Reich totgeschwiegen wurde – in der Tat, Ida Ehre ist ihrem Anspruch, das deutsche Publikum mit der »anderen« Dramatik, der, die es so lange entbehren mußte, vertraut zu machen, vollends gerecht geworden.
Acht Premieren hat die Prinzipalin für die zweite, die erste »komplette« Spielzeit der Kammerspiele vorgesehen, darunter Stücke von Jean Anouilh, Jean Giraudoux, William Saroyan, Georg Kaiser und Thornton Wilder, dessen Schauspiel mit dem programmatischen Titel »Wir sind noch einmal davongekommen« sicher das Highlight der Saison bildet. Dieses 1942, mitten im Krieg, in New Haven uraufgeführte Stück über eine typisch amerikanische Durchschnittsfamilie unseres Jahrhunderts, in deren Schicksal sich, so der Autor, »das Schicksal der

1947: »Wir sind noch einmal davongekommen« von Thornton Wilder, Szenenfoto mit Hans Quest, Ida Ehre, Hermann Schomburg, Käte Pontow (Foto: Hamburger Theatersammlung/Clausen)

ganzen Menschheit spiegelt, durch ein Teleskop aus tausend Meilen Entfernung gesehen«, trat im Frühjahr 1946 seinen Siegeszug durch das in Schutt und Asche liegende Deutschland an – eine seiner markantesten Stationen war die kleine Bühne in der Hartungstraße. Ein Kaleidoskop der Stile, vom Mysterienspiel bis hin zur Broadway-Revue, ein Defilee der Menschheitskatastrophen von der grauen Vorzeit bis zum Grauen des Atomkrieges, und als Ariadnefaden durchs Dickicht der Zeiten und Räume zieht sich die bange Frage des Dichters, wann endlich die Menschheit aus ihren Verhängnis und Tod bringenden Fehlern zu lernen bereit sei.

Thornton Wilders vorsichtiger Optimismus kommt Ida Ehres auch durch die Greuel der Vergangenheit nie vollständig erschüttertem Grundvertrauen in die Möglichkeit menschlich-moralischen Fortschritts durch Vernunft und Einsicht entgegen. Ist auch »das letzte Kapitel des Stückes noch nicht geschrieben«, mit diesen Worten entläßt das Hausmädchen Sabina (wiederum Hilde Krahl) die Zuschauer ins Freie, aber nicht aus der Verantwortung, so gibt es doch Anlaß zur Hoffnung.

Hekabe, Urmutter des Leidens

Bei Euripides, der, fast zweieinhalb Jahrtausende vor seinem amerikanischen Dichterkollegen, in seinen »Troerinnen« das Klagelied des Krieges singt, und zwar in der leidvollen Spiegelung des Unglücks, das ein jeder Krieg für die Besiegten bedeutet, ist diese Hoffnung zur Leerstelle geworden. Im Mittelpunkt der Tragödie steht die Königin Hekabe im Kreis der gefangenen Troerinnen. Sie muß erfahren, daß ihre Töchter Kassandra und Andromache als Beute für Agamemnon und Neoptolemos bestimmt sind, sie selbst soll dem perfiden Odysseus, dem Urheber aller Greuel und Infamien, als Dienerin gehören. Kassandra wird, düstere Prophezeiungen ausstoßend, von ihr gerissen, der kleine Enkel Astyanax, die letzte Hoffnung auf einstige Rache für den Untergang Trojas, wird vor ihren Augen zerschmettert. Nicht einmal der Tod in den Flammen der brennenden Stadt ist ihr vergönnt. Es bleibt ihr, alles früheren Glückes beraubt, nur der Weg in die Gefangenschaft.

Mit dieser düsteren, illusionslosen Tragödie des Euripides in der Bearbeitung von Franz Werfel eröffnet Ida Ehre am 27. Sep-

Ida Ehre als Hekabe in den »Troerinnen«, 1947 (Foto: Keystone, Hamburg)

tember 1947 ihre dritte Spielzeit. Sie selbst spielt diese erlauchte, große Dulderin, die, mitten in Sturz und Finsternis, mitten im Scheitern selbst, das Bild des Hohen und Edlen, das Bild des Stolzes und der Ergebenheit allein bewahrt und weiterträgt. »Hoch aufgerichtet zwischen all den anderen armen Menschen« – kein Zweifel: mit der Rolle der Hekuba hat Ida Ehre auch ihrer Mutter ein künstlerisches Denkmal gesetzt. Und den Reaktionen des Publikums, der Wortwahl der Kritiken ist das Außergewöhnliche des Erlebten, der über die philosophische Aussage und über die Beherrschung der schauspielerischen Mittel hinausgehende, ganz persönliche Aspekt ihrer Verkörperung nicht entgangen. Nicht, daß dieser Anteil abgegrenzt formulierbar wäre – spürbar, fast mit Händen greifbar muß er gewesen sein. So schreibt etwa *Die Welt* am 30. September 1947: »Ida Ehre als Troerkönigin wuchs zu mythischer Größe auf. Höhepunkt eines Schauspielerlebens, wie er auch dem, der weiß, wie es sein soll, nur selten beschieden ist.« Das *Hamburger Echo* gleichen Datums vermeldet: »... Ihr Leid liegt jenseits des Ausdrückbaren. Ida Ehres alle schauspielerischen Mittel überlegen einsetzende Gestaltung der Hekuba ist das erschütternde schauspielerische Glanzstück dieser Aufführung. Urbild der Mütterlichkeit und des Leidens, gleich aufrüttelnd im eisigsten Entsetzen wie in der Glut des Wahnsinns.« Die *Hamburger Allgemeine Zeitung:* »Die Hauptlast des Abends lag auf den Schultern Ida Ehres. Über ihre von allem Schmerz der Welt gezeichnete Hekuba ist kein Wort des Lobes zu viel. Von ihr, wie auch von der Andromache Gisela Mattishents ging eine Erschütterung aus, wie wir sie in dieser elementaren Gewalt und Größe seit dem Ende des Krieges auf dem Hamburger Theater kaum erlebt haben.« Und, schließlich, die *Hamburger Freie Presse:* »Ida Ehre ist Hekuba. In dieser Hekuba kulminieren Stück und darstellerische Leistungen. Die an den Grenzen neuer Lebenssinngebung und Schicksalserhellung verzweifelt rüttelnde Kraft läßt Erschütterung auf Erschütterung folgen.«

Noch 1983 erinnert sich Werner Burkhardt, Kritiker der *Süddeutschen Zeitung,* in seiner Rezension der »Troerinnen«-Adaption »Der Untergang«, die Walter Jens Ida Ehre gewidmet und damit der 82jährigen Prinzipalin eine zweite Hekuba beschert hat, »an die brennende, bis in die letzte Parkettreihe dringende Leidensgewalt Ida Ehres als Hekuba«, deren er damals als Primaner teilhaftig werden durfte.
Mit dieser Inszenierung von Ulrich Erfurth, in der Ausstattung Helmut Koniarskis, mittlerweile Ida Ehres fester Bühnenbildner, gehen die Hamburger Kammerspiele bundesweit auf Gastspielreise. In Berlin sind sie eingeladen, in Düsseldorf, wo seit dieser Spielzeit Gustaf Gründgens Hausherr am Schauspielhaus ist – und überall wird Ida Ehre, ihr Ensemble und ihr Engagement gefeiert. Nach dem großen folgt in Hamburg noch einmal ein kleines Gastspiel: Für einige Tage ziehen die »Troerinnen« ins Garrison-Theater in der Kirchenallee, wo der Nachweis erbracht wird, daß der Sog der Inszenierung und Darstellung auch den größeren Raum mühelos erfüllt. »Die Niveauunterschiede des hamburgischen Theaters sind groß«, schreibt, bilanzierend, die *Hamburger Neue Presse.* »Es ist, als gäbe es zwei entgegengesetzte Züge. Einen, der in die Erstarrung führt, und an den sich, mit Anzeichen der Agonie, die ewig Gestrigen hängen. Und einen anderen, dem sich die lebendigen und zukunftsträchtigen Kräfte der Zeit anschließen. Daß unsere Oper und die Kammerspiele zu diesen letzteren gehören, ist allmählich zur Binsenweisheit geworden.«

12. KAPITEL

Draußen vor der Tür

Die Geburt einer Theaterlegende

Als im Herbst 1947 dieser Hymnus über die Kammerspiele geschrieben wird, jene »nicht nur ihrer Gesinnung, sondern auch ihrem Spielplan nach modernste Sprechbühne Hamburgs«, wie es im gleichen Artikel heißt, sind die Vorbereitungen für ein weiteres Ereignis, das sich unabtrennbar mit dem Ruf des Theaters in der Hartungstraße verbinden wird, schon in vollem Gange: Die Uraufführung von Wolfgang Borcherts Antikriegsdrama »Draußen vor der Tür« steht ins Haus. Wir wollen daher noch einmal zurückkehren zu den Ursprüngen dieses spektakulären, ein gewichtiges Stück Nachkriegsgeschichte bilanzierenden und Nachkriegstheatergeschichte schreibenden Projekts. Zurück zum 13. Februar 1947, dem klimatischen Tiefpunkt einer langen, harten Frostperiode. Klirrende Kälte beherrscht die Stadt. Die Kohlen zum Heizen sind knapp, turnusmäßig wird über die einzelnen Viertel Ham-

burgs Stromsperre verhängt. Auch Alsterdorf ist an diesem Abend betroffen, wo Wolfgang Borcherts Elternhaus steht, und wo er, der kaum 26jährige, von den Strapazen des Krieges und den Schikanen der Gefangenschaft schwer gezeichnet, krank daniederliegt. Vier Jahre Krieg in Rußland, Lazarett, sechs Wochen Todeszelle in Nürnberg wegen »Selbstverstümmelung und Wehrkraftzersetzung«, neun Monate Einzelhaft in Moabit wegen »Verunglimpfung des Führers« hat er hinter sich. Mit der Hypothek einer gefährlichen Gelbsucht und Diphtherie, die er niemals hat auskurieren können, ist er nach Kriegsende in seine Vaterstadt zurückgekehrt – um zu schreiben, um der Befindlichkeit seiner, der betrogenen Generation Ausdruck zu verleihen, um die Traumata von Krieg und Gefangenschaft in Worte zu fassen. Sein Theaterstück »Draußen vor der Tür« hat er, das war im Herbst 1946, in knapp acht Tagen verfaßt. Offenbar hat er die Chance einer Publikumsresonanz nicht allzu rosig gesehen, denn er untertitelt es folgendermaßen: »Ein Stück, das kein Theater spielen und kein Publikum sehen will.«
Doch es geschieht ein Wunder: Ernst Schnabel, der Chefdramaturg der Hörspielabteilung des damaligen NWDR (erst später erfolgte die Teilung in NDR und WDR), erhält, vermutlich von Freunden Borcherts, Kenntnis von dem Manuskript. Damals trug es noch den Namen »Ein Mann kommt nach Deutschland«. Schnabel ist von seiner Sprachgewalt und Eindringlichkeit fasziniert. Er sucht den Kranken auf, bittet ihn, es nach den Gesetzen des Hörspiels umzuarbeiten, überredet ihn zu einem neuen Titel – und jetzt gehen wir im Zeitraffer durch den bitter kalten Winter, stellen uns vor, wie in der Kooperation mit Ernst Schnabel eine neue, rundfunkgerechte Fassung entstanden, wie diese dann im Studio als Hörspiel produziert worden ist, und schon sind wir wieder am Abend dieses 13. Februars: Es ist der Abend, an dem »Draußen vor der Tür«, das Stück über den Heimkehrer Beckmann, den Mann, der nach Deutschland kommt und für den das »neue« alte Deutschland keine Verwen-

dung mehr hat, bundesweit gesendet wird. Nein, machen wir noch einen kleinen, spekulativen Schlenker zurück in die Produktionsphase, denn dort werden wir dem Namen Ida Ehre begegnen. Nicht zwar als aktiv Mitgestaltende, aber als eine, die in ihrer Eigenschaft als Verwaltungsratsmitglied des NWDR sicherlich schon vor der Ausstrahlung Kenntnis von Borcherts Text genommen hat.

Lebhaft ist imaginierbar, welch große innere Bewegung dieser Text in ihr ausgelöst hat. Und so sitzt sie denn an diesem eiskalten 13. Februar gebannt vor dem Radioapparat und vernimmt diesen Schrei vom Rand des Abgrundes – wie Millionen von Hörern in ganz Deutschland, Heimkehrer und Verlassene, Übriggebliebene und Vergessene, Witwen, Eltern, Kinder, Verfolgte, Verstümmelte, Verzweifelte. Wolfgang Borcherts Radioapparat freilich bleibt an diesem Abend stumm. Stromsperre über Alsterdorf, wir haben es schon gehört. Da der Kranke nicht transportfähig ist, kann er nicht mit dem Auto zu Freunden in einen anderen, mit Strom versorgten Stadtteil gebracht werden. Aber er erfährt die überwältigende Resonanz seines Stükkes über die Tausende von Briefen, die der Postbote in sein Elternhaus schleppt.

Und er erfährt weiterhin, daß seine düstere Prophezeiung, kein Theater wolle sich an die Realisierung seines Nachkriegstotentanzes wagen, nicht zutrifft. Ida Ehre besucht ihn an seinem Krankenlager: Sie ist fest entschlossen, diesem Stück den Weg auf die Bühne zu bereiten – auf ihre Bühne. Hans Quest – er hat dem Beckmann in der Hörspielbearbeitung seine Stimme geschenkt – soll diese Rolle auch in der Theateruraufführung verkörpern. Ihm widmet Borchert die szenische Fassung, die er, nach dem Willen der Prinzipalin und mit ihrer wie auch Quests Unterstützung, noch einmal umarbeitet. Zwischen den beiden Männern mit ähnlicher Biographie – auch Quest ist ein Angehöriger dieser verlorenen Generation, auch er hat seine Jugend dem Krieg geopfert – entwickelt sich eine herzliche Freundschaft.

Ida Ehre vermittelt das Stück an den Verleger Ernst Rowohlt, für den es der Grundstein seines Rowohlt-Theater-Verlags wird. Als wie lukrativ dieser Grundstein sich in der Zukunft erweisen würde – das hat sich zur Zeit der Proben noch keiner der Beteiligten vorstellen können. Außer vielleicht Ida Ehre: »Das Stück muß angenommen werden, es muß in der ganzen Welt gespielt werden!« Das war ihre Vision, ihre Wunschvorstellung, als sie diese patriarchalische Verlegerpersönlichkeit von der Notwendigkeit einer Publizierung überzeugt hat. Und ihr Wunsch ist in Erfüllung gegangen: Gleich 16 Bühnen sicherten sich unmittelbar nach der Hamburger Uraufführung die Aufführungsrechte für »Draußen vor der Tür«. Viele weitere folgten nach, und noch heute taucht das Stück regelmäßig in den Spielplänen der deutschsprachigen Theater auf. 1997, 50 Jahre nach jener Uraufführung, gab es auch in den Hamburger Kammerspielen, die heute von dem Schauspieler Ulrich Tukur und dem Regisseur Ulrich Waller geleitet werden, eine Neuinszenierung. Eine Hommage an Wolfgang Borchert – und damit sicher auch an Ida Ehre, die ihm das Stück »abverlangt« hat. Mitten im Innovativen ein Stück Bekenntnis zu Ursprung und Kontinuität.
Aus dem schneidend kalten Winter ist ein glühendheißer Sommer geworden. Wolfgang Borchert hat seine umfangreiche Korrespondenz beantwortet, hat einen neuen Band Erzählungen in Druck gegeben, hat die Arbeiten an »Draußen vor der Tür« abgeschlossen. Im September kann er endlich seine Erholungsreise in die Schweiz antreten, die durch die »diplomatische« Intervention der Verleger Goverts, Oprecht, Rowohlt und von Mitgliedern des Hamburger Senders, allen voran Ernst Schnabel, realisierbar geworden ist. Die hochqualifizierte ärztliche Betreuung in einem renommierten Baseler Spital, die Fülle und Qualität der Nahrungsmittel, die es in Deutschland nicht zu kaufen gibt, wohltemperierte Räume und die Verfügbarkeit über alle nötigen Medikamente – von diesem Ensemble an Komfort und Fachwissen erhoffen sich Eltern, Freunde und

Plakat der Uraufführung, Leitung: Ida Ehre (Hamburger Kammerspiele)

Ärzte einen heilsamen Einfluß auf seine Genesung. Eine Hoffnung, die sich zerschlägt. Während die Litfaßsäulen in Hamburg seinen Namen rufen – die Kammerspiele kündigen die Premiere seines Stückes an, Inszenierung: Wolfgang Liebeneiner, Bühne: Helmut Koniarsky, dann die komplette Besetzung, Uraufführung: Freitag, den 21. November 1947, 19 Uhr, Preise von 4 bis 10 RM, weitere Vorstellungen siehe Wochenplan –, nimmt er in der Ferne Abschied vom Leben. Am Tag der Generalprobe, einen Tag vor der Premiere, kommt aus Basel ein Telegramm. Wolfgang Borchert ist tot.

Als sich 1987 dieser Todestag zum 40. Mal jährt, hat der NDR dem Dichter eine dreiviertelstündige Fernsehsendung gewidmet. In diesem sehr sorgfältig recherchierten dokumentarischen Essay spielt auch die damals 87jährige Ida Ehre als Zeitzeugin eine gewichtige Rolle, der sie sich sichtlich bewußt ist. Ihr Gastspiel vor der Kamera ist ein Faszinosum, das nachwirkt, nach Beschreibung schreit. Es besteht aus einer Hand-

voll kürzerer und ausführlicherer Schilderungen des Entstehungs- und Probenprozesses, der Geschehnisse vor, während und nach der Premiere, einer Würdigung des Werks von Wolfgang Borchert und einer Liebeserklärung an ihren Lieblingstext, das Vermächtnis des Dichters, nur wenige Tage vor seinem Tode geschrieben, »Sag nein!« Ida Ehre, ein wenig gebrechlich war sie schon zum Zeitpunkt dieses Interviews, aber aufrecht in der Würde ihres Alters, ist die Meisterin der Kunst, ganz bei sich selbst und gleichzeitig ganz bei ihrem Gegenstand zu sein. Da verschwindet jemand nicht hinter der Gewichtigkeit des geschilderten Objektes, da erhebt sich auch niemand über dasjenige hinaus. Da gibt es kein Bemühen um Gleichrangigkeit, keine falsche Bescheidenheit, ebenso keine Überheblichkeit des Überlebenden, da gibt es »nur« eine vorgewußte, unvordenkliche Gewißheit der Dignität. Und diese Gewißheit der Dignität macht keinen Unterschied zwischen Subjekt und Objekt der Betrachtung.
So beschrieben, wirkt dieses Phänomen statisch. Nichtsdestotrotz ist es ein Vorgang lebendigster Dynamik. Denn Ida Ehres Bewußtsein der eigenen Dignität wirft einen Scheinwerfer zusätzlicher Bedeutung auf die Dignität des Gegenübers, und jene, solchermaßen angestrahlt, leuchtet zurück auf sie. Dieses Reflektieren aber bleibt nicht bei dieser einen Hin- und Rückbewegung stehen, sondern ist unendlich, spiegelt sich im Spiegel. So entsteht Unmittelbarkeit über Räume und Zeiten, ja, über den Tod hinweg. So können wie durch ein Wunder 32 Jahre zeitlicher Distanz in nichts zerrinnen, wenn Ida Ehre den Moment beschreibt, in dem sie von Wolfgang Borcherts Tod erfahren hat. Sie erlebt ihn jetzt, in diesem Augenblick der Erinnerung, und in diesem Augenblick der Erinnerung ist er noch so endgültig, so vom gleichen Schmerz besetzt wie vor 32 Jahren. Und eben die Spiegelung dieses Todes in ihren Tränen von heute macht uns Zuschauer zu ergriffenen Teilhabern an dem Schmerz von einst. Nein: macht den Schmerz von einst zu einem von heute.

Ich habe Wolfgang Borcherts Kurzgeschichten während meiner Schulzeit gelesen. Ich habe sein Stück »Draußen vor der Tür« gesehen, als Film – Wolfgang Liebeneiner hat ihn 1947 gedreht, auch mit Hans Quest in der Hauptrolle, und er hat ihm den Titel »Jugend 47« gegeben – und als Theaterstück. Ich wußte von seiner Biographie, seiner Krankheit, seinem frühen Tod, und all das hat mich »irgendwie« erschüttert. Eine Erschütterung, die papieren blieb, abgegrenzt von meinem Alltag, nicht unmittelbar wurde. Ida Ehre hat mich durch ihr Sosein in dieser Sendung um ihn trauern gelehrt. Durch ihre Vermittlung war mir plötzlich so, als ob ich ihn gekannt hätte. In ihren Glanzmomenten als Schauspielerin muß sie eben dieses kostbare Geheimnis beherrscht haben.
In Wolfgang Borcherts »Draußen vor der Tür« hat sie nicht mitgespielt. Sie war Hekabe in dieser Spielzeit, etwas später die Elisabeth in »Maria Stuart«, und zum Ausklang der Saison inszeniert sie: »Claudia«, eine leichte amerikanische Komödie, ein Riesenerfolg für sie und ihre Titeldarstellerin Edda Seippel.
So ist es nicht weiter verwunderlich, daß ihr Name auf dem Besetzungszettel des 21. Dezember 1947 nicht auftaucht. Aber: Sie hat dieses unvergeßliche Theaterereignis, welches wie kein anderes sich mit dem Namen und dem Ruf der Kammerspiele amalgamiert hat, möglich gemacht. Ida Ehre, die Prinzipalin.

13. KAPITEL

»Rettet die Hamburger Kammerspiele!«

Von der Währungsreform zur Theaterkrise

Wir sind im Begriff, ins 13. Kapitel dieses Buches zu springen – ein böses Omen, so weiß das Märchen, weiß die Mythologie, weiß das Hotelgewerbe, weiß allerdings auch das Drama. Notwendigkeit oder Zufall, daß die Schicksalszahl 13 auch in unserem Falle über der Beschreibung eines Unglücks steht, das sich beinahe zur Katastrophe ausgeweitet hätte?

Dabei war sie doch so dringend notwendig, die Währungsreform, die am 20. bzw. 21. Juni 1948 in den Westzonen, am 23. Juni 1948 in der Sowjetzone begann. Galt es doch, einer verdeckten Inflation, die durch die geräuschlose Rüstungs- und Kriegsfinanzierung, durch Preis- und Lohnstopp und eine totale Devisenbewirtschaftung hervorgerufen war – wobei sich die entsprechende Devise gerne einmal hinter der für sie repräsentativen Ware verbarg, handelte es sich nun um Zigaretten, Nylons oder andere kostbare Gebrauchs- oder Luxusgüter –, ein

Ende zu bereiten, die Reichsschuld auf ein für die Volkswirtschaft ertragbares Maß zu reduzieren und endlich wieder ein vollgültiges, unverwechselbares, deutsches Zahlungsmittel zum Maß aller Dinge respektive Waren zu machen. So begab sich also, zu der Zeit, als Ludwig Erhard Direktor der Wirtschaftsverwaltung des Vereinigten Wirtschaftsgebietes war, ein jeglicher in seine Stadt, auf daß er sein »Kopfgeld« von 40 DM in Empfang nehme, zu dem sich später noch einmal 20 DM gesellen sollten. Da machten sich auch die Unternehmen auf, auf daß sie 60 DM je Beschäftigten an Übergangshilfe eintauschten. Die Guthaben der öffentlichen Hand und der Geldinstitute erloschen. Die letzteren – notabene: nicht die erstere! – erhielten dafür Ausgleichsforderungen zugewiesen. Alle am 21. Juni bestehenden RM-Verbindlichkeiten wurden grundsätzlich im Verhältnis 10:1 umgetauscht. In voller Höhe – 1:1 – wurden umgestellt: Löhne, Gehälter, Mieten und Pachtzinsen sowie der Versorgung dienende Altenteile, Renten und Pensionen, die nach dem 20. Juni 1948 fällig wurden. Die zahlreichen Sonderregelungen, Modifikationen der Sonderregelungen und Modifikationen der Modifikationen der Sonderregelungen wollen wir hier unberücksichtigt lassen...

Das Land hat eine stabile Währung, und wie durch Magie taucht mit ihr auch wieder eine Fülle begehrter, lange entbehrter Produkte auf dem nun nicht mehr schwarzen Markt auf. Der Grundstein zum Wirtschaftswunder scheint gelegt. Was für die privaten Haushalte wie auch für die Industrie der Silberstreifen am Horizont ist, erweist sich freilich für die Theater als dumpf dräuende Gewitterwolke, die Schlimmes verheißt.

Im Oktober 1948 wird in Hamburg ein Flugblatt von Hand zu Hand gereicht, für das die Kulturbehörde der Hansestadt verantwortlich zeichnet. »Hamburger! Euer Theater ist in Gefahr!« ist es spektakulär übertitelt. Einige Passagen aus den Ausführungen des Senators Hartenfels seien hier zitiert: »Dem Hamburger Theater ist durch die Währungsreform ein schwerer

Schlag zugefügt worden. Das hohe Niveau zeitgenössischer Theaterkunst, dessen wir uns in unserer Vaterstadt in den letzten Jahren erfreuen durften, kann nur aufrecht erhalten werden, wenn es uns gelingt, unsere Hamburger Theater auch wirtschaftlich durchzutragen. Jeder unserer Mitbürger, der sich für das kulturelle Leben Hamburgs mit verantwortlich fühlt, muß mit nach Mitteln und Wegen suchen, damit das Geraune von der amusischen Haltung Hamburgs nicht neue und diesmal berechtigte Nahrung gewinnt!

Diese Sachlage hatte Bürgermeister Max Brauer bewogen, kürzlich den Lichtwark-Hauptausschuß (Kulturausschuß, benannt nach dem Hamburger Kulturhistoriker und Begründer der Kunsterziehungsbewegung Alfred Lichtwark, 1852–1914, d. V.) zu einer Aussprache über die Nöte der Hamburger Staats- und Privattheater zu laden. In dieser Besprechung berichteten alle Hamburger Theaterleiter über die Lage der ihnen anvertrauten Unternehmen nach dem Währungsschnitt. Was wir bei diesem Rechenschaftsbericht zu hören bekamen, berechtigt zu einem Alarmruf. Ich halte mich daher für verpflichtet, die nachstehend wiedergegebene Ansprache von Frau Ida Ehre, der Leiterin der Hamburger Kammerspiele, auf der erwähnten Zusammenkunft des Lichtwark-Hauptausschusses der kulturell interessierten Hamburger Öffentlichkeit zur Kenntnis zu bringen und ihr damit ins Bewußtsein zu rufen, daß das Schicksal der Hamburger Theater in ihren Händen – und in ihren Entschlüssen – liegt...«

Lassen wir nun den Appell Ida Ehres vor dem Ausschuß in Auszügen auf uns einwirken. Bezeichnend ist, daß die Prinzipalin nicht nur für ihr Theater, sondern für alle Bühnen der Stadt und des Landes spricht. Da gibt es kein unterschwelliges Konkurrenzdenken zwischen Privat- und Stadttheater, keinen Neid auf die bessere Finanzausstattung des letzteren, da herrscht das Bewußtsein vor, daß die Prosperität des einen Modells nicht mit der Verarmung des anderen erkauft werden darf. Es geht, das ist ihr bewußt,

um die Zukunft der Kunst überhaupt, nicht um die Zukunft eines einzelnen Theaters, dies übermittelt sich dem Leser ihres Appells überzeugend. Wenn hier trotzdem Passagen vorgestellt werden, die die spezifische Situation der Kammerspiele widerspiegeln, dann aus dem besonderen Erkenntnisinteresse dieses Buches heraus. Lassen wir also die Prinzipalin zu Wort kommen:
»...Lassen Sie mich ganz konkret von den Hamburger Kammerspielen reden: Unsere Ausgaben, unsere Verpflichtungen halten in keiner Weise mit unseren Einnahmen Schritt. Wir befinden uns auf einer schiefen Ebene. Heute, ein Vierteljahr nach der Währungsreform, sind alle unsere Reserven verbraucht. In den Jahren vom Tage der Eröffnung der Hamburger Kammerspiele bis zum Tage der Währungsreform legten wir unserer Kalkulation eine mögliche Einnahme von 1 800 000 RM zugrunde. Diese Einnahmen konnten erzielt werden aus 450 freiverkauften Vorstellungen à 3900 RM und 50 Volksbühnen-Vorstellungen à 1300 RM. Mit 78 Prozent dieser Einnahmen konnten unsere Ausgaben gedeckt werden, d. h. es mußten 1 400 000 RM vereinnahmt werden, die durch die ständigen Abzüge in Höhe von 24 Prozent für Lustbarkeitssteuer, Umsatzsteuer, Pacht und Tantieme (330 000 RM) vermindert wurden, so daß 1 070 000 RM für die laufenden Ausgaben zur Verfügung standen. Es waren also schon in den vergangenen Jahren größte Anstrengungen notwendig, um das Theater in der Form zu führen, wie es seiner anspruchsvollen Zielsetzung entsprechend geführt werden mußte.
Daß mit Eintritt der Währungsreform die Theater vor einer völlig neuen Sachlage stehen würden, war zur Genüge bekannt. Trotzdem sind die Auswirkungen bis zum heutigen Tage erheblich ungünstiger, als angenommen werden mußte. Unsere Durchschnittseinnahmen haben in der Zeit zwischen dem 22. Juni und dem 10. September 1948 bei 400 DM gelegen. Bisher ist noch keine Aussicht dafür vorhanden, daß sich diese Einnahmen verdoppeln oder verdreifachen könnten. Aber

selbst wenn es sich für die Zeit des besten Theaterbesuchs im Winterhalbjahr schaffen ließe, eine Einnahme von 1400 DM pro Vorstellung zu erzielen, und für die übrige Jahreszeit eine Einnahme von 700 DM pro Vorstellung, so würde sich im günstigsten Falle eine Einnahme von 450 000 DM pro Jahr ergeben. Da die Unkosten aber im wesentlichen dieselben geblieben sind, wäre damit im besten Falle ein Drittel der benötigten Betriebsmittel vereinnahmt. Dabei ist zu berücksichtigen, daß wir in Zukunft höchstens mit einer Aufführungsziffer von 350 Vorstellungen im Jahr rechnen können, da die Nachmittagsvorstellungen vermutlich aus Mangel an Besuchern ausfallen müssen. In den zurückliegenden drei Monaten jedenfalls konnte bisher weder am Sonnabend noch am Sonntag eine Nachmittagsvorstellung angesetzt werden. Es wird kaum jemanden geben, der bestreiten wird, daß es völlig unmöglich ist, bei solchen Zahlen einen gültigen Etat aufzustellen, geschweige denn mit dem Personal zu einer Einigung über die künftig zu zahlenden Gagen und Gehälter zu kommen.
Meinen Mitarbeitern an den Hamburger Kammerspielen ist es bisher besser gegangen als manchem anderen Schauspieler an Privattheatern. Wenn auch die Abwertung des Geldes unsere Reserven auf ein Mindestmaß reduziert hat, so konnten wir doch, zusammen mit der Hilfe, die uns von anderer Seite zuteil wurde, einem großen Teil unserer Verpflichtungen nachkommen. Ich glaube, daß wir damit unter den Theatern sehr vereinzelt dastehen. Aber jetzt sind auch unsere Reserven restlos aufgebraucht, und wir können unsere Gagen nur zehntägig zahlen, weil wir auf die spärlichen Einnahmen warten müssen. Das ist wirklich nur ein Von-der-Hand-in-den-Mund-Leben. Von einer gesunden finanziellen Grundlage kann man da nicht reden. Wenn wir trotzdem versuchen, weiter Theater zu spielen, so beweist das unseren Fanatismus, unseren Willen, das Begonnene zu vollenden, das Geschaffene zusammenzuhalten auf Gedeih und Verderb.«

Nach diesem präzisen Einblick in die finanziellen Rahmenbedingungen einst und jetzt folgt ein Appell an das Publikum, dem Theater die Treue zu halten, durch Präsenz wie durch finanzielle Unterstützung, ein Aufruf an den Senat, das künstlerische Konzept der Kammerspiele durch Subventionen auch weiterhin möglich zu machen, an den Staat, über den geforderten Lustbarkeitssteuersatz nachzudenken. Wenn all diese Maßnahmen ausbleiben, wenn der desaströse Status quo zementiert wird, sehe sie sich gezwungen, ein völlig anderes Repertoire aufzustellen, »ein Wunschkonzert gleichermaßen«. Aber: Würde sie das wollen? Würde ihr Publikum das verstehen? Vermeidbar jedenfalls scheint ihr dieser Weg nur, »wenn Hamburg uns jetzt nicht im Stich läßt...«
Soweit dieses ausführliche Zitat aus Ida Ehres flammendem Plädoyer für den Erhalt des künstlerischen Niveaus ihres – und damit eines jeden – Theaters vor dem Lichtwarkausschuß. Ihre nüchterne Bilanz verbirgt hochinteressante, unerhörte Fakten: Schwarze Zahlen hat sie geschrieben, fast drei Jahre lang, und dies mit einem alles andere als gefälligen Programm, einem vielmehr, das das Publikum in die Pflicht des Nachdenkens und Mitarbeitens nimmt. Ein festes Ensemble hat sie an die Kammerspiele binden können – ein Novum in der Geschichte des Privattheaters. Und was für ein Ensemble! Fünfhundert Vorstellungen pro Jahr hat sie mit diesem wunderbaren Ensemble auf die Bühne gehievt, im Schnitt zehn Neuinszenierungen in einer Saison vorgestellt. 110 fast ständig Beschäftigte sind mittlerweile durch längere oder kurzfristige Verträge an das Haus gebunden, wie Verwaltungsdirektor Erich Rohlffs für die »Blätter der Hamburger Kammerspiele«, Heft 3, 1948/49 auflistet: Hiervon entfallen etwa 35 Personen auf den künstlerischen Betrieb (Regisseure, Dramaturgin, Ausstattungschef, Schauspieler, Inspizienten, Souffleuse, Regieassistenten etc.), 47 Personen auf den technischen Bereich (technischer Leiter, Vorstände der Werkstätten, Bühnenarbeiter), 22 Personen auf das

Vorderhaus (Hausinspektor, Platzanweiserinnen, Garderobenfrauen, Portiers, Heizer) und sechs Personen auf das Büro. Bühnenmusiker und Statisten gehören in wechselnder Zahl zu den unständig Beschäftigten. Zu den personellen Unkosten, die in ihrer Höhe infolge von Doppelhonoraren, Überstunden usw. beweglich sind, kommen die sachlichen Unkosten, die in ihrer Höhe den personellen Unkosten etwa gleichkommen. Kostüme, Requisiten, Dekorationen, Mobiliar, Reklame und Werbung, Licht, Heizung, Transportkosten, Steuern, Versicherungen, Werkzeuge, Abschreibungen bilden die wesentlichsten Positionen in diesen Sparten. Diese einigermaßen feststehenden Unkosten sollen also, so das unausgesprochene Begehren des Senats, durch die durchaus nicht feststehenden Einnahmen gedeckt werden! 535 Besucher beherbergt der Zuschauerraum – das ist nicht üppig. Und bei dem für 1948/49 projektierten Spielplan, der fünf Ur- und Erstaufführungen vorsieht, unter anderem »Die chinesische Mauer« von Max Frisch, »Geschlossene Gesellschaft/Die respektvolle Dirne« von Jean Paul Sartre und »Medea« von Jean Anouilh, vier weitere Novitäten, dazu das schwierige, längst nicht zu den modernen Klassikern gehörende Schauspiel »Elga« von Gerhart Hauptmann, und, mit »Romeo und Julia« und »Die lustigen Weiber von Windsor« nur zwei sichere Publikumsstücke, ist dem neu erwachten Amüsierbedürfnis gewiß nicht Rechnung zu tragen. Ein großartiger, mutiger Spielplan, der aber der Papierform nach nicht dazu angetan ist, in diesen veränderten Zeiten auch für ein volles Haus zu sorgen.

Bevor sich im schwerfälligen Metier der Politik etwas bewegt, hat Ida Ehre längst zur Selbsthilfe gegriffen. Mit der tätigen Unterstützung des Senatsdirektors Erich Lüth hat sie schon vor der Eröffnungspremiere der Spielzeit 1948/49 die Gründung eines »Kreises der Freunde der Hamburger Kammerspiele« angeregt. Und bereits im Sommer kursiert ein Flugblatt folgenden Inhalts: *»Erhaltet die Hamburger Kammerspiele! Durch die*

Währungsreform sind alle Privattheater in unverschuldete Liquiditätsschwierigkeiten geraten. Auch die Hamburger Kammerspiele sind in ernstlicher Gefahr!
Sämtliche Verpflichtungen aus Abonnements, Vorverkauf und geschlossenen Vorstellungen wurden weit über den Tag X hinaus zu Altmark abgewickelt. Dagegen sind die Überbrückungsreserven für den Sommer durch die Abwertung so zusammengeschmolzen, daß es eines sofortigen DM-Kredits bedarf, um das Haus mit seinem künstlerischen, technischen und kaufmännischen Personal bis zur neuen Spielzeit mit den fehlenden Barmitteln zu versehen.
Die künstlerischen Leistungen der Hamburger Kammerspiele, das sollten wir in dieser Stunde brennender Not für Kunst und Künstlerschaft nicht vergessen, haben zwar Hamburgs geistigen Kredit außerordentlich gefestigt. Doch stellen diese unwägbaren Leistungen keine materiellen Sicherheiten im Sinne der Kreditbestimmungen der neuen Währungsgesetze dar.
Aus diesem Grunde ist eine private Hilfsaktion der Besucher und Freunde dieses Hauses notwendig geworden. Zur Durchführung dieser Hilfsaktion soll ein ›KREIS DER FREUNDE DER HAMBURGER KAMMERSPIELE‹ zusammentreten. Jedes Mitglied der Freunde dieses Kreises – und alle können es werden – zahlt, ganz nach seinem Leistungsvermögen, einen einmaligen persönlichen Beitrag ein, den jeder selbst bemißt und der für den einen fünf, den anderen fünfzig, den dritten 200 oder 300 DM betragen mag. Die Gesamtsumme wird ohne jeden Abzug der Hamburger Kammerspiele GmbH als zinsloses Darlehen für die sofortige Fortsetzung ihrer Arbeit zur Verfügung gestellt. Die gezahlten Einzelbeiträge sind innerhalb eines Jahres rückzahlbar. Sie können auf Abonnements und Kartenbestellungen der Spielzeit 1948/49 verrechnet werden.«

»Öffnet Eure Hände, und wir wollen Eure Herzen öffnen.« Dieser Satz steht in Ida Ehres energischen, altmodischen Schriftzügen als Motto über dem ersten Heft der »Blätter der Hamburger Kammerspiele« der Spielzeit 1948/49. Nicht nur an Privatleute ist ihr Appell gerichtet, auch an große Industrieunternehmungen wie Philipp Reemtsma Zigarettenfabriken, Standard-Oil, Phrix-Werke oder Harburger Gummiwerke Phönix, wendet sie sich, um diese zu veranlassen, für ihre Belegschaften geschlossene Vorstellungen an den Kammerspielen zu buchen. Der Erfolg dieser Bemühung bei der Industrie ist gleich Null. Auch den Spielplan weitet sie aus, nimmt Gefälligeres ins Repertoire, etwa als Silvesterpremiere die Operette für Schauspieler »Schäfchen zur Linken« von Peter Klaus, »Ingeborg« von Curt Goetz und – ein Extrabonbon fürs breite Publikum – »Das Kukkucksei« von Irma und Walter Firner, das eine Paraderolle für Grete Weiser bereithält –, und diese, bereits eine Berühmtheit im Filmgeschäft, kann Ida Ehres Angebot – bestimmt nicht seiner finanziellen Lukrativität willen – nicht widerstehen. Es ist das neue Fach, das Mütterfach, das sie fasziniert, und die vielen Facetten von überbordender Komik bis zu tiefer Traurigkeit, die die Rolle bereithält. Mit dieser Faszination hat Ida Ehre spekuliert, und sie hat recht behalten. »Die Inszenierung wird den Kammerspielen vermutlich etwas von dem klingenden Lohn einbringen, den sie schon längst vollauf verdient haben«, schreibt, durchaus wunschdenkend, die *Hamburger Freie Presse* am 18. Mai 1949, in ihrer Premierenkritik. Doch auch diese 14., die vorletzte Inszenierung der Spielzeit kann mit ihrer Publikumsresonanz nicht darüber hinwegtrösten, daß die Krise der Kammerspiele nicht behoben ist, sondern sich dramatisch zugespitzt hat. Ida Ehre muß weiter um ihr Theater kämpfen. Und sie tut es.

In ihrem Anliegen hat sie prominente Mitstreiter: Alle Feuilletonchefs und Theaterkritiker der in Hamburg erscheinenden Tageszeitungen, neun an der Zahl, wenden sich zugunsten der Kammerspiele am 22. Oktober in zahlreichen regionalen und überregionalen Gazetten an die Öffentlichkeit. »Die Kammerspiele«, heißt es in dem Aufruf, »nach dem Kriege als ein Stern erster Ordnung am deutschen Theaterhimmel erscheinend und bis vor kurzem als eine der besten und interessantesten deutschen Bühnen überall gerühmt, kämpfen verzweifelt um ihre Existenz. Ihre Schauspieler hungern. Sie arbeiten seit Monaten fast umsonst weiter in der verzweifelten Hoffnung, daß ihnen irgendwoher Hilfe gebracht werde. Die kleine Bühne ist, als eines der wenigen überlebenden Privattheater Deutschlands, der allgemeinen Krise ganz schutzlos ausgeliefert. Die Konkurrenz der staatlich subventionierten Bühnen und der reinen Startheater, so notwendig sie an sich ist, wird in diesem Falle tödlich. Es gibt angesehene Nationen, die uns um eine solche Bühne beneiden würden: wollen wir untätig zusehen, wie sie zugrunde geht?«

Mit einem eindringlichen Hilfeappell an den Staat und das Publikum endet dieser Alarmruf. Noch selten hat die Not eines Theaters zu solch einheitlicher und engagierter Unterstützung quer durch die Presselandschaft geführt.

Es besteht akuter Handlungsbedarf zu Beginn der Spielzeit 1949/50. Ein Zwischenkredit der Stadt Hamburg von 25 000 DM ist dringend vonnöten, um den Spielbetrieb fortzusetzen, eine jährliche Ausfallsgarantie von 120 000 DM unumgänglich zur weiteren Haltung eines festen Ensembles. Und Ida Ehre kann, diese Position vertritt sie auch in der Presseöffentlichkeit vehement, nicht einsehen, warum, bei einem jährlichen Zuschuß von 4 Millionen DM, den die Stadt Hamburg aus dem 1,4-Milliarden-Etat für die staatlichen Bühnen in Hamburg bereitstellt, ihr Theater, das in seiner künstlerischen Form höchste Ansprüche gestellt und erreicht hat, keine Spielausfallsgarantie erhalten könne, die ja nicht einmal in ihrer vollen Höhe angegriffen zu werden brauche.

Doch die Mühlen des Senats mahlen langsam, wenn es um das Privattheater der Frau Ehre geht, dessen künstlerische Leistungen nicht angezweifelt, dessen merkantile Erfolge jedoch eher düster gesehen werden. Da schlägt das Herz des Subventionen verteilenden Stadtkämmerers doch eher an der Reeperbahn – nicht bei den Damen des leichten Gewerbes, versteht sich, sondern bei der Ruine des Operettenhauses in St. Pauli. Für dessen Wiederaufbau ist er denn auch bereit, einen Millionenkredit zu gewähren. Eine blinde Investition, wie sich herausstellen wird. Der Bau kommt, »mangels Masse«, zum Stillstand, und die Verhinderung bereits einsetzender Verfallserscheinungen an dem Theatertorso kostet den Senat weitere 65 000 DM. Nicht einmal die Hälfte dieser Summe hätte Ida Ehres Theater das Leben retten können. Was ein Wunder, wenn die Bitterkeit der Prinzipalin angesichts solcher Fehlinvestitionen bisweilen die Freude am Theatermachen überschattet? Auch der Vorschlag des Deputierten der Kulturbehörde, Dr. Walter König, die »Kammerspiele« kurzerhand in das »Haus der Jugend« zu verlegen, das die Volksbühne, die Gewerkschaften und andere Organisationen als ihr Haus zu betrachten eher geneigt sein würden als den »Musentempel« in der Hartungstraße, wird sie nicht glücklich gemacht haben – zu ideologisch, zu theaterpraxisfremd kommt er daher.

Guter Rat ist wohlfeil, an der praktischen Unterstützung mangelt es. Dennoch schafft Ida Ehre – zu guter Letzt macht der Senat denn doch noch die vergleichsweise geringe Summe zum Überleben locker, wenngleich die geforderte Ausfallgarantie weiterhin dem Reich der Utopie angehört – den Sprung in die fünfziger Jahre, kann Helmut Käutner als Regisseur und Schauspieler für einige Produktionen ans Haus binden. Grete Weiser macht weiter theatralische Stippvisiten an der Hartungstraße, und die Stars, die in den Anfangsjahren die Eckpfeiler des Ensembles und der Regie gebildet haben, bleiben ihr als regelmäßige Gäste treu – für einen Bruchteil der Gagen, die sie an ihren jetzigen, wohlsubventionierten Häusern verdienen. Ein festes Ensemble kann sie sich freilich jetzt nicht mehr leisten. Und viele Verlage, die ihr bis dahin gerne die

Erst- und Uraufführungen ihrer renommiertesten Autoren anvertraut haben, folgen jetzt dem Sog des Geldes, das sie von den Theatern der »1. Bundesliga« für die Überlassung der Rechte zu gewärtigen haben. Die Luft im Wirtschaftswunderland ist dünner geworden für die Hamburger Kammerspiele. Aber Ida Ehre zieht ihren Karren weiter.

14. KAPITEL

Kinder, Küche, Kammerspiele

Ein Blick durchs Schlüsselloch

Am 9. Dezember 1955 kann man in der Hartungstraße aus würdigem Anlaß die Sektkorken knallen hören: Die Kammerspiele feiern ihr zehnjähriges Bestehen. Zu diesem Anlaß erscheint, auf der »Frauenseite« einer Hamburger Tageszeitung, deren Name leider auf dem gesammelten und archivierten Ausschnitt fehlt, ein Artikel über »Ida Ehre, die Frau und Mutter«. Dieser Artikel, er ist von einer gewissen »Martina« verfaßt – auf solchen Frauenseiten gehen die Redakteurinnen gerne einmal ihres Nachnamens verlustig –, ist in Stil und Inhalt ein typisches Fünfziger-Jahre-Produkt. Ein Dokument aus der Zeit, wo allein Bauknecht wußte, was Frauen wünschen, wo der Markenname »ESGE-Zauberstab« noch keine zweideutigen Phantasien erzeugte, wo Persil Persil blieb und Frauenzeitschriften *Constanze* hießen. Aus der Zeit also, in der Frauen ausschließlich innerhalb ihrer vier Wände Chefinnen waren.

Ida Ehre ist im weiblichen Bewegungsspektrum der fünfziger Jahre natürlich ein Exotikum, und »Martinas« Erkenntnis- und Vermittlungsinteresse dient dem Nachweis, daß die Prinzipalin ansonsten eine ganz normale Frau geblieben ist. »Eine Frau zwischen Bühne und Kochtopf« überschreibt sie ihr Porträt denn auch. »Martina« weiß, was Frauen gerne lesen. Zwischen zwei Menügängen, die Ida Ehre für ihre Gäste zubereitet, hat sie Zeit für ein Plauder-Viertelstündchen. Der eine Gang ist Rehkeule in Rahmsoße, der andere echt österreichischer Strudel. Die Rezepte verschweigt die Autorin. Statt dessen erfährt die geneigte Leserin, daß die Prinzipalin nur Kalbs-, niemals jedoch Rinderleber auf den Tisch des Hauses bringt, auch wenn ihr Metzger diese Wahl mit ostinatem Kopfschütteln quittiert, daß sie kaum Zeit für die Arztpraxis ihres Mannes findet – immerhin ist sie auch noch Arztfrau – und daß, bis vor kurzem, jede freie Minute ihrem Enkelkind Daniela gehört hat, das vor vier Wochen, gerade dreijährig, mit seinen Eltern nach Amerika übergesiedelt ist. Und wir erfahren ferner, daß ihre Tochter Ruth »die Dritte in dieser kompakten Einheit ist.«
Und jetzt ist es an der Zeit, »Martina« im Originalton zu uns zu nehmen: »Sie (gemeint ist Ruth, d.V.) gehörte zu den begabten Schülerinnen der Landeskunstschule. Ida Ehre ist nur noch ›Mutterstolz‹, wenn sie von dieser ›Type von Tochter‹ erzählt. ›Wir hatten noch nie Geheimnisse voreinander, denn ich bin ihre beste Freundin.‹ ›Sonnele‹ war schon als Kind eine scharfe Beobachterin, besonders, wenn es die Mama, die so viel Gemeinsames mit den berühmten Vorgängerinnen Karoline Neuber und Luise Dumont hat, betraf.
Diese Mama wird von einer Scheu befallen, sobald sie sich in größeren Menschenansammlungen befindet. Das hatte das ›Sonnele‹ bald heraus. Akkurat in dem Augenblick, in dem beide die Schwelle eines Konzert- oder Theaterraumes betraten, soufflierte sie der Mutter jedesmal mit jener unschuldsvollen Grausamkeit, die allen Kindern eigen, ins Ohr: »Jetzt legst du

gleich den Kopf auf die linke Seite, darauf wirst du mehrere Zentimeter in die Erde hineinwachsen ... was übrigbleibt ist – klein und schief!‹« Soweit zunächst einmal »Martina«, Originalton Ida Ehre wiedergebend, die ihrerseits Originalton »Sonnele« reproduziert. Eine kolportierte Kolportage gewissermaßen oder die Wahrheit durch den Melitta-Filter, auch er eine Errungenschaft der fünfziger Jahre – ein Filter, der gnadenlos Unbekömmliches aussondert, strikt nur Magenfreundliches durchläßt. Trotzdem hat genau dieser Mehrfachfilter, diese Art Sicherheitsschloß mit doppelter Verriegelung, meine detektivische Lust am Entschlüsseln erweckt. Der Königsweg der direkten Befragung ist mir verwehrt geblieben – Ida Ehres Stimme ist für immer verstummt, und Ruth Mueller-Eisler, ihre Tochter, mittlerweile wieder in Hamburg lebend, war zu einem Gespräch nicht bereit. Danke daher vielmals für den Mehrfachfilter, »Martina«. Schade: Jetzt würde ich Deinen Nachnamen schon gerne kennen – und sei es nur, um Dich – ernst nehmend und respektvoll – siezen zu können.

Ich werde also nun die »Fundstücke« aus Martinas Porträt einem Close Reading unterziehen, zunächst einmal ungeachtet ihrer Chronologie, sie mit einigen nüchternen biographischen Fakten konfrontieren und der Mixtur noch einige andere Findlinge aus verschiedenen Zeitungsinterviews, in derselben Weise aufbereitet, beifügen. Ob das Resultat genießbar ist – wir werden sehen.

»›Sonnele‹ war schon als Kind eine scharfe Beobachterin«, heißt es da etwa, und es folgt die Anekdote, die sich der Scheu der Mutter innerhalb größerer Menschenansammlungen verdankt. Ruth ist im Oktober 1928 geboren. Als im Januar 1933 die Nazis an die Macht kamen, war sie knapp fünfeinhalb Jahre alt. In die Zeit davor kann der kolportierte Ausspruch unmöglich fallen – eine solche Äußerung wäre auch einem ungewöhnlich weit entwickelten Kind dieses Alters nicht gemäß. In der Zeit zwischen 1933 und 1945 ist die Anekdote ebenfalls nicht anzusiedeln, denn da waren – wir hörten es bereits – die Konzert- und Theatersäle den Juden versperrt. Erst ab Mai 1945 ist eine derartige gemeinsame Stippvisite in der Öffentlichkeit überhaupt denkbar. Und damit ein solcher Ausspruch auf solider Basis fußen kann, ist für den Beobachter – auch für den scharfen – eine Serie vergleichbarer Situationen vonnöten. Was heißen will: Das »Kind« war mindestens 17 Jahre alt, als es jenen zitierten Ausspruch tat. Von »unschuldsvoller Grausamkeit«, wie »Martina« moderierend interpretiert, kann in diesem Alter keine Rede mehr sein. In diesem (post)pubertären Stadium weiß die Grausamkeit schon von sich selbst und ihrer Wirkung auf den jeweiligen Adressaten. In diesem Stadium ist sie ein notwendiges – und für die Umwelt manchmal schmerzhaftes – Instrument der Abgrenzung, Selbstbehauptung und Verletzungsprävention. Wer so austeilt, hat bereits selbst einen Begriff vom Status des Gekränkten.

Diesen Begriff hat Ruth allerdings, schlimmer noch: Sie hat diesen Status kennenlernen müssen, bevor, entwicklungsgeschichtlich, ihr Begriffsvermögen dieser neuen Erfahrung erklärend beiseite stehen konnte. Fünf Jahre alt war sie, als die Machtergreifung Hitlers ihr Leben von Grund auf und von einem Tag auf den anderen umkrempelte. Vor dieser schmerzlichen Zäsur war sie, wie schon ihre Mutter, »in einem Mutterhaus aufgewachsen«. Ob Ida Ehre damit wohl unbewußt die Konditionen ihrer eigenen glücklichen Kindheit imitieren wollte? Mit dem Vater unterhielt sie anfangs eine Wochenendbeziehung, später, als er Schiffsarzt auf hoher See war, weniger als dies. Eine erfolgreiche, allseits bewunderte liebevolle Mutter, ein qualifiziertes Kindermädchen, die Großstadt Mannheim, nicht viel später die Millionenstadt Berlin mit ihren Attraktionen, Vergnügungen und ihrem fliegenden Zeitpuls, die zahlreichen sozialen Kontakte Ida Ehres, welche sich natürlich auch in freundlicher Aufmerksamkeit auf die Tochter erstreckten, die das Rampenlicht sozusagen mit der

Muttermilch aufgesogen hat – so verbringt Ruth die ersten Jahre ihrer Kindheit.
Und danach? Ein rascher Umzug von der Metropole in die schwäbische Provinz, ein jäher Abschied von den Scheinwerfern der Öffentlichkeit, eine plötzliche – faktische, nicht juristische – Veränderung der Familienverhältnisse, ein für sie sicher nicht durchschaubares, aber in seinen Auswirkungen wohl für ein Kind spürbares, buchstäblich merk-würdiges Agreement in der Beziehung der Eltern, ein Dasein, das sich zunehmend in der Verborgenheit abspielt, die allein Schutz vor Verfolgung und Diskriminierung bietet, Flucht, ein neuer Wohnsitz, bedrohliche Eskalation der Diskriminierung, schließlich – da ist sie 15 – die Inhaftierung der Mutter – eine (fast) typische jüdische Kindheit im Nationalsozialismus. Ida Ehre war 33 Jahre alt, als die Nazis kamen. Sie hat, und jede Seite ihrer autobiographischen Skizzen atmet die tiefe Dankbarkeit dafür, das Polster ihrer glücklichen Kindheit in diese dunklen Jahre retten können. Ihrer Tochter hat sie, dazu haben ihr die neuen Machthaber keine Zeit und keine Chance gelassen, ein solch komfortables Polster nicht bereiten dürfen. Dafür trifft sie keine Schuld. Aber es hat sie wohl bisweilen gequält. Es ist schmerzhaft, seine Kinder nicht ausreichend behüten zu können. »Ich bin die Nazis los«, sagt Ida Ehre einmal in einem Interview. »Doch meine Tochter nicht.« Ein lakonischer Satz, in dem so viel Trauer verborgen ist.
»Ruth gehörte zu den begabten Schülerinnen der Landeskunstschule«, erzählt »Martina« an anderer Stelle. Sie hat also den künstlerischen Weg eingeschlagen, den ihr der Vater vage skizziert, keineswegs jedoch gebahnt hat. Gebahnt wäre allenfalls der Königsweg ihrer Mutter gewesen. Unzählige Töchter sind ihren berühmten Müttern auf diesem Wege gefolgt. Die Frauenzeitschriften und Talkshows widmen sich dieser Konstellation gerne und immer wieder. Im Fernsehen gab es Anfang der Neunziger gar eine ganze Spielfilmserie, deren Casting auf dem

Prinzip aufgebaut war, das reale Mutter-Tochter-Verhältnis im Reich der Fiktion zu verdoppeln. Mütter und Töchter spielten also Mütter und Töchter, und Auswahl wie Publikumsresonanz waren groß. Ob Ida Ehre es gerne gesehen hätte, wenn Ruth ihre Laufbahn eingeschlagen hätte? Ich weiß es nicht. Ich weiß nur, daß die Tochter – die Mutter hat es in einem anderen Interview erzählt – nichts weniger im Sinn gehabt hat als gerade dies. »Außerdem hat sie immer gesagt«, zitiert sie Ruth, »sie würde sich dann immer vor mir fürchten müssen. Vor meiner Kritik.« Und ich weiß weiter – Ida Ehre hat es in einigen Interviews beiläufig erwähnt –, daß sie selbst damals, mit dem Entschluß, Schauspielerin zu werden, ihrer Mutter einen wie auch immer geheimen, wie auch immer unterschwelligen Wunsch miterfüllt hat. Ob Dr. Bernhard Heyde den Wunsch gehabt hat, daß seine Tochter Malerin wird? Ob sie das Bedürfnis gehabt hat, ihm einen solchen, wie auch immer geheimen, wie auch immer unterschwelligen Wunsch mitzuerfüllen? Auch das weiß ich natürlich nicht. Aber es sind Fragen, die sich stellen dürfen müssen.

Übergeben wir die Stafette des Diskurses wieder an »Martina«. »Die dritte in dieser kompakten Einheit ist die Tochter Ruth«, hat sie geschrieben. Ob sie weiß, welch kühne Behauptung sie da aufgestellt hat? Oder ob sie gespürt hat, daß ihre Behauptung so kühn gar nicht ist? Was gäbe ich darum, »Martina« fragen zu können. Mutter, Tochter und Enkelin bezeichnet sie, wir wollen es uns noch einmal vergegenwärtigen, als »kompakte Einheit«. Kompakte Einheit – dieser fast schon pleonastisch anmutende Begriffskomplex suggeriert strikte Grenzen nach draußen. Wer außerhalb dieser Grenzen bleibt – eine simple mathematische Grundrechnung, der Begriff »Mutterhaus« taucht in meiner Assoziationskette wieder auf –, es sind die Männer. Zum einen Dr. Bernhard Heyde, Ida Ehres Mann, Ruths Vater und Danielas Großvater, und es ist zum anderen Kurt Eisler. Dieser taucht in Martinas Artikel nicht namentlich auf, nur einmal als stiller

Teilhaber der Gesamtmenge Eltern. Er ist Ruths Mann und Danielas Vater. Ruth hat ihn, einen tschechischen Offizier, der, zusammen mit seiner jüdischen Familie, während der Nazizeit vielen Menschen geholfen hat, nach Palästina zu gelangen, 1947 kennengelernt und kurz darauf, da war sie knapp 19, geheiratet. Kurt Eisler ist Zionist. In Deutschland will er nicht bleiben. Bald nach der Hochzeit verlassen die beiden das Land und wandern, über England und Frankreich, nach Israel aus. Ruth tritt – sie ist ja katholisch getauft worden – zum jüdischen Glauben über. 1952 wird Daniela in Jaffa geboren. 1955 entschließt sich die Familie, in die USA zu emigrieren. Sie kommt zurück nach Deutschland – nach Hamburg – und erwartet dort ihre Einwanderungserlaubnis. Als »Martina« ihre Stippvisite in Ida Ehres Wohnung respektive Küche für die Zeitung festhält, ist der große Abschied etwa vier Wochen her.
Erst Israel, dann die Vereinigten Staaten – große Fluchten, die Ida Ehres Tochter da unternommen hat, große Distanzen, die sie zwischen sich und diese Kindheit legt, die ein unmenschliches Regime so sehr traumatisiert hat. Auf der anderen Seite gibt es diese Nähe zur Mutter, die Ida Ehre – »Martina« hat es uns protokolliert – im Gespräch sehr am Herzen liegt. »Wir hatten noch nie Geheimnisse voreinander, denn ich bin ihre beste Freundin.« Ist dies – diese Frage sei mir nun doch kommentierend erlaubt – ein Anspruch, dem eine Mutter, dem eine Tochter gerecht werden kann? Erlaubt die Generationenkluft eine Brücke dieser Art? Und wenn ja, ist diese Brücke eine solide Konstruktion, eine Einladung zum Überqueren? Vielleicht, selbstkritisch sei's doch eingewendet, ist es ja unangemessen, mit der psychoanalytischen Munition der neunziger Jahre und ihrer ständig angewachsenen Sensibilisierung gerade auf den Bereich der Mutter-Tochter-Problematik auf die Spatzen – will sagen die unschuldigen, von der familialen Rollenanalyse noch nicht angekränkelten Formulierungen der fünfziger Jahre – zu schießen. In dieser Zeit war der Topos der idealen Mutter-Tochter-

Freundschaft noch ein ohne Einschränkungen erstrebsames Beziehungsmuster. Verlassen wir also wieder die Ebene der Wertung, verlegen wir uns wieder auf schlichtes chronologisches Konstatieren.
Mit Ruths Emigration über den großen Teich wird Ida Ehre zur passionierten Reisenden. So oft sie kann, überwindet sie die räumliche Distanz, die sie von Enkelin und Tochter trennt, und umgekehrt ist es natürlich genauso. 1964 stirbt Kurt Eisler, erst 41 Jahre alt, ein schwerer Schicksalsschlag für die kleine Familie. Ruths zweiter Mann, Rick Mueller, ist Deutscher. Auch mit ihm lebt sie in Amerika.
Im Jahr 1976 gibt es in der Hamburger Tageszeitung *Die Welt* eine Serie »Hamburgs große alte Damen«. Am 8. Dezember dieses Jahres ist Ida Ehre an der Reihe. Die Journalistin Gisela Kranefuß interviewt sie, diesmal – die Zeiten haben sich geändert – nicht in der heimischen Küche, sondern in ihrem Büro in der Hartungstraße. Ganz beiläufig erfahren wir: »Schwiegersohn Rick Mueller wird demnächst *Gyges und sein Ring* bei ihr inszenieren.« Bei diesem inszenatorischen Gastspiel soll es nach dem Willen der Prinzipalin nicht bleiben. Sie möchte Rick Mueller fester ans Haus binden: als kaufmännischen Direktor. Erich Rohlffs ist jüngst gestorben, damit ist eine Leitungsposition vakant geworden. Sie will ihren Schwiegersohn wohl motivieren das Theater zusammen mit ihr zu leiten, mit der Perspektive, es später einmal vielleicht ganz zu übernehmen. Solches schwebt ihr vor, als sie Tochter und Schwiegersohn über den großen Teich zurückholt. Doch das »Familienunternehmen Kammerspiele« ist mit wenig Fortune gesegnet. Weil Muellers Qualitäten nicht im Kaufmännischen liegen? Weil Ida Ehre sich schwer tut, Verantwortung abzugeben, Aufgaben zu delegieren? Weil das Berufliche und das Familiäre sich gelegentlich unselig verquicken? Oder aus allen drei Gründen gemeinsam? Auch hier müssen wir unsere Zuflucht zu Spekulationen nehmen. Einen Schluck Spekulationswasser möchte ich Gisela Kranefuß' Artikel gerne noch entnehmen, in

Form eines längeren Zitats, das zunächst mit dem angesprochenen Fragenkomplex nichts zu tun zu haben scheint und mit Originalton Ehre beginnt: »Ich habe ein Faible für die Jugend. Aber Jugend hat nicht unbedingt etwas mit dem Geburtsdatum zu tun. 70jährige sind oft jünger als 20jährige. Wir Älteren dürfen auch nicht zu Befehlsgebern werden.«
So dem Allgemeinen verpflichtet, ist dies ein Statement, das man ohne weiteres unterschreiben möchte. Nun aber verquickt es sich, unselig, wie ich empfinde, mit einem ganz konkreten Beispiel. Folgen wir Gisela Kranefuß' Ausführungen weiter: »Und dann erklärt sie strahlend, daß sie viel moderner sei als ihre Tochter Ruth, denn: ›Dana, meine Enkelin, trampt mit ihrem Freund gerade Richtung Indien mit dem Auto. Da hat doch die Ruth sie beschworen, es nicht zu tun. Was soll das? Das Kind ist 23, sie muß wissen, was sie tut.‹« Ob Ruth Mueller-Eisler diesen Zeitungsausschnitt, der wie alle anderen gesammelt und dem umfangreichen Archiv einverleibt wird, mit Vergnügen gelesen oder ob sie die Veröffentlichung dieser privaten Anekdote möglicherweise als Indiskretion – die im übrigen noch mindestens in zwei weiteren Gazetten Verbreitung findet – empfunden hat? Auch das weiß ich nicht. Ich kann nur schlicht konstatieren, daß ich mich an ihrer Stelle furchtbar geärgert hätte.
Nun, die familiäre Zusammenarbeit im Theater bleibt Episode, und das Ehepaar zieht zurück in die USA. Erst viel später, als sich das lange Leben ihrer Mutter dem Ende zuneigt, kommt Ruth für immer zurück nach Deutschland. »Wir haben eine fast erdrückende Herzlichkeit«, beschreibt Ida Ehre 1985, da hat ihre Tochter noch in Amerika gewohnt, in ihren Erinnerungen resümierend das Verhältnis zueinander. Ein ebenso ehrlicher wie verräterischer Satz. Wenn die Nähe – fast – erdrückt, dann muß die Distanz groß, übergroß werden. Aber diese übergroße Distanz erzeugt wieder mit Macht die Sehnsucht nach der Nähe. Ein Verhältnis voller Dynamik, vagierend zwischen den Extre-

men, äußerst lebendig, bisweilen daher vielleicht schwer lebbar. Nein, leicht ist es wohl nicht gewesen, Ida Ehres Tochter zu sein. Sicher aber niemals langweilig. Und vielleicht hat Ruth Mueller-Eisler sich ja genau deshalb zum Schweigen entschlossen, weil ihre Mutter der Presse so überaus bereitwillig Auskunft gegeben hat?

15. KAPITEL

Zwischen Kommerz und Risiko

Chancen und Nöte eines Privattheaters

Unversehens sind wir, anläßlich unseres indiskreten Blickes durchs Schlüsselloch, mitten in den fünfziger Jahren gelandet. Zehnjähriges Bestehen haben die Kammerspiele im letzten Kapitel gefeiert, und zahlreiche runde oder halbrunde Jubiläen stehen noch bevor. Vierunddreißig Spielpläne wird Ida Ehre ihrem Publikum noch vorstellen, über vierhundert Inszenierungen werden noch unter ihrer Leitung entstehen. Angesichts dieses wahren Füllhorns an theatralischen Ereignissen scheint es gerechtfertigt, sowohl – jedenfalls phasenweise – das chronologische Korsett abzustreifen, als auch – vor allen Dingen – dem Anspruch auf Vollständigkeit Lebewohl zu sagen. Tendenzen, Highlights, Kuriosa sollen uns statt dessen, mehr assoziativ gereiht denn systematisch gebündelt, in diesem Kapitel beschäftigen. Auch Findlinge, ganz zufällig aus dem überquellenden Fundus von Zeitungsnotizen hinausgeklaubt, wie etwa der folgende, der Januar-Ausgabe 1961 von *Theater heute* entstammend, der Monatszeitschrift, die sonst die Hamburger Kammerspiele eher stiefmütterlich bis herablassend zu behandeln pflegt: *»Philipp von Zeska ›Zärtliche Dummheit‹.*

Daß eine Uraufführung der Kammerspiele sich als Kassenschlager erweisen konnte, bezeichnet die Wandlung, die das Privattheater Ida Ehres in den jetzt 15 Jahren seines Bestehens durchmachen mußte. Einst eine Stätte wichtiger deutscher Premieren, müssen die Kammerspiele heute wohl oder übel an Einnahmen denken, um zwischendurch auch noch einmal an ihre literarische Tradition erinnern zu können ...«

Immerhin attestiert der Schreiber – Johannes Jacobi – dem Autor, eine »durchaus brauchbare Spielpartitur für ein großstädtisches Boulevardtheater« geschaffen, Sinn für Situationslogik gezeigt und bisweilen zündenden Gesprächswitz entfacht zu haben. Der Name dieses Autors ist bereits an anderer Stelle und in anderem Zusammenhang in diesem Buch aufgetaucht: Philipp von Zeska ist der Exehemann von Ida Ehres Schwester Lola ... Damals, wir erinnern uns, war er Burgtheaterschauspieler, die Ehe wurde nach ein paar Jahren geschieden, lange, bevor der nationalsozialistische Terror Deutschland, später Österreich überschwemmte. In den vierziger Jahren schlug er, nun am Wiener Volkstheater, eine späte Regielaufbahn ein. Gert Fröbe etwa hat mit ihm gearbeitet, in Nestroys »Zu ebener Erde und erster Stock«. Daß er auch als Autor tätig war – wer hätte es geahnt! Ida Ehre aber wußte es, und sie hat ihm, postum, 13 Jahre nach seinem Tode, eine Uraufführung gewidmet. 1971 wird sie ihm eine zweite widmen. Ob Lola wohl bei dieser Aufführung zugegen war? Einer ihrer beiden Söhne, Frank von Zeska, war es mit Bestimmtheit. Er taucht in den frühen fünfziger Jahren als Ensemblemitglied in den Jahresheften auf, später als Beschäftigter im Künstlerischen Betriebsbüro. Die Schauspielerei im besonderen und auch das Theater im all-

gemeinen scheinen ihm nur ein vorübergehendes Herzensbedürfnis gewesen zu sein. Beiden kehrt er bald den Rücken und wendet sich in Hamburg, welches seine Wahlheimat wird, der wissenschaftlichen Anthroposophie zu.
Wenden wir uns unsererseits noch einmal dem allgemeineren Tenor des oben zitierten Zeitungsschnipsels zu. Er beschreibt, zu diesem frühen Zeitpunkt noch einfühlsam und mit kaum einem Gran Häme – das wird sich später verschärfen – den abenteuerlichen Zickzackkurs zwischen Publikumswirksamem und Anspruchsvollem, gaumenkitzelndem Amuse-gueule und schwer goutierbarem Gehaltvollen. Ein Kurs, den die Prinzipalin sich nicht leichtgemacht, den sie immer wieder hinterfragt und korrigiert hat. In ihrem Vorwort der Werbebroschüre für die Spielzeit 1953/54 etwa ist zu lesen: »Beifall oder Mißfallen, guter oder schlechter Besuch sind die Gradmesser, an denen ein Theater ausschließlich die Meinung seines Publikums feststellen kann. Die vergangene Spielzeit brachte viele beachtliche und beachtete Höhepunkte, die durch die gesamte Presse der Bundesrepublik gingen. Sie fanden aber nicht immer den allgemeinen Beifall unseres Publikums. Was waren die Gründe dafür? Waren die Werke, die wir brachten, zu literarisch, zu uninteressant, zu seriös oder zu flach? Das sind die Fragen, die uns bei der Ausarbeitung des Spielplanes für die Theatersaison 1953/1954 beschäftigten. Wir glauben, daß die Hauptursache in der größtenteils negativen, undramatischen Tendenz der Werke unserer vergangenen Spielzeit zu suchen ist. Daher haben wir für den kommenden Spielplan positivere Dichtungen ausgewählt. Neben Stücken, die man gesehen haben muß, wollen wir Stücke, die man sehen möchte, spielen. Unser altes Spielplan-Niveau soll gehalten werden, doch wollen wir auch der heiteren Note Raum geben. Dabei werden wir aber durchaus, dem Charakter unseres Hauses entsprechend, literarisch wertvolle Werke zur Aufführung bringen.«
Als geglückte Synthese von literarisch Wertvollem und heiterer

Note wird sich für die projektierte Spielzeit etwa Eduardo de Filippos »Neapolitanische Komödie« erweisen, eine Saison zuvor in den Münchner Kammerspielen uraufgeführt. Wieder eine Mutterrolle für Ida Ehre. Und was für eine. Eine, die nach Jahrzehnten dumpfer Demut und Abhängigkeit plötzlich ungeahnte Ressourcen von Aufmüpfigkeit und Kampfesbereitschaft in sich entdeckt, wenn es ums nackte Überleben geht. Wie man ums nackte Überleben kämpft – das muß ihr freilich kein Regisseur erklären.

In jener Spielzeit, die Ida Ehre in der Retrospektive als von »größtenteils negativer, undramatischer Tendenz der Werke« geprägte Saison charakterisiert, war der Dichter Günther Weisenborn ihr Dramaturg. Zwei Jahre hat sein Gastspiel an den Kammerspielen gedauert. Er entsprach dem innovativen literarischen Anspruch des Hauses mit exzellent konzipierten Matineen und richtete gar eine Lektorenbühne für junge Dramatiker ein. Er war es auch, der die Ausschreibung für einen Einakterwettbewerb unter dem Titel »Des Menschen Grundgesetz« initiiert hatte. Vierzig Manuskripte gingen zu diesem Thema ein. Weisenborn stand der Jury vor, die fünf Stücke für die Uraufführung an den Kammerspielen auswählte. Unter den fünf Regisseuren war auch Erwin Piscator. Ein spannendes Unternehmen in Risikodimensionen, die heute kein subventioniertes Theater mehr tragen würde. Damals brachte dies eine Privatbühne fertig.

Das ist die eine Seite der Medaille. Die andere beschreibt Joachim Kaiser, damals 23 Jahre alt, in einem Essay für die *Frankfurter Hefte,* 1952: »... Was ist ein Boulevardtheater? Es läßt sich nicht so ohne weiteres definieren, aber in den Hamburger Kammerspielen hat man es mir verraten. Ich hatte vergessen, wann das Stück ›Eine etwas sonderbare Dame‹ anfing, und kam hastig in das schon leere Foyer. ›Bin ich zu spät?‹ fragte ich die Kassiererin ängstlich. ›Macht nichts‹, antwortete sie beruhigend, ›Grethe Weiser tritt noch nicht auf.‹

1953/54: Ida Ehre in »Die Neapolitanische Komödie« von Eduardo de Filippo (Foto: Keystone, Hamburg)

Welch ein Absturz! Vor der Währungsreform waren die Hamburger Kammerspiele unbestritten Hamburgs führendes Theater gewesen. Sie hatten brillante, konzessionslose Aufführungen von glänzender intellektueller Rapidität und theatralischem Weltformat herausgebracht, und etwa für Ulrich Erfurths ›Troerinnen‹-

Inszenierung oder für Helmut Käutners unvergeßliche Aufführung des Ambesser-Stückes ›Das Abgründige in Herrn Gerstenberg‹ vor Begeisterung atemlose Kritiken bekommen ... Und jetzt spielt man Startheater, Kassenschlager? Ja, denn ›die Kammerspiele sind ein Privattheater, sie erhalten keinerlei Subvention‹. Warum aber nicht? ... Es ist absurd, ein Theater, dessen künstlerischer Ernst außer Frage stand, mit so großen Nachteilen an den Start gehen zu lassen, daß es sich notwendig auf Boulevard oder Reißer kaprizieren muß ...«

Immerhin konzediert Joachim Kaiser den Kammerspielen, daß sie mit grimmiger Erbitterung gegen den Ruin ankämpfen, immerhin erwähnt er auch die zahlreichen Ur- und Erstaufführungen dieser Spielzeit, zuvörderst Giraudoux' »Elektra« – und natürlich Weisenborns Einakter-Projekt. Eine Attraktion zumindest für den intellektuellen Anteil des Publikums.

Große Rollen, große Inszenierungen, große Kollegen

Und noch eine Attraktion bot jene kritisierte Spielzeit – der allerdings mit Sicherheit mehr Publikumszuspruch entgegengebracht wurde: »Die Ehre« spielte die »Mutter Courage«. Jene Rolle, die kurz vorher Helene Weigel auf die Bühne des »Berliner Ensembles« gehievt hatte, unter den kritischen Augen und formgebenden Anweisungen ihres Gatten, der gleichzeitig der Autor war. Seine Inszenierung und die Spielweise der Weigel galten als sakrosankt. »Eine Hyäne des Schlachtfeldes«, schreibt Brecht, eine, deren vitaler Behauptungswille und nüchterner, praktischer Sinn in heiklen Situationen die absolute Oberhand behält vor Gefühl oder gar Gefühligkeit. Helene Weigel, so könnte man zugespitzt beschreiben, hat »die Courage« gespielt. Mütterlichkeit ist in ihrer Interpretation der Rolle ein Fremdkörper geblieben. Nur

Ida Ehre in Brechts »Mutter Courage« mit Richard Münch, 1952 in der Inszenierung von Hans Lietzau (Foto: Keystone, Hamburg)

einmal – unvergeßlich für den, der es gesehen hat – bahnt sich eine angestaute, chronisch verdrängte Emotion Bahn: in jenem stummen Schrei, mit dem sie den Tod ihres Lieblingssohnes kommentiert. Töne, gar Tränen sind dieser Courage als Instrumentarium der Gefühlsäußerung versagt.

Ida Ehre dagegen hat den Mut gehabt, die »Mutter« zu spielen. Hier tritt an die Stelle der klirrenden Kälte rauhe Herzlichkeit. Hier fürchten die verschütteten Emotionen der »Courage« nicht den Weg an die Oberfläche. Sie scheut sich nicht, Sympathieträgerin für ihre Rolle zu werden, für diese spröde Figur um Verständnis zu werben. Sie schafft es – weil sie es so will –, den

Graben zwischen dem Geschehen auf der Bühne und dem Zuschauerraum, den der Autor theoretisch vorgebaut und aufführungspraktisch ausbetoniert hat, zuzuschütten, diese Distanz, die ja laut Brecht notwendiges Lern- und Erkenntnisinstrument sei, aufzuheben. Ein Paradestück epischen Theaters verwandelt sich in Ida Ehres Interpretation unversehens zu »altmodischer« Einfühlungsdramatik – ohne, welch Wunder, seine lehrhaften, erkenntnisfördernden Qualitäten zu verlieren. Eher im Gegenteil. Und das zweite Wunder: Brecht hat ihre Interpretation geschätzt. Es gibt Briefe, in denen er Ida Ehres Rollengestaltung seine ehrfürchtige Reverenz erweist. Fast scheint es, als ob Helene Weigel, die »Bilderbuchmutter im Leben«, nun auf der Bühne, gestützt freilich durch den theoretischen Unterbau des Autors (und, notabene, Vaters ihrer Kinder), mit Verve »mütterlichen Ballast abgeworfen hat« – während Ida Ehre, mit jenem Ballast im Privatleben schon immer weit virtuoser jonglierend, dieser Mutter auf der Bühne zurückgeben konnte, was sie eben auch in sich hat: Schuldbewußtsein. Liebes- und Leidensfähigkeit. Auch eine Hyäne kann um ihre Kinder trauern.
Ida Ehre hat, wir erinnern uns, immer gerne Mütter gespielt – auch schon, als ihr kalendarisches Alter dem Mütterfach noch lange nicht entsprach. Diese Brechtsche Mutterrolle nun – dreimal hat sie sie gegeben, 1952, 1960 und 1969, zu ihrem 50jährigen Bühnenjubiläum – wird sich, gleichsam suffixhaft, an ihren Namen kletten. Zur »Mutter Courage der Kammerspiele« ist sie geworden. Die Vereins- und Westbank hat zum 35. Jubiläum des Theaters in der Hartungstraße eine Ausstellung im Foyer präsentiert: »Ida Ehre – Mutter Courage und ihr Theater« und unter demselben Titel eine repräsentable Dokumentation herausgegeben. Es kursieren noch andere schmückende Beinamen. Gustaf Gründgens etwa, seit 1955 Intendant des Hamburger Schauspielhauses und seiner um ein Jahr jüngeren Kollegin und Copräsidentin des Bühnenvereins in Freundschaft und

»Auch eine Hyäne kann um ihre Kinder trauern ...«, Ida Ehre als »Mutter Courage«. 1969 unter der Regie von Joachim Fontheim (Foto: Interfoto, München)

Hochachtung verbunden, hat sie in liebevollem Scherz »die Alsterduse« genannt. Und als ihr 1970 in Mannheim die Medaille für Kunst und Wissenschaft verliehen wird, stimmt die Laudatio das Lied von der »Neuberin unserer Tage« an.
Ida Ehre hat all diese Vergleiche lächelnd quittiert; besonders gemocht hat sie sie nicht. »Entweder ist man eine Persönlichkeit oder nicht. Ist man eine, so braucht man keine«, hat sie einmal in einem Interview kategorisch erklärt. Mit dem Beinamen »Mutter Courage« steht die Sache ein wenig anders. Er referiert nicht auf ein historisches Vorbild, sondern auf eine Rolle, die sie selbst unverwechselbar gestaltet hat. Ein Stück von ihr ist diese Rolle geworden, und ein Stück von sich hat sie in sie hineingegossen: ihre ganz spezifische Melange von Mütterlichkeit und Couragiertheit, Rauheit und Wärme, Zielstrebigkeit und Schläue, Humor und Autorität. Aus diesem Grund hat auch dieser Beiname seinen Weg auf die Titelseite unseres Buches gefunden.
Noch einmal, Jahre später, wird Ida Ehre eine grandiose Mutterrolle verkörpern und ihr durch ihre eigene Persönlichkeit ungeahnte, neue Facetten verleihen: die Bernarda Alba, Titelfigur in Federico Garcia Lorcas Frauentragödie »Bernarda Albas Haus«. Eine Witwe, die, von der Welt abgeschlossen, hinter vernagelten Fenstern mit erbarmungsloser Despotie über ihre schwachsinnige Mutter, zwei Mägde und fünf heiratstolle Töchter herrscht. Eine gnadenlose Regentin eines Mutterhauses ohne Glück und Wärme, nur der Ehre und einer erstarrten, überlebten Konvention verpflichtet. Acht Trauerjahre hat sie nach dem Tode ihres Mannes angeordnet, die verzweifelte Auflehnung der Töchter mißachtet sie, den Selbstmord der unglücklichsten von ihnen nimmt sie schweigend zur Kenntnis. Schweigen lautet von jetzt an das Gebot im verdunkelten Hause, denn das Reden könnte der schändlichen Wahrheit über die Beweggründe dieses selbstgewählten Todes ihren Weg nach außen bahnen. Ida Ehre spielt diese eiserne Lady mit aller Kon-

1964 spielt Ida Ehre die habgierige Gutsbesitzerin Meropa Murzaweckaja in der Komödie »Wölfe und Schafe« von Alexander N. Ostrowskij. Mit Tatjana von Radetzky (Mitte) und Hermann Lenschau (Foto: Keystone, Hamburg)

sequenz und Härte, die die Rolle ihrer Akteurin abverlangt. Und doch zeigt sie auch die Erosionsstellen dieser Figur, zeigt die Schnittpunkte von Despotie und Selbstzerstörung, Gewalt gegen die anderen und Gewalt gegen sich selbst, Täterschaft und Opferdasein. Sie versteht es, selbst diese Mutter gegen die Verhältnisse, die ihr – zumindest glaubt sie dies – solch unerbittliche Härte abverlangen, zu verteidigen, die Kritik an der Protagonistin zur Gesellschaftskritik zu verlängern.
Ida Ehre und die Mütter. Eine berühmte Mutterrolle hat sie, das war wieder in jener oben erwähnten Saison 1953/54, nicht selbst gespielt, sondern einer berühmten Kollegin zum 25jährigen Bühnenjubiläum überlassen: Es ist die der »Mutter Wolf-

fen« in Gerhart Hauptmanns Diebskomödie »Der Biberpelz«. Die solchermaßen Begünstigte hieß Grethe Weiser, und Ida Ehre war es, die sie, regieführend, über die Klippen der Annäherung an das ihr fremde Genre leitete, die ihr das Vertrauen in die Überzeugungskraft ihres »inneren Kerns« schenkte. Grethe Weiser war eine Schauspielerin, die gerne – mit Verve, großer Ausstrahlungs- und Faszinationskraft – nah an der Rampe agierte. Die Prinzipalin führte sie, behutsam und mit fast pädagogisch zu nennendem Geschick, einen Meter zurück ins Innere der Bühne, verführte sie dazu, sich dem Sog des dramatischen Geschehens einfach zu unterwerfen, Teil des Ganzen zu werden, anstatt es mit ihren schauspielerischen Mitteln beherrschen zu wollen. Grethe Weiser hat ihr vertraut, und »Der Biberpelz« wurde ein großer Erfolg für die Protagonistin und die Kammerspiele.

Springen wir nun mit unseren chronologischen Siebenmeilenstiefeln, die sich mittlerweile unseren Füßen schon kommod angeschmiegt haben dürften, mitten hinein in die Sechziger. Ida Ehre spielt – nein, diesmal keine Mutter –, sondern die ledige Gutsbesitzerin »Meropa Murzaweckaja« in Alexander Ostrowskijs bitterböser Komödie »Wölfe und Schafe«. 1875 geschrieben, im selben Jahr in St. Petersburg uraufgeführt. Eine Paraderolle für die Prinzipalin, in der sie alle Facetten ihrer Verwandlungskunst zeigen, in der sie so richtig Wölfin im Schafspelz oder Schaf im Wolfspelz sein, je nach den Erfordernissen der schillernden Dramaturgie ihr theatralisches »Mündel« mit ihrer Scharfzüngigkeit, Bigotterie, Launenhaftigkeit und betrügerischem Eros dem Scheinwerferlicht aussetzen kann. Sie ist so alt wie ihre Theaterfigur, als sie sich mit Verve in dieses russische Bühnenabenteuer stürzt. Eben hat sie, unter reger medialer Anteilnahme – unter anderen publizistischen Größen hat ihr auch der Dichter Siegfried Lenz eine launig-witzige Laudatio gewidmet – ihren 65. Geburtstag gefeiert. Ein Alter, wo gemeinhin – selbst im Theater – der Gedanke an den Ruhestand

nachdrücklich an die Pforten der Wahrnehmung klopft. Ida Ehre hat sein Klopfen überhört, oder jener Gedanke hat, im Wissen, daß es ohnehin vergeblich sei, sich bemerkbar zu machen, solche Vorwitzigkeit von vornherein unterlassen. Zu viel ist zu tun, zu planen, zu inszenieren, zu spielen: Das 20jährige Jubiläum der Kammerspiele steht ins Haus. Ida Ehre begeht es mit einem »Blick zurück nach vorn«. Und es gelingt ihr, die renommiertesten Mitstreiter der ersten Stunde für einen Bruchteil der Gage, die ihnen ihre jetzigen, komfortabel subventionierten Arbeitgeber bezahlen, für dieses Ereignis ans Haus zu rufen. »Wir sind im ›Enment‹«, lautete eine in jenen Tagen emsig kursierende Pointe. »Nein, ›Gage‹ gibt es nicht. Wir spielen für ›die Ehre‹«. Und für die Ehre kommen etwa Wolfgang Liebeneiner und Hilde Krahl mit ihrer Tochter, der Schauspielerin Johanna Liebeneiner, geboren damals kurz vor der ersten Aufführung, die das Ehepaar in den Kammerspielen realisiert hatte, es war »Frau Warrens Gewerbe« von Shaw. Die gemeinsamen Bemühungen gelten diesmal »Leb wohl, mein Traum«, einer melancholischen Komödie von Fay Kanin.
Auf der Besetzungsliste taucht auch die Prinzipalin in einer kleinen Nebenrolle auf. »So gut wie selten«, lobt der Berliner *Tagesspiegel.* Und Gerda Gmelin, die Direktorin des Hamburger Zimmertheaters, der älteren Kollegin in Respekt und Zuneigung verbunden, ist ebenfalls gastweise mit von der Partie. »Ein großer Abend für die Kammerspiele«, resümiert der *Tagesspiegel,* der im selben Artikel auch ein anderes Großereignis, das im Zusammenhang mit dem Jubiläum steht, respektvoll und anerkennend würdigt: die deutsche Erstaufführung von Henry Denkers Schauspiel »Verbotenes Land«, eine raffiniert gebaute, mit Rückblenden in die Ursprünge der Psychoanalyse durchwobene szenische Mutmaßung über die Hintergründe von Sigmund Freuds Emigration aus Wien nach London. Auch dies ein Stelldichein großer Kollegen des Anfangs, auch dies ein Familienunternehmen: Helmut Käutner, in den ersten Jahren an der

Hartungstraße als Schauspieler und Regisseur tätig – ganz »nebenbei« hat er in seiner Hamburger Theaterzeit auch noch den ersten deutschen Nachkriegsfilm gedreht, der Ida Ehre ihre erste Filmrolle bescherte, und den er »In diesen Tagen« nannte –, spielt den alten Freud. Seine Frau Erika Balqué gibt Martha Freud, die Gattin des Analytikers. Und Ida Ehre? Sie glänzt in der Rolle von Freuds Mutter – eine Mutterrolle mehr, die sie ihrem reichen Repertoire hinzufügt, im Leben gerade mal acht Jahre älter als ihr Bühnensohn. Und sie führt Regie. In der Probenzeit geschieht dies nicht immer zur Zufriedenheit ihres Protagonisten, der ihre Anweisungen bisweilen geringschätzig als »altes Theater« abtut.

Altes Theater – das ist Ida Ehre später öfter vorgeworfen worden. So erscheint es angebracht, dieses Etikett einmal unter die Lupe zu nehmen. Die Prinzipalin gibt dazu einige Erläuterungen in ihren biographischen Skizzen. Was verlangte sie als Regisseurin Helmut Käutner ab, das er als »altes Theater« bezeichnet? Nun, beispielsweise ging es um eine Entschiedenheit, eine Einfachheit in der theatralischen Haltung. »Man kann nicht zwei oder drei Sachen gleichzeitig spielen«, so verstehe ich Ida Ehres Botschaft, eine unerbittliche Einforderung von darstellerischer Schlichtheit. Und: Man kann nicht seine Partner »mitspielen«, sondern muß vital und immer neu auf sie reagieren, muß ihnen aber auch Raum lassen, sich ihrerseits entfalten zu können. Ebensowenig aber darf man sich darauf beschränken, »unter dem Tisch zu spielen«, wie sie es nennt, das meint: ohne Vermittlungseros einfach nur dazusein.

Akustische wie rhetorische Verständlichkeit ist zudem etwas, worauf sie, die kultivierte Sprecherin, immer gesteigerten Wert gelegt hat. Und: Sie wollte, wie ihr großer Kollege Gustaf Gründgens, dem Werk dienen, es nicht zertrümmern. Die letzten beiden Kriterien ihres Inszenierungsstils, Sprechkultur und Werktreue, waren sicherlich nicht Gegenstände im Probenclinch Ehre – Käutner, wurden aber für eine neue Generation

1956/57: Ida Ehre und Uwe Friedrichsen in »Ein Ausgangstag«
(Foto: Hamburger Theatersammlung/Kühn)

von Regisseuren wie Kritikern, etwa seit den späten sechziger Jahren, geradezu Stigmata verstaubten Theaters. Hier mögen die Wurzeln für verstreute Dokumente kritischer Geringschätzung in vor allem den überregionalen Gazetten liegen: Ida Ehre war irgendwann einfach nicht mehr »modisch«. Ob diese Geringschätzung sie geärgert, gekränkt hat? In ihrer Technik des Regieführens beeinflußt hat sie sie jedenfalls nicht.
Zurück ins »Verbotene Land«, zurück zu Helmut Käutner. Ida Ehre scheint aus der Probenauseinandersetzung als klare Siegerin hervorgegangen zu sein. »Die sachgebundene Schlichtheit, mit der Käutner den therapeutischen Forscher gab, wirkte

anrührend«, schreibt der *Tagesspiegel.* »Durch die persönlichen Anfechtungen, in die ihn sowohl die Patientin wie seine vernachlässigte Frau verstrickten, ließ sich der Schauspieler zu keinerlei Effekt-Theater verleiten. Auch gegenüber Warnungen und Verdächtigungen, die an den Juden und Hypnotiseur als ›schwarzen Magier‹ herangetragen wurden, bewahrte Käutner den fast tonlosen (obwohl sprachlich immer präzisen) Mut eines Mannes, für den nur das Problem, nur der Mensch gilt. Eine Gestalt ohne falsches Pathos«. Ein Lob der Regisseurin! Ein Kuriosum im folgenden Abschnitt der Kritik soll freilich mitzitiert werden: »Ida Ehre spielte seine besorgte, zweifelnde Mutter so, als ob Käutner auch Regie geführt hätte.« Ja, wer denn nun mit wem? Oder gegenseitig?

Auch die anderen Zeitungen sind beeindruckt von Ida Ehres diskreter, sachlicher Inszenierung und Käutners emotionaler Zurückgenommenheit, die die Figur weder verwischt noch überdeterminiert. Das Renaissance Theater Berlin lädt zu sechswöchigem Gastieren ein. Helmut Käutner, der seit dem Pressedesaster seiner letzten Inszenierung dortselbst mit der Spreemetropole hadert, ist nur schwer zu überreden, das Angebot anzunehmen. Schließlich schafft Ida Ehre es doch. Die Berliner danken es ihr und ihm mit enthusiastischer Begeisterung. Acht Wochen Deutschlandtournee mit »Verbotenes Land« schließen sich dem Gastspiel in Berlin an.

Aber nicht nur die alten Größen – wozu in erster Linie auch die Schauspielerin Annemarie Schradiek zählt, die dem Kammertheater über all die Jahrzehnte, bis zu Ida Ehres Tod, die Treue gehalten hat – setzen die Glanzlichter am Haus in der Hartungstraße. Unter Ida Ehres behutsamer und kundiger künstlerischer Pflege wachsen kammerspieleigene Gewächse heran, die heute alle einen darstellerischen VIP-Status besitzen: Walter Giller ist da zu nennen, damals noch nicht Komiker, eher Mädchen für alles, wie Ida Ehre seine vielseitige Einsetzbarkeit scherzhaft umschreibt. Eberhard Fechner hingegen, der be-

Arbeitskollegen im Fach Rollenstudium: Ida Ehre und Richard Münch, 1984 (Foto: du Vinage)

rühmte Fernsehregisseur, hat bei ihr als Komiker angefangen. Edda Seippel, Renate Heilmeyer, Günther Schramm, Uwe Friedrichsen, Gerhard Friedrich hatten hier ihre erste Tuchfühlung mit den Brettern, die, so will es das geflügelte Wort, die Welt bedeuten. Einige von ihnen hat sie auch selbst ausgebildet. Im Schauspielseminar der Hamburger Kammerspiele, das sie Mitte der Fünfziger gründete, waren außer ihr tätig: Eva Fiebig, Richard Münch und Helmut Peine im Fach Rollenstudium, der renommierte Regisseur Hans Lietzau für Ensemblearbeiten, Max Aust, der Vater des späteren Chefdramaturgen Jan Aust, für Pantomime und Gymnastik, Kurt Fiebig für Kulturgeschichte und Heinz Hoffmann für Bühnenbild und Maske. Ida Ehre ist zeitlebens dankbar gewesen für ihre qualifizierte und grundlegende Ausbildung an der Wiener Schauspielakademie. Ihr Anliegen, dem Nachwuchs ähnlich profundes Wissen und Handwerk zu vermitteln, hat sie so zumindest zeitweise – und mit erstklassigen Kräften – realisieren können.

16. KAPITEL

Mit Elan in die Siebziger

Ehre, wem Ehre gebührt

Seit Ida Ehres 65. Geburtstag hagelt es halbdekadenweise zu diesem Datum publizistische Gratulationen. Ida Ehre wird siebzig, wird fünfundsiebzig, wird achtzig, wird fünfundachtzig – und, um ein halbes Jahr zeitversetzt, wird ihr Theater fünfundzwanzig, wird es dreißig, wird es fünfunddreißig, schließlich vierzig Jahre alt. Manchmal gibt es öffentliche Geschenke in Form von Ehrungen (öfter) oder finanziellen Zuwendungen (eher seltener) zum einen oder anderen Anlaß, manchmal beschränkt sich die mediale Anteilnahme auf stereotypes Psalmodieren in der Tonart »Nostalgie der frühen Jahre«, deren Klang uns nun schon hinlänglich vertraut ist. Ihr Siebzigster steht – ohne, daß sie dazu im mindesten beiträgt – ganz im Zeichen der Hamburger Theaterkrise: Hans Lietzau geht ohne jegliche Fortune in seine zweite und letzte Spielzeit als Intendant am Schauspielhaus, Berlin hat längst seine Fühler nach ihm ausgestreckt. Ein Interim also, und zwar eines, das die Zuschauer- und Abonnentenzahlen empfindlich in den Abgrund fährt, während das von Boy Gobert geleitete Thalia-Theater von Erfolg zu Erfolg taumelt. So wird in der Stadt, in den Gremien, im Senat laut nachgedacht, nicht nur über Personal-, auch über Strukturveränderungen in der Hamburger Theaterlandschaft. Gedanken, die auch die Kammerspiele ins Kalkül mit einbeziehen. Ein CDU-Sprecher regt an, dem Schauspielhaus die Bühne in der Hartungstraße als Kleines Haus an die Hand zu geben. Ein anderer plädiert gar für eine Generalintendanz über alle drei Bühnen, die Kammerspiele inklusive.

Ida Ehre weilt zur Zeit dieser Strukturdebatten bei ihrer Tochter in Übersee. Als sie von den Plänen Kenntnis erhält, reagiert sie, das dürfte keinen ernsthaft gewundert haben, empört und scharf ablehnend. Ihr Haus eine Filiale, sie selbst womöglich eine Filialleiterin – wenn die Herren nicht sogar mit ihrer altersbedingten »Kapitulation« gerechnet haben –, das ist in der Tat ein Affront gegen diese streitbare, vitale alte Dame und gegen das, wofür ihr Name steht. Natürlich schmettert sie diese Pläne schon im Vorfeld ab. Für eine solche Hilfskonstruktion hat sie nicht Leitungsfunktionen an größeren, besser bestallten, wohlsubventionierten Theatern abgelehnt. Sie ist Prinzipalin der Hamburger Kammerspiele, und genau das will sie bleiben.

Fast wirkt es – neben der Verneigung vor ihrem schauspielerischen Können – wie ein Zeichen der Solidarität ihrem Haus wie seiner Belegschaft gegenüber, daß sie just in diesem Herbst von der Hamburger Volksbühne, der traditionell größten Besucherorganisation der Hansestadt, mit der in diesem Jahr erstmals vergebenen »Silbernen Maske« für ihre darstellerischen Leistungen während der Spielzeit 1969/70 ausgezeichnet wird. Eine Würdigung nicht zuletzt ihrer dritten »Mutter Courage«, die sie unter der Regie Joachim Fontleims gespielt hat. Aber auch eine Verneigung vor ihrem Remake der »Frau Wauen«,

Theaterprobe mit Anita Kupsch (links), Ephraim Kishon und Ida Ehre 1969 (Foto: Hamburger Theatersammlung/Schilemann)

diesmal von Wilhelm Allgayer inszeniert. Eine Lady, die es mit den Mächtigen und Höchmögenden aufnimmt – so kennt und liebt sie das Publikum, so fürchten sie ihre Widersacher.
Noch eine Ehrung wird ihr in diesem Jahr zuteil, und es wird nicht die letzte sein: Die Stadt Mannheim, in der sie seinerzeit vier erfüllte Schauspielerjahre verbracht hat, verleiht ihr den Schillerpreis für besondere Verdienste um das kulturelle Leben im deutschsprachigen Raum. Anfang November ist diese Meldung über die Ticker der Nachrichtenagenturen gerasselt – schon am 10. Dezember, anläßlich des 25jährigen Bühnenjubiläums der Kammerspiele, »zieht« Hamburg »nach« und dekoriert sie mit der Medaille für Kunst und Wissenschaft. Im Beisein von Hilda Heinemann, der Gattin des Bundespräsidenten, nimmt Ida Ehre die Auszeichnung entgegen und quittiert sie mit einer bewegenden Dankesrede. Einige Auszüge ihrer Ansprache, die ihr ganz persönliches Credo zu ihrem Beruf und der Funktion des Theaters beinhalten, sollen diesem Buch einverleibt werden: »... Nicht ohne jeden Grund und nicht nur im Sinne des heute so verachteten Establishments hat man irgendeinmal das Theater einen Tempel der Kunst genannt. Mit Recht; denn Theaterspielen war nicht nur in seinen Anfängen eine kultische, eine religiöse Handlung, sondern es ist dies in großen Momenten auch heute noch und wird es immer sein.
Alle Religionen dieser Erde basieren auf der Befreiung vom ›Ich‹ durch die Erkenntnis des ›Du‹. Und nichts weniger ist das Streben jeder Kunstausübung. Am deutlichsten aber erkennbar in der Schauspielkunst. Wir Komödianten setzen unser ganzes Leben und Streben dahin, in jeder uns auferlegten Rollenaufgabe das ›Du‹ der Gestalt, die wir im wörtlichsten Sinne ›verkörpern‹ sollen, so tief zu erkennen, daß wir unser ›Ich‹ in Tausende ›Du‹ verwandeln.
Mögen Sie es bitte nicht als Blasphemie schelten, wenn ich zu sagen wage, daß jeder ernstzunehmende Schauspieler in sei-

nem Beruf unzählige Male seinen Nächsten geliebt hat wie sich selber. Große Schauspieler wachsen ohne Schminke und Hilfsmittel derart in ihre Rollen hinein, daß sie größer oder kleiner aussehen, hagerer oder fülliger zu werden scheinen, kurz, daß sie die Figur nicht mehr spielen, sondern sind. Wenn man neben so einem Schauspieler als Partnerin auf der Bühne steht, spürt man seine Ausstrahlungskraft wie die Wellen eines hochgradigen Senders. Ja, das ist der richtige Vergleich: Große Schauspieler senden auf geheimnisvollen Wellenlängen bis in die hintersten Winkel des Zuschauerraumes und sind bis zur vierten Galerie hinauf dem Publikum so nahe, als stünden sie unmittelbar vor ihm und nicht tief unten, fern und klein im Bühnenrahmen.

Das sind die großen Augenblicke des Theaters: wenn die Zuschauer von dieser künstlerischen Sendung ergriffen werden, wenn sie im wahrsten Sinne des Wortes ›andächtig‹ lauschen, wenn diesseits und jenseits der Rampe *ein* Gefühl alle erfüllt, mitleiden und mitfreuen – und jeder Zuschauer sich im anderen erkennt. Wenn der Schauspieler sein ganzes Selbst hingegeben hat und es nun vom Zuschauer gesteigert zurückempfängt, da fühlt jeder Schauspieler – begeistert wie ein Liebhaber bei seinem ersten Sieg –, daß er sein Publikum erobert hat.«

Kluge, von tiefem innerem Empfinden spürbar ausgefüllte Sätze über die fragile Balance von Demut und Überschwang, über das Magische und das Religiöse der Schauspielkunst – Sätze, in denen wir von ferne den Geist der Mutter herüberwinken spüren. Und: ein kleiner, vorwitziger Halbsatz in überraschendem Zusammenhang, mit buchstäblich merkwürdiger Konnotation. Einer, der ihr vielleicht, obwohl sie ihn ja mit Bedacht schriftlich fixiert hat, einfach passiert ist – und das macht ihn unserem analytischen Entdeckereros so reizvoll. Ein Sahnestückchen, diese Parenthese: »begeistert wie ein Liebhaber bei seinem ersten Sieg«. Ist dies doch das als klassisch geltende männliche Handlungs- und Empfindungsmuster, hier aber nicht beschrieben aus der Sicht des Opfers, dessen, der – oder doch wohl gemeinhin derer, die – sich erobert sieht, sondern aus der Sicht des »Siegers«. Ida Ehre zieht einen Vergleich aus dem Terrain der Erotik heran, um ihren Gegenstand zu beschreiben. Voilà, so sollte es uns im Gegenzug dazu erlaubt sein, auch der anderen Seite der Symmetrieachse unsere Aufmerksamkeit zu schenken. Aus diesem Blickwinkel betrachtet, verwandelt sich jene unschuldige kleine Parenthese zu einer gewichtigen Selbstaussage. Einen solchen Vergleich kann nur eine Frau ziehen, die die – gemeinhin männlich konnotierte – Lust des Eroberns aus eigener Erfahrung kennt, der auch die martialischen, die »kriegerischen« Anteile der Erotik nicht fremd sind. Ein Sieg setzt nun einmal Kampf voraus, das wohnt dem Begriff prozeßhaft inne.

Abschweifung in ein kompliziertes Beziehungsgeflecht

»Es war kein einfaches Leben, das ich geführt habe«, resümiert die 85jährige später in ihren biographischen Skizzen, »aber in bezug auf Männer war mein Leben nie einfach. Es war immer eine ungeheure Eifersucht dabei, wenn mich ein anderer angeschaut hat.« Auf Dr. Bernhard Heyde, ihren Mann, kann sich diese Feststellung eigentlich nicht beziehen: Er hat diese Eifersucht, wenn sie denn, und daran zweifle ich nicht, im Innersten seines Herzens existierte, mannhaft zu unterdrücken verstanden, wie wir schon erfahren haben. In der Tat referiert das Statement auf Wolfgang, den anderen Mann in ihrem Leben.

Nach jenem vergeblichen Emigrationsversuch im Jahre 1939 trennen sich zunächst beider Wege: Wolfgang heiratet. Pikantes Detail am Rande, das aber hier uninterpretiert im Raum stehen bleiben soll: Die Angetraute ist Dr. Bernhard Heydes Freundin. Dem Dauerdruck seiner Familie, endlich von der Jüdin abzulassen, hält er nicht stand. Darob unendlich verletzt, bricht Ida Ehre jeglichen Kontakt zu ihm ab und weigert sich noch nach dem Krieg lange Zeit, auf seine beharrlichen Versuche einer neuerlichen Annäherung einzugehen. Erst Jahre später ist sie bereit, den Vorkriegs-Status-quo wieder aufzunehmen. Siebzehn lange Jahre dauert diese seltsame, vor dem Sensationshunger der Medien sorgsam behütete Ménage à trois in der Hallerstraße – bis Wolfgang einen entscheidenden Fehler macht: Er stellt Ida Ehre ein Ultimatum der klassischen Sorte des Entweder-er-oder-ich, das heißt, er macht den Versuch, die Bedingungen für den Fortgang der Beziehung zu diktieren. Das kann nicht gutgehen. Sich von ihrem Mann zu trennen – daran hindert Ida Ehre einerseits das, was sie gerne mit Nibelungentreue bezeichnet, jene Treue, die sie auch ihrem Theater gegenüber hegt. Andererseits aber sicher auch ihre Abneigung gegen Fremdbestimmtheit in jeglicher Hinsicht. Sie ist es gewohnt, auf beruflicher wie auf Beziehungsebene »ihren Mann zu stehen«, das Gesetz des Handelns selbst zu entwerfen. Gedenken wir noch einmal jener merkwürdigen Parenthese, die uns zu diesem kleinen Exkurs verführt hat: Wer die Freuden des Eroberns kennt, kann am Unterdrücktwerden schwerlich Gefallen finden. So endet denn diese Beziehungsreprise. Spurlos verschwindet der andere Mann aus ihrem Leben. Sie hat ihn nie wiedergesehen.

Der Ehrungen zweiter Teil

Auch das 25jährige Jubiläum der Kammerspiele steht – ein Strukturmodell, das für Ida Ehre typisch ist – im Zeichen einer solchen Reprise: Eine Festaufführung von Euripides'/Werfels »Die Troerinnen« bildet den Mittelpunkt der Feierlichkeiten. Ida Ehre ist, nach 23 Jahren, wieder die Hekabe. Sie wird diese Rolle später noch einmal spielen, in einer Bearbeitung von Walter Jens, die der Dichter und Philosoph der Prinzipalin gewidmet und geschenkt hat. Aber das soll uns erst ein Kapitel später eingehend beschäftigen. »Gönner schenken uns einen Empfang«, beantwortet die Prinzipalin, etwas spitz, die Frage einer Journalistin der *Welt,* ob sie das Jubiläum mit einer Feier zu unterstreichen gedenke. Der Ton verrät, daß die finanzielle Dauerkrise noch immer nicht ausgestanden ist. Die anschließende Frage, ob die Situation während der letzten 25 Jahre jemals weniger kompliziert gewesen sei als heute, quittiert sie folgendermaßen: »Eigentlich nein, aber ich habe mich daran gewöhnt. Sollte sich im positiven Sinne irgend etwas ändern, sollten wir unerwartet höhere Zuschüsse bekommen, würde ich das als Bestätigung meines bis heute ungebrochenen Optimismus ansehen.« Das wirkt auf den ersten Blick moderat in seiner leisen, etwas resignativen Ironie. Doch dieser erste Blick sollte nicht darüber hinwegtäuschen, daß hier jemand spricht, der hellwach ist, jederzeit auf dem Sprung, jederzeit bereit, wenn es gilt, die Zähne zu zeigen. Auch diese reaktive Energie ist der Replik abzuschmecken.

»Die Frau, die auf Granit gebaut hat« übertitelt denn auch das *Hamburger Abendblatt* vom 7. Dezember 1974. Wieder steht den Kammerspielen ein Jahrestag bevor, wenn auch ein dekorloser, der 29. Das Porträt, das Enno Quittel von Ida Ehre entworfen hat, erscheint in der Reihe »Prominente Hamburger, wie sie keiner kennt.« Es ist ein vorzügliches Porträt, das, in der gebotenen Kürze, versteht sich, allen widersprüchlichen Facetten der Prinzipalin gleichermaßen einfühlsam gerecht wird: ihrer kindlichen Freude an der Gemütlichkeit und den unspektakulären Kleinigkeiten, die dem Alltag Glanzlichter aufsetzen: Nippes und Kostbares, Geschenke, Erworbenes oder vom Sperrmüll Aufgelesenes, Bilder und Tücher, Vasen und Leuchter – all dies wird nach ihrem Tode versteigert werden –, ihrer Lust am Fabu-

Ida Ehre in Giraudoux' »Die Irre von Chaillot« 1977/78
(Foto: Hamburger Theatersammlung)

lieren, ihrer Unbeugsamkeit, ihrer Trauer, die sie nicht verdrängt, sondern als Teil ihres Inneren bewahrt hat, auch ihrer Zuversicht. »Zwanzig oder mehr Leben hat sie gelebt, schreibt Enno Quittel, »und Elsbeth Weichmann, die Frau Herbert Weichmanns (ehemals Hamburger Bürgermeister, d.V.) hat von ihr gesagt: ›Du bist 30 oder 300 Jahre alt – aber nichts dazwischen.‹ Und sie selbst bekennt: ›Nur das Leben kann dich aufgeben, aber ich kann doch nicht das Leben aufgeben!‹ So hofft diese Ida Ehre immer noch auf zwei Laternen und ein Glasdach für ihr Theater, so zählt sie keine ihrer Tränen. So sagt sie voller Zuversicht: ›Wer einen Menschen zum Weinen bringen kann, der muß auch bei der Geburt seines Lachens helfen. Das ist der wahre Komödiant.‹«
Ein Jahr später – zu Ida Ehres 75. und zum dreißigsten Geburtstag der Kammerspiele – gibt es dann zwar keine zwei Laternen, aber immerhin zwei Scheinwerfer als Präsent. Und für die Prin-

zipalin persönlich die Ehrenprofessorwürde, verliehen von Bürgermeister Dieter Biallas, und das große goldene Ehrenzeichen der Bühnengenossenschaft, die Ida Ehre nach dem Krieg wieder mitbegründet hatte. Gefeiert wird im Theater, mit einer Galavorstellung von Tennessee Williams' »Glasmenagerie« und viel Kultur- und Politprominenz in der ersten Reihe: Hilda Heinemann ist dabei, Boy Gobert, Ulrich Erfurth, Regisseur der ersten Stunde.

Zu ihrem achtzigsten Geburtstag spendiert ihr die Freie Akademie in der Hamburger Kunsthalle einen Empfang. In die Lobeshymnen der Honoratioren – die Laudatio hält der Hausherr, der Akademie, Professor Godber Nissen – stimmen auch ihre Kollegen Werner Hinz, Ehmi Bessel und Eduard Marks ein. Viele aber, die sie auf ihrem beruflichen und privaten Lebensweg begleitet haben, können sich nicht mehr ins Defilee der Gratulanten einreihen: Grethe Weiser ist schon 1970 gestorben, 1976 Ida Ehres treuer Partner im Theater, Erich Rohlffs, 1977 ihr Lebenspartner, Dr. Bernhard Heyde. Erwin Linder ist nicht mehr, auch Helmut Käutner hat, eben erst im April dieses Jahres, das Zeitliche gesegnet. »Ungeheure Wehmut« – so beschreibt die Jubilarin ihr Gefühl, das sie ob dieser Verluste erfaßt, unübersehbare Zeichen der Vergänglichkeit. Hat sie selbst keine Angst vor dem Tod? »Ich habe den Tod schon so oft vor Augen gehabt – in der Nazi-Zeit. Er beunruhigt mich nicht mehr. Ich glaube auch an ein Weiterleben. Ein Weiterleben in dem, was man als Persönlichkeit in anderen Menschen hinterläßt. Das ist ein Echo, das bleibt.« Und: »Es ist eine Beruhigung für mich, daß die Menschen, die jetzt hier arbeiten, denselben Weg wie ich einschlagen würden.« Einer von ihnen, Jan Aust, seit 1977 ihr Chefdramaturg, außerdem Produktionsleiter, Regisseur, rechte Hand der Prinzipalin, wird eine der Hauptpersonen des nächsten Kapitels verkörpern. Komplettieren wir zunächst die Palette der Jubiläen und Ehrungen: Nach dem Gesetz der Serie folgt dem 80. Wiegenfest der Chefin der 35.

Geburtstag der Kammerspiele. Wie alle Jubiläen eines, das spielend, auf der Bühne gefeiert wird.
Ida Ehre brilliert in der Rolle der Sarah Bernhardt in »Memoiren«, einem Zwei-Personen-Stück des Kanadiers John Murrell. Ein Virtuosenstück für eine alte Schauspielerin und einen männlichen Stichwortgeber: Die große Bernhardt zwingt ihren Sekretär, ihre Memoiren nicht nur niederzuschreiben, sondern sie spielerisch – in wechselnden Dialogen mit ihr – nachzuvollziehen. Eine Bravourarie hat die alte Dame da abgeliefert, Publikum und Presse gleichermaßen begeistert. Anschließend würdigt – bei einem Empfang im Hotel »Atlantic« – Bürgermeister Klose das »Phänomen Ida Ehre«, eines, das man nicht erklären, nur bewundern könne. Brauer, Nevermann, Weichmann, Schulz, Biallas, jetzt Klose – die Bürgermeister kommen und gehen. Ida Ehre bleibt ... Die Ausstellung »Mutter Courage und ihr Theater«, die die Vereins- und Westbank dem Doppeljubiläum gewidmet hat, wird eröffnet, eine Dokumentation unter dem gleichen Titel veröffentlicht. Auch das Große Bundesverdienstkreuz wird ihr verliehen. Trotzdem ist die Prinzipalin nicht ganz zufrieden, wie, ein Jahr später, im Interview mit Ben Witter retrospektiv zum Ausdruck kommt: »Wenn ich drei Tage irgendwo gastiere, habe ich mein Monatsgehalt an den ›Kammerspielen‹ verdient. Zu meinem 80. Geburtstag und dem 35jährigen Jubiläum des Theaters gab der Kultursenator ein kleines Frühstück. Er schenkte mir ein Album mit den Künstlerphotos ehemaliger Schauspieler des ›Schauspielhauses‹, es hat zwanzig oder fünfundzwanzig Mark gekostet. Ich hätte schreien sollen. Aber Schreien hat keinen Sinn ...«
Nicht für sich hätte Ida Ehre eine etwas grandiosere Zuwendung gewollt als einen Fotoband im Gegenwert von 20 Mark. Ihrem Theater hätte sie gerne etwas zukommen sehen – eine neue Auslegware fürs Foyer etwa, die dringend vonnöten wäre. Oder ein paar bescheidene technische Innovationen. Ihrem Theater kommen auch ihre zahlreichen Gastspiele als Regisseu-

rin und Schauspielerin zugute, sei es in anderen Theatern, sei es auf Festspielen, sei's im Fernsehen. Ruhm und Ehre bleibt ungeteilt ihr Part an den häufigeren Abstechern in andere Kreise und Formen der kulturellen und medialen Öffentlichkeit. Das Geld aber hat sie zum allergrößten Teil ins »Unternehmen Hartungstraße« gesteckt. Kritiker, die ihr Geldgier oder »Rampengeilheit« vorwarfen, haben diesem Umstand – aus Bösartigkeit oder Ignoranz, das kann ich nicht entscheiden – nie ausreichend Rechnung getragen.

1981 wird ein Freundeskreis Hamburger Kammerspiele e.V. gegründet, der es sich zum Ziel gesetzt hat, den schauspielerischen und dramaturgischen Nachwuchs in Zusammenarbeit mit den Kammerspielen zu fördern. Ida Ehre ist dankbar für diese Unterstützung: »Das Geld ist jedesmal der Haken, wenn wir etwas Neues versuchen wollen ...« Mit finanzieller Unterstützung dieses Freundeskreises kommt eine Langspielplatte auf den Markt: »Ida Ehre. Ein Porträt«. Sie enthält berühmte Monologe aus »Mutter Courage«, »Frau Warrens Gewerbe«, »Memoiren« und »Die Troerinnen« sowie Gedichte und Novellen von Nietzsche, Morgenstern, Mrozek, Heine, Tschechow und Hans Weigel und birgt in sich eine Hommage an die wunderbar kultivierte Sprecherin Ida Ehre. Zuwendungen dieses Freundeskreises sorgen auch dafür, daß die Reihe »Der offene Montag« fortgeführt werden kann, in der Literatur, Musik und Theater in loser Folge vorgestellt werden – eine Traditionslinie, die auf Günther Weisenborn zurückgeht.

Vor allem unbekannte Künstler sollen in dieser Reihe präsentiert werden, so will es die Prinzipalin. »Bei den Jungen und Unbekannten gibt es Talente, die man fördern und entdecken muß«, sagt sie. »Mit ihnen kann man neue Formen entwickeln.« Die Lust am Dialog mit der Jugend hat sie nie verloren, die alte Dame, die von sich sagt: »Manchmal erstaune ich, wie jung ich bin!«

Mit anderen »jungen« Bühnenstars erhält Ida Ehre am 27. Juni

1984 das Silberne Blatt. Diese Auszeichnung wird ihr von der Dramatiker-Union verliehen. 1984 werden damit erstmalig Schauspieler geehrt, deren »international anerkannte, jahrzehntelange Leistungen entscheidend dazu beigetragen haben, der deutschsprachigen Gegenwartsliteratur zur Weltgeltung zu verhelfen.« Gleichzeitig mit ihr erhalten diese Auszeichnung Elisabeth Bergner, Martin Held und Rudolf Platte.
85 Jahre alt, wird Ida Ehre Ehrenbürgerin der Hansestadt und ist damit die erste Frau, der dies Dekorum verliehen wird. Klaus von Dohnanyi – schon wieder hat der Bürgermeister gewechselt – hält die Laudatio. Und dieses Mal soll die Prinzipalin unrecht behalten mit ihrer Prophezeiung: »Schade, daß Ehrenbürgerschaft nur etwas mit Ehre, nicht aber mit Geld zu tun hat.« Dieses Mal ist dem ideellen Dankeschön ein handfest materielles beigesellt: Die Kammerspiele werden, wenn auch zum weitaus größeren Teil aus Geldern des Freundeskreises als aus städtischen Mitteln, saniert, renoviert, modernisiert. Über welches Geschenk sie sich wohl mehr gefreut hat?
Eine letzte große Ehrung wird Ida Ehre Anfang Dezember 1988 zuteil: Die Universität Hamburg verleiht ihr die Ehrendoktorwürde. Die Laudatio hält Walter Jens. Sie gipfelt, wie es sich für einen Rhetorikprofessor gehört, in einer rhetorischen Frage: »Wo gibt es eine Frau wie diese?« Die Verleihungsurkunde der Universität für Professor Dr. h.c. Ida Ehre hat folgenden Wortlaut: »Der Fachbereich Sprachwissenschaften der Universität Hamburg verleiht Frau Professor Ida Ehre, die, trotz erlittenen Unrechts, 1945 mit der Gründung der neuen Hamburger Kammerspiele ein humanes, dem Nachdenken über die Vergangenheit und dem Vordenken in eine menschliche Zukunft gewidmetes Theater schuf, das seinen Zuschauern wieder den Blick in die Weltliteratur freiräumte, die als Prinzipalin, als Regisseurin und als Darstellerin dieses Ziel in der Auswahl der Stücke wie deren Betreuer, vor allem in der eigenen Deutung und Interpretation nie – auch nicht in entgegenstehenden Zeiten – aus dem

Blick verlor, die so eine bedeutende Literaturlehrerin und Kollegin geworden ist, die Würde eines Doktors der Philosophie ehrenhalber – doctor philosophiae honoris causa.«

Ein stillistisch etwas ungelenker, aber inhaltsträchtiger Bandwurmsatz. 88 Jahre reiches Leben in eine einzige Sentenz zu fassen, ist auch für die Fachleute der Sprachwissenschaften kein leichtes Unterfangen. Ida Ehre bedankt sich mit launigen Worten und hat bereits eine nächste, allerdings postume Ehrung im Visier: »Das Begräbnis erster Klasse ist mir sicher – ganz gleich, was der Blüm in Bonn macht.« Daß dieses Begräbnis erster Klasse so bald schon anstehen würde – das hat wohl keiner der bei der Feier Anwesenden, das hat wohl auch sie selbst nicht in Betracht gezogen.

17. KAPITEL

Die späten Highlights und die leidigen Finanzen

Chefin, Strategin, Publikumsmagnet

Schieben wir jenes schmerzliche, unabänderliche Ereignis, das soeben deutlich hörbar an die Pforten der Wahrnehmung geklopft hat, noch ein wenig hinaus. Gönnen wir uns noch ein Kapitel oder auch deren zwei, um noch einmal die späten und spätesten Jahre von Ida Ehres Erdenleben auszuleuchten. Auch hier ist Neues und Überraschendes zu entdecken, schon Bekanntes zu vertiefen, sind Traditionslinien nachzuvollziehen und Sprünge »nachzuspringen«.

1977 hat die Prinzipalin einen sehr kompetenten jungen Kombattanten auf künstlerisch-organisatorischem Gebiet an Bord genommen, den sie zudem seit seiner frühen Kindheit kennt: Jan Aust, den Sohn der Schauspielerin Helga Aust, mit der sie schon lange befreundet ist, die in den ersten Jahren an der Hartungstraße engagiert war, und des Tänzers Max Aust, der ihrem Schauspielseminar als Lehrer angehörte. Jan Aust war Schau-

spieleranfänger bei Gustaf Gründgens in seinen letzten beiden Hamburger Jahren als Intendant. Unter seinem Nachfolger Oskar Fritz Schuh hat er noch einige Zeit als Regieassistent am Schauspielhaus gearbeitet. Ida Ehre engagiert ihn als Dramaturg, Produktionsleiter, Regisseur, und sie tut gut daran.
Jan Aust ist heute Intendant des Stadttheaters Lüneburg und leitet dieses Haus mit großer Fortune. Einer, der, das merkt man ihm, dem Theater und seinen Mitarbeitern wohltuend an, sein Handwerk von der Pike auf gelernt und sein vielseitiges Qualifikationsprofil unter schwierigsten Bedingungen unter Beweis gestellt hat. Er wird – gerade angesichts des wenig erfolgreichen Intermezzos des Schwiegersohns der Prinzipalin als Verwaltungsdirektor, das 1980 im allseitigen Einvernehmen seinem Ende zugeht – eine gewichtige, eine zuverlässige Stütze des Betriebes.
Wie war denn die Zusammenarbeit mit dieser »sanftesten Diktatorin, die sich denken läßt«, wie Walter Jens sie einmal genannt hat? War sie eher sanft oder eher Diktatorin? »Nun, sie war schon sehr bestimmend, hatte auch sehr genaue Vorstellungen davon, wie Theater sein sollte – aber mit großem Charme und viel Witz. Ich selbst bin sehr gut mit ihr ausgekommen, auch wenn manchmal die Fetzen flogen. Da sind dann eben zwei Dickköpfe aneinandergeraten. Aber diese Auseinandersetzungen hat sie auch gesucht und gemocht. ›Sie haben ein jüdisches Köpfchen‹, sagte sie manchmal zu mir, wenn sie sich sehr über mich geärgert hatte. Das mochte ich dann gerne, das war für mich ein Kompliment. Aber solche Konfrontationen gingen natürlich nicht mit jedem oder jeder gut. Zartbesaitetere konnte sie schon auch sehr brüskieren mit ihrer Art.«
Und wie war das denn nun damals mit den leidigen Finanzen, will ich von ihm wissen. Irgendwann einmal haben ja auch die Hamburger Privattheater es erreicht, daß sie vom städtischen Subventionskuchen ein Stückchen abbekommen. Die Einspiel-

quote, die Hamburg einem Privattheater abverlangt, ist sehr hoch. Sie liegt bei 70 Prozent, erklärt er mir. Für die Spielzeit 1985/86 etwa bedeutete dies: Bei einem Etat von 3,32 Millionen DM betrugen die Zuwendungen aus öffentlichen Mitteln 1,09 Millionen. – Was das konkret für den Theateralltag bedeutet, darauf kommen wir später zurück. – An städtischen oder staatlichen Theatern dagegen, das weiß ich noch aus meiner eigenen Dramaturgenzeit an ebensolchen Häusern, liegen die Einspielergebnisse oft deutlich unter 20 Prozent, und erst allmählich setzt sich eine Quotierung überhaupt durch. Für ein Privattheater steht also der finanzkategorische Imperativ »volles Haus« dem künstlerischen Anspruch »experimentelles Theater« empfindlich entgegen. »Trotzdem hat Ida Ehre, auch in schwierigen Zeiten, das Risiko nicht gescheut«, resümiert Aust. Die Hamburger Kammerspiele sind über lange Jahre das künstlerisch potenteste Privattheater geblieben, zumindest in vergleichbarer Größenordnung – das von Gerda Gmelin ausgezeichnet geführte, sehr viel kleinere Zimmertheater kann eben darob auf anderem Risikoniveau agieren –, auch wenn das anfänglich stark studentisch »durchsetzte« Publikum (so wie es Günther Weisenborn 1952 im Gespräch mit Joachim Kaiser charakterisiert hat) allmählich einer gutbürgerlichen Klientel gewichen ist. Immerhin: Auch Studenten werden älter, machen eine letztlich gar nicht so erstaunliche Metamorphose zu »guten Bürgern« durch. Ein Gran Kritik an der publizistischen Geringschätzung der leichten Kost geht in diesem Zusammenhang auch an die Adresse der ansonsten hochverehrten und hoch respektierten Prinzipalin: »Sie hat da einen Fehler gemacht: Sie hat zu oft öffentlich verbreitet, daß sie aus finanziellen Gründen nicht den Spielplan machen konnte, der ihr am Herzen liegt. Das ist zwar objektiv richtig, strategisch aber falsch, denn es hinterläßt beim potentiellen Zuschauer einen unangenehmen Nachgeschmack. Er fühlt sich um das geprellt, was er als ›eigentliches Anliegen des Hauses‹ nicht zu sehen bekommt.«

Offensichtlich hat die leidige Finanzdebatte und ihre Implikationen für die Qualität des Spielplans auch mich und meine Nachfragestrategie infiziert: Etwas beschämt mache ich mich auf die Suche nach dem, was in den letzten Jahren von Ida Ehres Intendanz an Highlights trotz alledem verwirklicht werden konnte. Die Mittel zum Zweck, die Gelder, oder vielmehr ihr Negativ, phototechnisch gesprochen: die Defizite, werden ihre Bremskraft schon früh genug und an passender Stelle entfalten.

Im April 1984 etwa geht in den »Kammerspielen« die Premiere von Alexander Galins »Einmal Moskau und zurück« über die Bühne, eine nachdenkliche Komödie um Altersstarrsinn und Altersweisheit, ein ebenso emphatisches wie humorvolles Plädoyer für den Respekt der jüngeren Generation vor der Vitalität, der Würde und den Bedürfnissen der älteren. Werner Hinz und Ehmi Bessel feiern an diesem Abend gemeinsames fünfzigjähriges Bühnenjubiläum, als Gratulantinnen wie als szenische Mitstreiterinnen fungieren Ida Ehre und Annemarie Schradiek. Rund 325 Lebensjahre stehen hier, von Jan Aust feinfühlig und detailgenau geführt, zusammen auf der Bühne. Wo ist so etwas sonst zu erleben als in den Kammerspielen? Wer jemals etwa, Mitte der Neunziger, Bernhard Minetti im Berliner Ensemble als »Schauspieler« in Heiner Müllers Inszenierung von Brechts »Arturo Ui« gesehen hat oder Marianne Hoppe als Merteuil in »Quartett«, ebenfalls von dem 1995 gestorbenen Dramatiker inszeniert, weiß um diese Aura des Alters, diesen Zauber des auf der Bühne verdoppelten gelebten Lebens. Hier sind es gar vier solcher gelebter Leben, die dem Bühnengeschehen magisch eine niemals nur »erspielbare« Authentizität hinzufügen. Es muß ein Abend gewesen sein, an dem Kunst und Wirklichkeit eine beglückende Synthese eingegangen sind. Wer mag da an einem »etwas dünnblütigen Stück« mäkeln, wie etwa in der *Welt* vom 14. April zu lesen stand? Dieses Urteil irritiert doppelt, wenn man in Betracht zieht, daß Alexander Michailowitsch Galin, Jahrgang 1947, nach dem Zerbrechen des Eisernen Vorhangs, im Zeichen von Glasnost und Perestroika, ein in den Dramaturgien der deutschsprachigen Theater höchst beachteter, gern den Spielplänen einverleibter Autor wurde, durch die politischen Ereignisse nunmehr geadelt als »Sendbote einer neuen Zeit«. Aber das konnte die Presse im Jahre 1984 noch nicht ahnen …

In dieselbe Spielzeit fällt Ida Ehres 65jähriges Bühnenjubiläum. Sie feiert es in »Gigi«, einer Dramatisierung des berühmten Altersromans der Colette: als Madame Alvarez, eine hochbetagte Grande Cocotte, die ihre Enkelin sorgfältig und liebevoll auf ein Leben nach dem Zuschnitt vorbereitet, das sie selbst, wie auch ihre Schwester, erfolgreich geführt hat: auf das Leben als Halbweltdame … Es gibt ein Foto, das sie nach der Vorstellung in ihrer von der Überfülle an Blumengebinden schier zerbersten wollenden Garderobe zeigt: ein zerbrechliches altes Kind, das sich mit Hilfe von Schminke, Perücke und Kostüm in ein mondänes hochbetagtes Weib verwandelt hat? Eine uralte Frau, der trotz perfekter Camouflage die Unzerstörbarkeit der Jugend aus den Augen blitzt? 30 oder 300 Jahre – nichts dazwischen. Was gäbe ich darum, sie gerade in dieser Rolle gesehen zu haben, in dieser wunderhübschen Komödie mit der intensiven psychologischen Durchdringung ihrer Gestalten, ihren knappen, geschliffenen Dialogen, bar jeder sprachlichen Redundanz … Mag es Boulevardtheater sein. Boulevardtheater, welches Rollen enthält, die ihre Darsteller mit solcher Leuchtkraft ausstatten et vice versa, liebe ich. Punktum.

Zwei Jahre zuvor war Ida Ehre in einem ebenso zu Unrecht geschmähten Boulevardstück zu sehen: »Geliebte Hexe« heißt es, entstammt der Feder von John van Druten und hält mit dem Titelpart eine Paraderolle für eine verwandlungsfreudige alte Schauspielerin bereit: Queenie Holroyd ist eine Hexe, die nichts als Unsinn im Sinn hat: »Bibi Blocksberg«, akustische Favoritin aller Kinder, die im Besitz eines Kassettenrecorders sind, hat eine liebenswerte ältere Schwester bekommen. Genüßlich zaubert sich Ida Ehre in der Inszenierung Andreas Seyferths durch den Abend, sorgt mit ihren Verwandlungstricks für Verwirrung und tut im übrigen all das, was für ehrwürdige alte Damen tabu ist. Auch diese Rolle ist ein spätes Highlight in ihrem Theaterleben.

In die Spielzeit danach fällt eine Reprise, oder, genauer gesagt: die Reprise einer Reprise. Noch einmal ist Ida Ehre die Hekuba, und zwar in Walter Jens' »Der Untergang« nach »Die Troerinnen« des Euripides – ein Stück, das dieser der Prinzipalin und langjährigen Freundin »in Dankbarkeit und Verpflichtung« gewidmet hat, unter Verzicht auf sämtliche Tantiemen. Damit noch nicht genug der Präsente: Der Freundeskreis der Hamburger Kammerspiele unterstützt die Aufführung finanziell. Die Universität stellt ihr das Audimax für sechs Aufführungen kostenlos zur Verfügung. Die Hamburger Volksbühne »schenkt« den Kammerspielen 14000 Besucher zusätzlich. Und: Der berühmte Graphiker und Zeichner Horst Janssen offeriert ihr und ihrem von Finanznöten gebeutelten Haus ein Untergangsplakat samt den Verkaufseinnahmen von 2500 Drucken, auf dem Totenschädel höchst eindrucksvoll »Nie wieder Krieg!« signalisieren.

Die Premiere im Audimax wird zum gesellschaftlichen Ereignis der Sonderklasse. Honoratioren über Honoratioren füllen den großen Festsaal – sicherlich waren auch solche dabei, die an den Querelen vor zwei Jahren um die zunächst erfolgte, dann wieder rückgängig gemachte Berufung von Walter Jens auf den Lessing-Lehrstuhl nicht unbeteiligt gewesen waren. Für eine Professur ist der Rhetorik-Professor aus Tübingen den Hamburger Politikern zu linkslastig – als Uraufführungsautor tut man gut daran, ihn zu feiern. Vorwahlkampfstimmung im

2. März 1982: Premiere von »Geliebte Hexe« in den Hamburger Kammerspielen (Foto: Keystone/Rehhäußer, Hamburg)

Publikum, ein eindringlicher Friedensappell auf der Bühne. Vor allem den Schluß der Euripides-Tragödie hat Walter Jens radikalisiert, gönnt den Frauen der Besiegten nicht das Entrinnen auf den Planken der Griechenschiffe, sondern läßt sie freiwillig den Tod in den Flammen wählen – der Untergang ist ein unausweichlicher, ein endgültiger.
In künftigen Kriegen, so Walter Jens' düster realistisches Resümee, wird es nur noch Opfer geben, keinen mehr, der sich erbarmen könnte. Wir schreiben das Jahr 1983 – das Jahr der Friedensbewegung. Ida Ehre wird sich noch an anderen Orten und in anderen Zusammenhängen in diese Bewegung einreihen. An diesem Januarabend aber steht sie auf der großen Audimaxbühne und ruft kraft ihrer Präsenz noch einmal die großen, die ganz großen Zeiten der Kammerspiele ins kollektive Gedächtnis. »Leidensgewalt und Willenskraft der 82jährigen bleiben so erstaunlich wie die Fähigkeit, sich diesen Text des Wahnsinns, diesen Wahnsinnstext einzuprägen«, schreibt Werner Burkhardt, der sie als Schüler schon in der Werfel-Bearbeitung gesehen hat, in der *Süddeutschen Zeitung*. Doch gibt es für ihn mehr als den retrospektiven oder memoriersportiven Gesichtspunkt in diesem Ereignis: »Zum Schluß«, schreibt er weiter, »wenn sie alles Pathos zurücknimmt und ganz leise von ihrem Sohn Hektor erzählt, wie er noch ein kleiner Junge war und schon zu Schwert und Schild griff, da kam in mir doch noch das große Würgen hoch und der Haß auf die verbrecherische Dummheit, über die schon Euripides alles wußte.«
Diese Deutung der »Hekuba 1983«, von Ida Ehre verkörpert, von Jan Aust inszeniert, nimmt genau, aber eben nicht plakativ Bezug auf das politische Tagesgeschehen, auf den Zeitgeist, auf die Aufrüstungsdiskussion. War 1947, angesichts der noch immer schmerzlich virulenten Folgen des Zweiten Weltkriegs, ein kollektiver Wille voraussetzbar, die Wiederholung eines solchen Ereignisses um jeden Preis zu verhindern, so wird 35 Jahre später über den Einsatz und die Entwicklung noch weit

vernichtenderer Waffen nachgedacht. Die »Kinder« und ihr martialisches Spielzeug, und plötzlich ein leiser, resignativer Gestus der vordem so zornigen, widerstandsgewaltigen Protagonistin, der dazu angetan ist, den Widerstand ins Publikum zu tragen ... Manchmal, um auf ein schon bemühtes Zitat Ida Ehres zurückzukommen, »erobert« man sein Publikum auf Umwegen.

»Ida Ehre haut kräftig auf den Tisch« ist, am 28. März 1987, ein Artikel in der *Welt* übertitelt, der der Vorschau auf die neue Spielzeit der Kammerspiele gewidmet ist. Eine äußerst erfolgreiche Saison hat sie hinter sich gebracht. Das bestärkt sie in einem, wie sie es nennt, »nicht unbilligen Begehren an die Stadt«, diese möge endlich den über Jahre mitgeschleppten Schuldenberg tilgen, damit sie endlich freie Hand für einen noch vielseitigeren, noch anspruchsvolleren Spielplan habe. »Es wird mir hier Unrecht getan«, läßt sie mit allem Nachdruck verlautbaren. »Seit 42 Jahren ist das Haus in meinen Händen, und ich verlange mit allem Recht, daß mir finanziell geholfen wird!«

Wie groß ist denn nun der Schuldenberg, um dessen Abtragung sie so dringend nachsucht, frage ich Jan Aust. »Wir hatten etwa 300 000 DM über die Jahre vor uns hergeschoben, dazu kamen noch Kosten für die Renovierung, die abgeschrieben wurden. Das Ganze belief sich etwa auf 900 000 bis eine Million DM. Damit konnten wir leben. Ich hatte am Schluß – wir machten zu meiner Anfangszeit zwölf Produktionen im Jahr, dann noch neun – einen Abendetat von 1400 bis 1600 DM, darin waren die ganzen Künstlergagen enthalten. Wir haben also durchaus verantwortungsvoll gewirtschaftet.«

Das ist in der Tat nicht viel Geld für einen Theaterabend. Erstaunlich, was das Team Ehre/Aust daraus macht. Unter anderem das Musical »Schlag nach bei Shakespeare & Co«, G.B. Shaws »Candida« und – ein Wagnis für das Haus – Dario Fos Komödie »Zufällig eine Frau: Elisabeth« – eine groteske szenische Spekulation über Elisabeth I., jene legendäre Geschichts- und Dramengestalt. Ein schwieriges, drastisches, wohl auch nicht ganz gelungenes Stück, das, am Staatstheater Kassel mit auffällig wenig Publikumsresonanz erstaufgeführt, alles andere als volle Parkettreihen erhoffen läßt. Das Zweipersonenstück »Offener Brief« von Brian Clark, ebenfalls für die Spielzeit 87/88 projektiert, muß wegen einer schweren Erkrankung der Prinzipalin auf die nächste Saison verschoben werden. Noch ein »Rollenbonbon« gönnt sich Ida Ehre für diese nächste, ihre letzte Spielzeit: In G. B. Rosenbaums Krimikomödie »Ladykillers« wird sie die liebenswerte, alte Dame spielen, der vier Gangster ganz wider Willen nach dem Leben trachten müssen...

Auf die Frage, wie lange sie denn noch spielen wolle, antwortet Ida Ehre: »Ich spiele, solange die Leute kommen.« Und, mögen diese auch einmal eine Produktion des Kammertheaters auslassen – wenn sie spielt, ist der Saal noch immer voll.

18. KAPITEL

»Sag nein!«

Künstler für den Frieden

Noch einmal, ein letztes Mal sei es uns vergönnt, das Rad der Zeit zurückzudrehen, um ein Terrain zu sichten, das für Ida Ehre in ihren späten Jahren eine große Wichtigkeit erlangte: ihr Engagement in der Initiative »Künstler für den Frieden«. Irmgard Schleier, der Initiatorin und, zusammen mit Peter Homann, Verantwortlichen für die künstlerische Struktur und den organisatorischen Ablauf jener eindrucksvollen Großveranstaltung im St.-Pauli-Stadion vom 3. und 4. September 1983, verdanke ich viel Erhellendes über die Wurzeln dieser Initiative, das künstlerische Konzept, die Beteiligten – und das Risiko, dem sich die Veranstalter und die tragenden Kräfte, die Künstler ausgesetzt sahen: »Es war eine Initiative von Künstlern, die sich nicht funktionalisieren lassen wollten, die innerhalb ihres Rahmens, innerhalb ihrer Profession ausloten wollten, was die Kunst an Bewußtseinsbildung ausrichten kann.

Aber natürlich gab es massive Zugriffe auf diese Initiative, zwischen dem Kommerz auf der einen und den moskautreuen Kommunisten auf der anderen Seite. Das hat auch Ida Ehre gespürt, die ich für eine Mitwirkung an dieser Veranstaltung zu gewinnen suchte. Einerseits war sie von der Unabhängigkeit des inhaltlichen Konzeptes voll überzeugt, andererseits fürchtete sie eine ›Fremdsteuerung‹, nicht zu Unrecht natürlich. Ihr wurde massiv abgeraten von der Teilnahme. Friedrich Schütter aber, ihr Kollege, der Intendant des Ernst-Deutsch-Theaters, des größten Privattheaters der Hansestadt, sagte seine Mitwirkung zu. Das war für sie eine Art Orientierung, eine Art Placet für ihre Teilnahme. Kurz vor der Veranstaltung wurde Friedrich Schütter krank...«

Ein gigantisches, sechsstündiges Programm ist es, das da an jeweils zwei Tagen im vollbesetzten St.-Pauli-Stadion, zum Schluß bei strömendem Regen, auf einer riesigen Bühne das Publikum in Atem hält: Es beginnt mit Kinder- und Kirchenchören, setzt sich fort mit einer Präsentation des städtischen Musiklebens, Chören und Solisten aus Südeuropa, Rußland und der dritten Welt, symbolisiert so ganz unaufdringlich die ästhetisch vorscheinhafte Potenz einer globalen Kulturbewegung. Ein großes Orchester trotzt mit seinen Instrumenten der Unbill der sich zunehmend verschlechternden Witterung. Ein literarischer Teil mit Texten etwa von Heine und Mehring ist dem Ganzen dramaturgisch geschickt eingewoben. Künstler von der Durchschlagskraft einer Joan Baez, eines Harry Belafonte, André Heller, Wolf Biermann treten auf – und ganz zum Schluß, so hat es die Dramaturgie des Abends vorgesehen, soll Ida Ehres Part kommen. Ihr Lieblingstext, Wolfgang Borcherts »Sag nein!« wird, so ist es mit ihr besprochen, diesen Abend resümierend beschließen, diesen großen Abend bei strömendem Regen und mittlerweile fast schon orkanartigem Sturm. Irmgard Schleier, die im Off den Ablauf leitet, bleibt bis zum Schluß im ungewissen, ob die Prinzipalin sich, ohne die Rükkendeckung ihres Freundes und Mitstreiters Friedrich Schütter, den Weg an die Rampe zumuten will und kann, und sie bietet ihr, als das Stichwort kommt, ihren Arm zur Begleitung an. »Mit den Worten ›Ich werde nicht begleitet‹, stieß sie meinen Arm weg und schritt allein ganz nach vorn. Und sprach ihren Text…«

Dann gibt es nur eins
Du. Mann an der Maschine und Mann in der Werkstatt. Wenn sie dir morgen befehlen, du sollst keine Wasserrohre und keine Kochtöpfe mehr machen, sondern Stahlhelme und Maschinengewehre, dann gibt es nur eins:
Sag NEIN!
Du. Mädchen hinterm Ladentisch und Mädchen im Büro. Wenn sie dir morgen befehlen, du sollst Granaten füllen und Zielfernrohre für Scharfschützengewehre montieren, dann gibt es nur eins:
Sag NEIN!
Du. Besitzer der Fabrik. Wenn sie dir morgen befehlen, du sollst statt Puder und Kakao Schießpulver verkaufen, dann gibt es nur eins:
Sag NEIN!
Du. Forscher im Laboratorium. Wenn sie dir morgen befehlen, du sollst einen neuen Tod erfinden gegen das alte Leben, dann gibt es nur eins:
Sag NEIN!
Du. Dichter in deiner Stube. Wenn sie dir morgen befehlen, du sollst keine Liebeslieder, du sollst Haßlieder singen, dann gibt es nur eins:
Sag NEIN!
Du. Arzt am Krankenbett. Wenn sie dir morgen befehlen, du sollst die Männer kriegstauglich machen, dann gibt es nur eins:
Sag NEIN!

…
Du. Mann auf dem Bahnhof. Wenn sie dir morgen befehlen, du sollst das Signal zur Abfahrt geben für den Munitionszug und für den Truppentransport, dann gibt es nur eins:
Sag NEIN!
Du. Mann auf dem Dorf und Mann in der Stadt. Wenn sie morgen kommen und dir den Gestellungsbefehl bringen, dann gibt es nur eins:
Sag NEIN!
Du. Mutter in der Normandie und Mutter in der Ukraine, du, Mutter in Frisko und London, du, am Huangho und am Mississippi, du, Mutter in Neapel und Hamburg und Kairo und Oslo – Mütter in allen Erdteilen, Mütter in der Welt, wenn sie morgen befehlen, ihr sollt Kinder gebären, Krankenschwestern für Kriegslazarette und neue Soldaten für neue Schlachten, Mütter in der Welt, dann gibt es nur eins:
Sagt NEIN! Mütter, sagt NEIN!
[…]

Stefan Aust, darauf macht mich Irmgard Schleier aufmerksam, hat aus diesem sechsstündigen Abend einen Kinofilm hergestellt. Die Schlußsequenz habe ich gesehen: eine atemberaubende Demonstration schauspielerischer Sprechkultur – zum einen. Aber noch viel mehr: Es ist die hohe Kunst, einem Text, der durch allzu häufiges Herbeizitieren abgenutzt schien, wieder die »Unschuld des Ursprungs« zu schenken, seine durch Mißbrauch an ihm haften gebliebene Plakativität rhetorisch »abzukratzen«, ihm seine Unmittelbarkeit und Nachdenklichkeit, seinen ganz persönlichen Leidensdruck und seine Würde zurückzugeben. Dem refrainhaften »Sag nein!« ist oft genug, gerade auch zur hohen Zeit der Friedensbewegung, bei öffentlichen Deklamationen das Schicksal wiederfahren, in vordergründigem, wohlfeilem Einigkeitsgefühl kollektiv nachgeschmettert zu werden –, ohne daß das Gros der Zuhörer, immer schon auf seinen stimm-

lichen Einsatz konzentriert, die Feinziselierung dessen, was diesem Refrain jeweils vorausgeht, noch bereit gewesen wäre nachzuvollziehen. Ida Ehre hat die Nachschmetterer am Nachschmettern gehindert: durch gedankliche Verzögerungen, durch reflexive Zäsuren, unerwartete Fermaten und Pausen, ebenso unerwartete Raffungen an anderen Stellen – erst ganz, ganz zum Schluß, wenn der Text als ganzer zum Blühen gekommen ist, ist sie bereit, dem kollektiven Neinsagen einmal Raum zu geben. Ein Kantersieg – immerhin sind wir im St.-Pauli-Stadion, da muß dieses Bild schon mal erlaubt sein – für einen großen Text und eine große Interpretin gegen seine/gegen ihre politischen Einverleiber. Ein großer Moment an diesem Abend – und wohl auch ein großer Moment in Ida Ehres Leben.
Mit der Stationierung der Pershing-II-Raketen fällt diese große Bewegung in sich zusammen, die doch so erfolglos gar nicht gewesen ist, wie manche zu glauben scheinen, die sich jetzt lieber dem Showbusiness zuwenden: Hat sie doch, wie die Veranstaltung im St.-Pauli-Stadion eindrucksvoll beweist, auf künstlerischem Gebiet die West-Ost-Annäherung vorweggenommen, die erst Jahre später politische Realität werden soll. Einige wenige indes tragen diese Idee, diese Initiative weiter: Irmgard Schleier, Peter Rühmkorf, Eva Mattes, der von Irmgard Schleier geleitete Chor »Hamburger Sängerhaufen«. Unter den Hartnäckigen ist auch Ida Ehre. »Es ist doch gegen so vieles zu schreien«, hat sie in ihrem letzten Interview mit Hans Joachim Fuchs für die *Welt* geäußert, »aber wo schreit einer?«, und, auf die Nachfrage, wogegen das Theater mehr schreien sollte, geantwortet: »Gegen den Krieg, für Freiheit, Toleranz und Verständnis. Heute herrscht eine solche Trägheit in den Herzen der Menschen, daß man weinen könnte.«
Sicher hat sie auch geweint – dann, wenn es keiner sah –, aber sie hat ihre Stimme erhoben bis zuletzt. Es waren allesamt Benefizauftritte, an denen sie beteiligt war. Sie hat es sich – wie die Initiatorin, Irmgard Schleier, auch – geleistet, hat es sich

von Zeit abgeknappst, in der sie hätte Geld verdienen können, das dem verschuldeten Theater wieder zugute gekommen wäre. »Sie hat sich eingemischt«, wird später der Titel eines Nachrufes in der *Hamburger Rundschau* lauten – und das ist ihr immer wichtig gewesen. Etwa am Abend des 30. Januar 1984 in der Kampnagel-Fabrik, zum 51. Jahrestag der Machtergreifung Hitlers: »Widersteht, im Siegen Ungeübte«, ist, nach einer Gedichtzeile Peter Rühmkorfs, der Titel dieser literarisch-musikalischen Soiree. Ida Ehre rezitierte Gedichte von Brecht, Ingeborg Bachmann, Erich Kästner – und von Walter Mehring das 1934, schon »staatenlos im Nirgendwo«, entstandene »Ritualmärchen von den zwei Judenkindern«. Nein, das könne sie nicht sprechen, das gehe ihr zu nah, hat sie kurz zuvor noch Irmgard Schleier beschieden, die das Poem mit Bedacht für sie ausgesucht hat. Und dann tut sie es doch ...

Ritualmärchen von den zwei Judenkindern

1.
Zwei Kindlein – krausgelockt – selband
Gingen zum Metzger Hand in Hand.
Was soll's denn sein? Ein Viertel Schwein?
Die Kinder sprachen traurig: Nein!
Soso! Wie heißt ihr denn, ihr Luder?
Ich heiße Esther,
Sprach die Schwester.
Ich heiße Jakob
Sprach der Bruder.
Der Metzger grinste hämisch:
Hihi hihi Hoho hoho
Esther und Jakob rumvidibum
Ich lach mich schief – ich lach mich krumm,
Zu komisch! Nein! Zu komisch!

2.
Zwei Kindlein – krausgelockt – selband
Standen vorm Metzger Hand in Hand.
Der Metzger brüllt: Ich rat's geschwind:
Du Jakob bist ein Judenkind!
Schaut her, ihr Leut! Da habt ihr Juda!
Die schwarze Esther
Ist die Schwester,
Der schieche Jakob
Ist der Bruda ...
Den prüf ich anatomisch!
Hihi hihi Hoho hoho
Der ganze Laden glotzte dumm
Und lacht sich schief – und lacht sich krumm,
Zu komisch! Nein! Zu komisch!

3.
Zwei Kindlein beben, Hand in Hand,
Vor Angst der Bruder – die Schwester vor Schand.
Ich – schrie der Metzger – schlacht Schwein und Rind,
Ihr Juden schlachtet Christenkind!
Wenn ich euch nun den Garaus mache
Mit meinem Messer
Dir, schwarze Esther,
Und deinem Bruder?
Rache an Juda ...!

4.
Sein Schrei wuchs epidemisch,
Juhu! Huhu! Hepphepp! Hepphepp!
Die ganze Straße schrie und lief
Den Kindern nach – und lacht sich schief,
Zu komisch! Nein! Zu komisch!
Ein Judenmädchen legt Hand an sich,
Den Grund zum Selbstmord, den kannt' man nicht ...

Zwei Judenkinder Hand in Hand – da sind sicher Erinnerungsspuren aufgetaucht, die tief in die Kindheit führen. Jakob und Esther – Paul und Ida. Und in dem, was Walter Mehring den beiden krausgelockten Kindern moritatenhaft an Greueln zukommen läßt, spiegelt sich das Schicksal ihrer Schwestern, ihrer Mutter, ihrer Tochter, ihr eigenes. Kein Wunder, daß es ihr zunächst schwergefallen ist, diesen Text zu sprechen. Kein Wunder aber auch, daß sie ihn, als sie sich denn doch dazu entschließt, ihn anzunehmen, beispiellos mit eigenem Erleben und tiefer Empathie gleichermaßen füllen kann. Sie hat ihn dann noch öfter zum Klingen gebracht, innerhalb dieser Veranstaltungsreihe, die eng mit dem Namen und der Initiative Irmgard Schleiers verbunden ist: etwa an jenem großen Abend im Schauspielhaus, anläßlich des Tages, an dem sich das Ende des Krieges zum 40. Mal jährt, und der den Titel trägt: »Habt ein besseres Gedächtnis!« Ida Ehre und Irmgard Schleier – zwischen diesen beiden gleichermaßen eigenwilligen, gleichermaßen querdenkerischen Frauen, die ganz verschiedenen Generationen angehören, entwickelt sich über die gemeinsame Arbeit eine tiefe Freundschaft, ein profundes Verständnis für die Mißverständnisse, der die jeweils andere ausgesetzt ist, ein Verständnis für die künstlerischen Visionen, die sie hat. »Ich vermisse sie«, sagt Irmgard Schleier. »Ihre Unerbittlichkeit und Strenge, mit der sie – auch im Alltag – um die Mitteilung der Wahrheit rang, ihre Menschenkenntnis und Wärme, ihre Disziplin, ihren Humor und ihren Mut. Oft verspüre ich das Bedürfnis, sie anzurufen, sie um ihre Meinung zu fragen. Daß das nicht mehr möglich ist, macht mich traurig – noch immer.«

19. KAPITEL

»Auch der scheenste Jud' wird amal alt ...«

Eine Prinzipalin bestellt ihr Haus

Die Überschrift zu diesem Kapitel verdanke ich einer Anekdote, einem überraschenden und überraschten Blick, den mir Jan Aust anvertraut hat: »Sie stand vor dem Spiegel und musterte sich. Plötzlich bemerkte sie meine Anwesenheit, drehte sich um und sagte: ›Auch der scheenste Jud' wird amal alt.‹ Wir lachten ... Sie hatte sehr viel Humor und Selbstironie.« In der Tat, und Spaß beiseite, Ida Ehre ist eine schöne Frau. Gepflegt und distinguiert in ihrer Kleidung und Haltung – hoch aufgerichtet noch immer, auch wenn dies im Alter immer beschwerlicher wird, mit markanten Gesichtszügen, in die das Leben eindrucksvoll seine Lettern eingeschrieben hat.
»Mochte sie gebückt gehen«, schrieb Walter Jens in seinen Nachruf für *Die Zeit*, »den Oberkörper nach vorn gebeugt, mochten Alter und Krankheit sie beugen: Sie blieb aufrecht. Jede Geste, jedes Wort, jedes Mienenspiel zeigte an: Ich bin auf

dem Posten. Ihr könnt mit mir rechnen, ich lasse Euch nicht allein ... und das alles, wie's ihre Art war, nicht mit Pathos, sondern beiläufig artikuliert.«

Ein Foto von Ida Ehre ist um die ganze Welt gegangen: Es ist am 10. November 1988 aufgenommen worden – dem 50. Jahrestag der Reichskristallnacht. Es zeigt die 88jährige auf der Besucherempore des Bundestages, die Rede des Bundestagspräsidenten Philip Jenninger aufnehmend, die Hände vor die Augen geschlagen. Müde? Erschüttert? In ihr Inneres hineinhorchend, auf das Echo des zerberstenden Glases lauschend, für das damals in ihrem Böblinger Haus ein anonymer Pflastersteinwerfer verantwortlich war? Oder vielleicht auch nur ein Zeichen professioneller Mißbilligung setzend gegenüber dem doch wohl eher rhetorischen denn inhaltlichen Fauxpas des Inkriminierten, der schon einen Tag danach in seiner Demissionierung die bittere Quittung für seine Vortragsweise erhielt? »So kann man diese Sätze doch nicht sprechen, so stocksteif und verklemmt, so ohne Zeichen innerer Anteilnahme« – war es das, was diese Meisterin der Sprechkultur in jenem abgelichteten Moment gedacht hat? Das Bild hat Geschichte, fast Weltgeschichte gemacht – vielleicht, weil es Ida Ehres Geste ihr Geheimnis läßt.

Am selben Tage noch schreibt sie Bundespräsident Richard von Weizsäcker einen Brief: »Der Mord an meiner Mutter und an meiner Muttersprache gehören zusammen. Sie zerfielen in der gleichen Asche. Sprache jedoch kann wiederauferstehen.« Wie man spricht, wie man Sprache wiederauferstehen lassen kann – das hat sie an jenem Tag in Bonn in einer Feierstunde demonstriert; ihre Interpretation von Paul Celans »Todesfuge« hat diesen verrätselten Text mit seiner herben, unzugänglichen Schönheit auf ein Fundament persönlichen Erlebens und Erleidens gestellt.

»... Er ruft spielt süßer den Tod der Tod ist ein Meister aus Deutschland

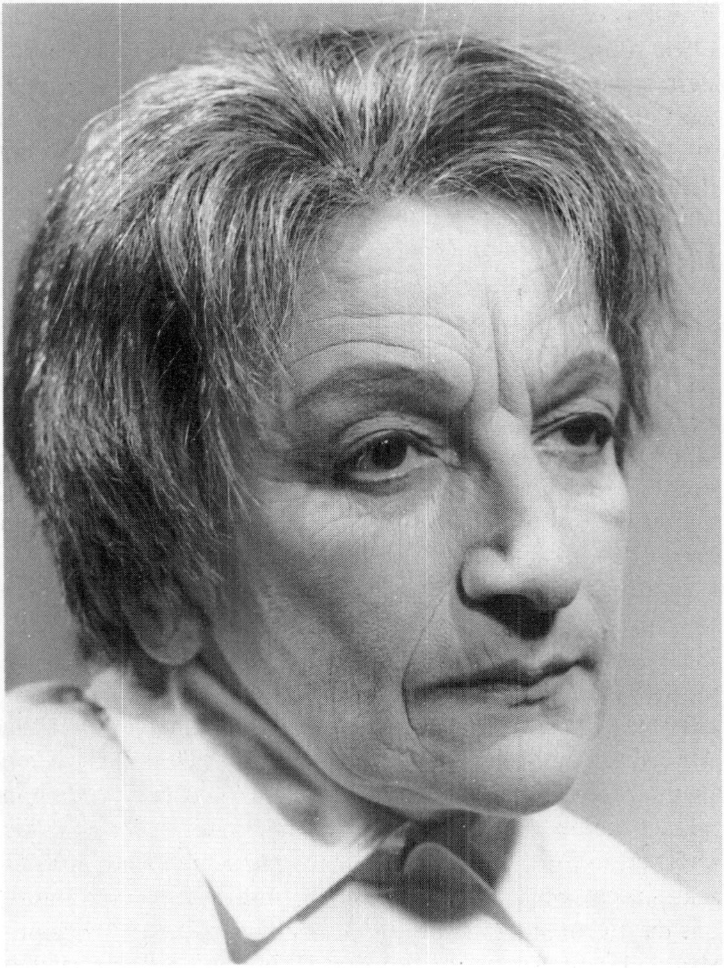

Ida Ehre in Dürrenmatts »Die Physiker« 1973/74
(Foto: Theatersammlung Hamburg)

er ruft streicht dunkler die Geigen dann steigt ihr als Rauch in die Luft
dann habt ihr ein Grab in den Wolken da liegt man nicht eng ...«

In diesen Zeilen spiegelt sich die bittere Realität der KZs, in denen die Häftlingsorchester zur Melodie des Todes aufspielen mußten. Auschwitz hatte ein solches Orchester, auch Theresienstadt, wo ihre Mutter umgekommen ist. Ida Ehre, im Gegensatz zu Philip Jenninger, weiß an jenem Tage genau, wovon sie spricht, und wie man von diesen Dingen sprechen muß. »Ich gebe nicht auf, die Menschen wachzurütteln«, hat sie kurz vor diesem 10. November in einem Interview geäußert. »Leider kann ich es innerhalb meines Theaters weniger als außerhalb meines Theaters ...«

Auch innerhalb ihres Theaters freilich gedenkt sie, mit den Mitteln, die dieser Bühne gemäß sind, jenes 50. Jahrestages: »Das Tagebuch der Anne Frank« von Goodrich/Hakkett hat im November Premiere. Und sie denkt, intensiver als in den Jahren zuvor, an eine Zukunft ihres Theaters ohne sie. Schon der dringliche Appell vom März 1987 an die Adresse des Senats, die Kammerspiele endlich zu entschulden, ließ daran denken, daß da jemand das Bedürfnis hat, sein Haus zu bestellen, reinen Tisch zu machen, seinem Nachfolger oder seiner Nachfolgerin einen Übergang mit makellosen Bilanzen zu ermöglichen. »Wir hatten Schulden, aber wir konnten damit leben«, meint Jan Aust. Ihr selbst scheint das schwerer gefallen zu sein. Vielleicht im Hinblick auf ein für sie doch allmählich absehbares Ende ihrer langen, langen Intendantenzeit? Sie hat darüber keine großen Worte verloren – aber die Zeit danach, sprich die Zukunft ihres Hauses, muß sie doch stark und immer stärker beschäftigt haben. Im Dezember 1988 gründet sie eine Bertha-und-Ida-Ehre-Stiftung, mit drei gleichberechtigten Vorstandsmitgliedern: sie selbst, ihre Tochter Ruth Mueller-Eisler und Dr. Gustav Wiedemann, der Vorsitzende des Deutschen Bühnenvereins.

Im August 1988 hat sie in der Komödie »Ladykillers« Premiere gefeiert. Sie spielt die Mrs. Wilberforth, eine schrullige alte Dame, die vier Gangstern durch ihre Unbedarftheit das Geschäft des Diebstahls und durch ihre Liebenswürdigkeit den Plan, sie zu ermorden, vereitelt. Ein letztes Mal geht der Premierenvorhang für die große Schauspielerin auf, die ihr Publikum mit gleicher Leidenschaft zum Weinen wie zum Lachen gebracht hat. Ein letztes Mal nimmt sie die Premierenovationen entgegen. Ein letztes Mal feiert sie mit ihren Schauspielern und mit ihrem Publikum ein rauschendes Fest, so, wie sie es nach harten Arbeits- und Probenphasen geliebt hat. In einer der laufenden Vorstellungen – das Gehen fällt ihr zunehmend schwerer – stürzt sie. Es ist nicht das erste Mal, daß ihr ein solches Malheur widerfährt, doch bis jetzt hat sie sich immer wieder mit unglaublicher Schnelligkeit von derlei Blessuren erholt. Auch die Folgen dieses Sturzes scheinen zunächst harmlos. Doch kurz vor der traditionellen Silvesterfeier, bei der sie alljährlich von der Bühne herab mit ihrem Publikum bei einem Glas Sekt das neue Jahr begrüßt hat – auch diesmal ist diese zur lieben Gewohnheit gewordene Silvesterdramaturgie vorgesehen – zieht sie sich zu Hause bei einem erneuten Sturz weitere, schwerere Verletzungen zu, die sie ins Krankenhaus zwingen.
Jetzt, der Augenschein macht es mehr denn deutlich, wird es ernst mit der Frage nach der Zukunft des Theaters, mit der Nachfolgefrage. Ein Kuratorium wird ins Leben gerufen, das der Stiftung wie dem Kulturausschuß in Personal- und Kursfragen beratend zur Seite stehen soll: Friedrich von Weizsäcker, Helmut Schmidt, Walter Jens, Justus Frantz und Dr. Wilhelm Nölling, Präsident der Hamburgischen Landeszentralbank, bisher schon Vorsitzender des Freundeskreises der Kammerspiele, engagieren sich in diesem Kreise. Ida Ehre selbst favorisiert ein Zweierdirektorium. Ihre langjährige Freundin, die Schauspielerin Ellen Schwiers, Intendantin der Burgfestspiele Jagsthausen und Leiterin eines Tourneeunternehmens, wünscht sie sich ans

Haus, ihr zur Seite Jan Aust, ihren Chefdramaturgen und Hausregisseur. Ellen Schwiers kommt aus München, die Kranke zu besuchen und, so vermute ich, Modalitäten der Nachfolge zu besprechen. Parallel dazu entfaltet die Moribunde Aktivitäten, aus denen zu schließen ist, daß sie selbst mit irgendeiner Faser ihres großen Herzens, ihres großen Überlebenswillens noch immer an eine Rückkehr an die Stätte ihres Wirkens glaubt: Mit Jan Aust entwickelt sie weiter das längst begonnene Spielplangerüst, liest, noch in der letzten Woche ihres Lebens, neue Stükke, hält Termine ein und macht neue, noch für den 17. und 18. Februar. Diesen Willen, der doch so oft in ihrem bewegten Leben Berge zu versetzen imstande war, nun im Kampf mit den sinkenden Kräften allmählich unterliegen zu spüren, muß, gerade für sie, eine zutiefst schmerzliche Erfahrung gewesen sein. Bis zum letzten Augenblick um ihr Lebenswerk besorgt, stirbt sie in der Nacht zum Donnerstag, dem 16. Februar 1989, an Herzversagen.

An den Kammerspielen steht an diesem Donnerstag Alan Ayckbourns Komödie »Familiengeschäfte« auf dem Spielplan. Viele Zuschauer, die die Nachricht vom Tode Ida Ehres schon erreicht hat, sind in Schwarz erschienen – ein optisches Zeichen der Verbundenheit mit dem Haus und seiner Prinzipalin. Daß die Vorstellung ausfallen könnte, damit hat wohl keiner gerechnet. Dazu kennt man Ida Ehre zu gut. »Wir spielen zu ihrem Gedenken«, beendet Jan Aust seine Ansage vor dem Vorhang. Genau diese Art des Gedenkens hätte sie sich wohl auch gewünscht.

An den nächsten Tagen sind die Gazetten dieser Republik voll mit Nachrufen, in denen noch einmal die ganz große Zeit der Kammerspiele ins kollektive Gedächtnis gerufen wird. Wir kennen den Tenor dieser Texte, kennen ihre nostalgische Melodie schon aus den Nachrufen zu Lebzeiten, zu welchen die Jubiläums- und Geburtstagstexte allmählich mutierten. Einige freilich – wie der ihres Freundes und »Hausdichters« Walter Jens – sind anders, differenzierter, entdecken eine eigene Schönheit

und Wahrheit auch in der Beharrlichkeit und Treue, mit der da eine »Mutter Courage« ihren Theaterwagen bis zuletzt durch die Fährnisse der sich ständig wandelnden Zeit gezogen hat, mit Herz und Verstand, manchmal auch mit Gift und Galle, mit Humor und Bestimmtheit, mit Distanz und Nähe, mit List und mit Charme. Nicht nur den Jahren des Anfangs, auch denen des Endes wohnt ein Zauber inne. Walter Jens hat diesen Zauber in einer rhetorischen Parenthese, beiläufig fast, zum Sprechen gebracht: »Ob ich ihr behilflich sein könnte, hat sie mich einmal gefragt, ihre Lieblingsrolle, die zwar männlich sei, aber in ihrer Geschlechter übergreifenden Art auch von einer Frau gespielt werden dürfe... ob ich ihr wohl helfen könnte, Nathan den Weisen ins Weibliche zu transportieren: Lessing zu Ehren? Nathan der Weise – von einer großen alten Jüdin gespielt. Der Anwalt von Humanität und weltläufiger Zielstrebigkeit: verwandelt in eine Frau. Das ist ein Traum, der in Ida Ehres langem Leben Wirklichkeit geworden ist.«
Mit einem feierlichen Staatsakt im Großen Festsaal des Hamburger Rathauses nehmen am 23. Februar mehr als 800 Gäste aus Kultur, Politik und Wirtschaft Abschied von Hamburgs einziger Ehrenbürgerin. Die Flaggen in der Stadt wehen auf halbmast, und im Nieselregen vor dem Rathaus stehen stumm die Menschen. »Laßt sie uns nicht vergessen«, schließt Helmut Schmidt seine Trauerrede. Bürgermeister Henning Voscherau beendet seine Ansprache mit Worten von Nelly Sachs, die wie eine poetische Reverenz an die Verstorbene und ihre Hingabe an die Sprache klingen:

»Völker der Erde
zerstöret nicht das Weltall der Worte,
zerschneidet nicht mit den Messern des Hasses
den Laut, der mit dem Atem zugleich geboren wurde.
... Völker der Erde
lasset die Worte an ihrer Quelle,

denn sie sind es, die die Horizonte
in die wahren Himmel rücken können
und mit ihrer abgewandten Seite
wie eine Maske dahinter die Nacht gähnt
die Sterne gebären helfen.«

Der Trauerfeier im Rathaus folgt die Beisetzung auf dem 1897 eingerichteten »Althamburgischen Gedächtnisfriedhof«, gleich links vom Haupteingang des Ohlsdorfer Friedhofs an der Fuhlsbütteler Straße – ein Platz für Verstorbene, deren Namen eng mit der Hansestadt verbunden sind. Pastor Dr. Stephan Reimers hält die Traueransprache, der Ida Ehre von vielen gemeinsamen Veranstaltungen her kennt. Vielfältig sind die Verbindungen zwischen der von ihm geleiteten Evangelischen Akademie und der von ihr 1952 gegründeten »Christlich-jüdischen Gesellschaft«, deren Vorstand sie bis zuletzt angehört hat. Der Filmproduzent Professor Gyula Trebitsch, ein enger Freund, spricht am Grab das hebräische Kaddisch, das Totengebet. Ein Rabbi ist nicht zur Beerdigung erschienen – ob der jüdischen Orthodoxie Ida Ehres Gläubigkeit zu liberal war? Ihre letzte Ruhestätte liegt neben dem Grab von Gustaf Gründgens. So hat sie es gewünscht. Am Tag ihrer Beisetzung liegt eine rote Rose auf seiner Grabplatte.
Das letzte Kapitel von Ida Ehres irdischem Dasein ist abgeschlossen, nicht jedoch das ihres Werkes, der Hamburger Kammerspiele. Nach kurzem, gedenkendem Innehalten geht dort das Leben weiter, muß für die Zukunft geplant werden. Mitte März ist die Nachfolgefrage vorläufig geklärt: Jan Aust und Hans-Jürgen Simmersbach, der Verwaltungsleiter, übernehmen gemeinsam die Theaterleitung. Ellen Schwiers hingegen kommt nicht an die Kammerspiele. Ihre Kandidatur wurde zwar »diskutiert, aber aufgrund persönlicher Schwierigkeiten wieder verworfen.« Jan Aust stellt einen Spielplan vor, an dessen Gestaltung Ida Ehre noch bis kurz vor ihrem Tode beteiligt war und der eine ganze Reihe neuer Stücke vorsieht: etwa »Laura

und Lotte« von Peter Shaffer, »Gefährliche Liebschaften« von Christopher Hampton und als deutschsprachige Erstaufführung »Na und!« von Françoise Dorin. Ingmar Bergman soll »Szenen einer Ehe« inszenieren.
Ein Programm, das Kontinuität und Wagnisbereitschaft zugleich ausstrahlt. Die Stiftung indes sucht weiterhin nach einem Nachfolger oder einer Nachfolgerin für Ida Ehre. Der Vorstand besteht nunmehr aus Walter Jens, Ruth Mueller-Eisler und Gustav Wiedemann. Ende September ertönt ein »Heureka« durch die Hamburger Zeitungen: Sie ist gefunden, die Nachfolgerin für Ida Ehre. Mit Ursula Lingen wird Hamburg wieder eine Prinzipalin haben. Aus der Begründung von Dr. Gustav Wiedemann, der gleichzeitig Geschäftsführer des Norddeutschen Bühnenvereins ist: »Erstens haben die Kammerspiele den Auftrag, das jüdische Kulturgut zu fördern, und da ist es gut, wenn eine derart qualifizierte Kandidatin zur Verfügung steht, die auch Jüdin ist, dann steht Frau Lingen in der großen Theatertradition: Ihre Mutter war die erste Frau Bert Brechts, Frau Lingen wuchs mit Brechts Tochter Hanne Hiob auf. Und schließlich ist Ursula Lingen eine markante, in Hamburg seit langem bekannte Schauspielerin.«
Mit ihrem Mann Kurt Meisel war Ursula Lingen zuletzt im März in den Kammerspielen in dem Stück »Geliebter Lügner« zu Gast. Den Hamburgern ist sie noch aus der Zeit ihres Engagements am Thalia-Theater unter Boy Gobert in Erinnerung. »Die große geistige Tradition fortführen« – das ist ihr erklärtes Ziel. Und noch ein Begriff kursiert durch ihre erste Pressekonferenz in der nobel alsternahen Musikhochschule: der Begriff »Qualitätssprung«. Große Namen leuchten am Horizont: Niels-Peter Rudolph, Andrea Breth, Kurt Meisel, Joana Maria Gorvin, Erika Pluhar, Nicole Heesters, Barbara Sukowa, Martin Benrath ...
Da wird ein Abendetat von 1400 bis 1600 DM, wie ihn Jan Aust zur Verfügung hatte, schwerlich ausreichen. Nicht nur künstlerisch freilich, sondern auch technisch sollen die Kammerspiele

einen höheren Standard erreichen. Das kostet natürlich mehr, als mit den 1,2 Millionen Subventionen zu bewältigen wäre. Allein 800 000 Mark erfordern die technischen Verbesserungen und entsprechendes Fachpersonal, rund 1,5 Millionen DM der Umbau des Foyers. Sponsoren, so läßt die Prinzipalin verlauten, haben die Gelder fürs erste gesichert. Erneuert werden Garderoben, Büroräume, Notstrom-, Licht- und Tonanlage. Außerdem sollen Duschen für die Schauspieler eingebaut werden, und der Zuschauerraum erhält einen dunklen Anstrich. Die beiden wichtigsten Veränderungen betreffen das Restaurant und die bisherige Werkstatt im Souterrain. Ersteres soll, seinem Zustand in den dreißiger Jahren optisch-architektonisch wieder angenähert, unter dem Namen »Café Freihafen« firmieren und auch Schauplatz von literarischen Veranstaltungen werden. Letztere – der ehemalige Logensaal – wird zur Studiobühne für 120 Zuschauer.

Große Vorbereitungen sind im Gang, um die »Ära Lingen« einzuläuten. Doch eine Ära wird es nicht, es bleibt beim Zwischenspiel. Zu groß ist die Kluft zwischen den Gegebenheiten des – wie auch immer durch Sponsoren aufgepäppelten – Etats und den laufenden Kosten. Bereits nach einem halben Jahr hat sich, so stellt es Jan Aust dar, das Defizit der Kammerspiele um fast eine Million DM vergrößert. Ursula Lingen, das sei nicht verschwiegen, sieht diesen Tatbestand anders, spricht davon, daß hier Schulden aus der Ehre-Ära in ihre Spielzeit hinübertransferiert worden seien. Eine häßliche Schuld- und Schuldenzuweisung hin und her begleitet ihren Abgang. Ich habe die genauen Zahlen nicht einsehen können, aber natürlich bin ich parteiisch. Daher möchte ich in dieser Debatte einem das Schlußwort überlassen, der ebenso parteiisch ist wie ich, und der die Verhältnisse besser gekannt hat. In einem Leserbrief ans

Ida Ehre am Regietisch 1964 (Foto: Hamburger Theatersammlung/Clausen)

Hamburger Abendblatt, erschienen am 23. August 1991, schreibt Peter Ahrweiler: »Laudatio auf Ida Ehre. Ida Ehre war die letzte große ›Prinzipalin‹ der deutschen Theatergeschichte. Zwei Juden (denen unter den Nazis Unrecht zugefügt wurde) lehrten mich, diese Stadt zu lieben, der Preuße Herbert Weichmann und die »Mutter Courage« Ida Ehre. Ein jedes Gespräch und jeder Gedanke dieser beiden Aufrechten war ein Geschenk, und nach 40 Jahren gemeinsamer Wegstrecke bin ich noch heute dafür dankbar. Die Ehre war ein Leuchtfeuer, als wir geschichtlich ›Draußen vor der Tür‹ standen und Theater noch keine Pfründe und Selbstbedienungsläden waren, sondern für nach dem freien Wort Hungernde das Brot der Armen.
Ich fordere zur Ehrenrettung von Ida Ehre den Hamburger Senat und die Kulturbehörde sowie den Deutschen Bühnenverein auf, die echten bilanzierten und geprüften Entnahmen der End-Ära Ehre und auch die Entnahmen, einschließlich der Regie- und Spielhonorare, der End-Ära Lingen-Meisel für die Öffentlichkeit aufzulisten. Es darf nicht sein, daß die Schuldfrage auf Tote oder zum Schweigen vergatterte Bürger abgewälzt wird.«
Mittlerweile werden die Kammerspiele – nach weiteren zwei Intendanzen ohne Fortune – von dem Regisseur Ulrich Waller und dem Schauspieler Ulrich Tukur geführt. Möge dem jungen Team Glück beschieden sein. Ida Ehre hätte sicher ihre Freude daran.

EPILOG

Fast ein Jahr lang hat sie mich nun begleitet, die kleine, große alte Dame, deren Porträt noch immer auf meinem Schreibtisch steht. Ich bin in ihre Wiener Kindheit eingetaucht, habe mit ihrem Blick Menschen gesehen, die ich nie gekannt, mich mit ihr auf kleine und große Fluchten begeben, von denen ich nur den ungefähren Eindruck der »Nachgeborenen« hatte. Sie war mein Cicerone in Städten, in die ich nie einen Fuß gesetzt, sie hat mir das Geheimnis ihrer Schauspielkunst offenbart und die Notwendigkeit aufgezeigt, trotz allem unbeirrbar seinen Weg zu gehen. Mehr und mehr habe ich mich mit ihr identifiziert, habe mich über ihre Erfolge gefreut, über Mißverständnisse, denen sie ausgesetzt war, geärgert, mit ihr ums Überleben ihres Hauses gebangt. Selbst einige indiskrete Blicke in ihr Privatleben hat sie mir ermöglicht – ich denke, ich habe ihre Arglosigkeit nicht mißbraucht. Und das letzte Kapitel, das

mir von der erbarmungslosen Dramaturgie der Vergänglichkeit diktiert wurde, ist mir schwergefallen zu schreiben.
Noch einmal werfe ich einen Blick auf das mir mittlerweile lieb und vertraut gewordene Antlitz. Einiges entdecke ich neu für mich darin, nach dieser langen Reise durch ihr langes Leben: »Diese Augen haben viel gelacht«, habe ich in meinem Vorwort geschrieben. Jetzt fällt mir vor allem der Schmerz auf, der aus ihnen spricht. Sie haben auch viel geweint, diese Augen. In Ida Ehres Mienenspiel, das ich bei aller Statik, die einer Fotografie eignet, doch zu erkennen glaube, liegen beide Gemütsbewegungen, liegen das Schmerzliche und das Komische ganz nah beieinander. »Die Quelle aller Komik sind tiefe, leidvolle Erfahrungen«, weiß ein Bonmot, von F. K. Waechter einmal mit filigranem Witz und gekonntem Bleistiftstrich illustriert. Ida Ehre konnte ihrem Publikum das Lachen schenken, weil sie um seine Tränen wußte. Weil sie ihre eigene Trauer in sich bewahrt, nichts vergessen und trotzdem nicht gehaßt hat.
Adieu, Ida Ehre. Lebewohl kann ich leider nicht mehr sagen. Es war eine erfüllte Zeit mit dir.

Anhang

LITERATUR

Borchert, Wolfgang: »Das Gesamtwerk« (1. Aufl.), Reinbek 1949

Canetti, Elias: »Die gerettete Zunge«, Frankfurt 1979

Ehre, Ida: »Gott hat einen größeren Kopf, mein Kind«, rororo, Reinbek 1988

Goral, Arie: »An der Grenzscheide: Kein Weg als Jude und Deutscher?«, Münster/Hamburg 1994

Schmidt, Helmut: »Weggefährten«, Berlin 1985

Scholem, Gershom: »Über einige Grundbegriffe des Judentums«, Frankfurt 1970

»Die Fackel«, hrsg. von Karl Kraus, Lizenzausgabe in 12 Bänden für Zweitausendeins, Frankfurt o. J.

»Die Schauspielerin. Zur Kulturgeschichte der weiblichen Bühnenkunst«, hrsg. von Renate Möhrmann, Frankfurt 1989

»Wien. Ein Reisebuch in den Alltag«, hrsg. von Ludwig Moos, Reinbek 1994

REGISTER

Adler, Max 14
Ahrweiler, Peter 230
Altenberg, Peter 16, 28, 41
Ambesser, Axel von 134, 176
Anklam, Hanns 118
Anouilh, Jean 134, 155
Ardrey, Robert 118
Aust, Helga 203
Aust, Jan 9, 187, 198, 203 ff., 210 f., 221, 224 ff., 228 ff.
Aust, Max 187, 203
Aust, Stefan 216
Ayckbourn, Alan 226

Bab, Julius 67 f.
Bachmann, Ingeborg 218
Balqué, Erika 184
Baudius, Augustine (siehe auch: Wilbrandt-Baudius)
Beaz, Joan 214
Belafonte, Harry 214
Ben-Chanan, Yaacov 78
Benedikt, Moritz 16
Benrath, Martin 229
Berchtold, Graf Leopold 17, 40
Berchtold, Gräfin Ferdinandine 40
Berger, Alfred Freiherr von 30
Bergman, Ingmar 229
Bergner, Elisabeth 68, 73, 115, 201
Bernhardt, Sarah 199
Bessel, Ehmi 198, 206
Biallas, Dieter 197, 199
Biermann, Wolf, 214
Birch-Pfeiffer, Charlotte 35, 42
Birgel, Willy 63 f.
Bleibtreu, Hedwig 43
Blum, Doris 81
Blüm, Norbert 202
Borchert, Wolfgang 111 f., 141 ff., 214
Brauer, Max 127 f., 151, 199
Brecht, Bertolt 68, 176 ff., 218, 229
Breth, Andrea 229
Bruckner, Ferdinand 134
Brüning, Heinrich 66
Burkhardt, Werner 139, 210
Busch, Ernst 68

Canetti, Elias 14, 28 f.
Caruso, Enrico 11
Celan, Paul 222
Clark, Brian 212
Colette, Sidonie-Gabrielle 207
Dagover, Lil 115
Daniela (Enkelin von Ida Ehre) 73, 162, 166 ff.
Denker, Henry 183
Deutsch, Ernst 68, 73
Devrient, Max 43

Dietrich, Marlene 115
Dingelstedt, Franz 37
Dohnanyi, Klaus von 201
Dollfuß, Engelbert 73 ff.
Domin, Friedrich 56
Dorin, Françoise 229
Dorsch, Käthe 68
Drommert, René 120
Druten, John van 207
Dumont, Luise 162
Dürrenmatt, Friedrich 190, 223
Duse, Eleonora 30

Ebner-Eschenbach, Marie Freifrau von 39
Ehre, Bertha 12, 14, 21 f., 26, 30, 54, 73, 90, 96, 100 ff.,
Ehre, Emma 20, 22, 129
Ehre, Fritz 15, 33
Ehre, Lola 19 f., 23, 36, 172
Ehre, Ottilie 15 f., 18, 23, 26, 100
Ehre, Paul 11, 15, 28 f., 220
Ehre, Salomon 11 ff.
Eichmann, Adolf 102
Eisler, Kurt 166 ff.
Erfurth, Ulrich 139, 175
Erhard, Ludwig 150
Euripides 136, 195, 208
Eysoldt, Gertrud 50

Fanny (Kindermädchen von Canetti) 28
Fechner, Eberhard 186
Fehling, Jürgen 67
Feiler, Herta 115
Fiebig, Eva 187
Fiebig, Kurt 187
Filippo, Eduardo de 174 f.
Firner, Irma 157
Firner, Walter 157
Flickenschildt, Elisabeth 68
Florath, Albert 68
Fo, Dario 211
Fontheim, Joachim 179
Forster, Friedrich 69
Frank, Anne 224
Frankfurter, Albert Geheimrat 53
Frantz, Justus 225
Freisler, Roland 93
Freud, Sigmund 14, 183 f.
Friedell, Egon 41
Friedrich, Gerhard 187
Friedrichsen, Uwe 185, 187
Frisch, Max 155
Fröbe, Gert 172
Fuchs, Hans Joachim 217

Galin, Alexander Michailowitsch 206 f.
Garbo, Greta 115
Geibel, Emmanuel 36
George, Heinrich 68, 73, 130
Gert, Valeska 26, 114
Giehse, Therese 115
Giller, Walter 186
Giraudoux, Jean 134, 176, 197
Gmelin, Gerda 183, 205
Gobert, Boy 190, 229
Godlewsky, Karl 23
Goebbels, Dr. Joseph 72, 89
Goetz, Curt 157
Gold, Käthe 68
Goodrich, Frances 224
Goral, Arie 92 f.
Göring, Hermann 72, 130
Gorvin, Joana Maria 229
Goverts, Robert 144

Granach, Alexander 73
Gröllmann, Otto 118, 121
Gründgens, Gustaf 68, 73, 118, 124, 130, 139, 178, 184, 228
Grynszpan, Herschel 89

Hakkett, Albert 224
Hampton, Christopher 229
Harlan, Veit 115
Harvey, Lilian 115
Hauptmann, Carl 58
Hauptmann, Gerhart 36, 58, 155, 182
Hebbel, Friedrich 53
Heesters, Nicole 229
Heilmeyer, Renate 187
Heine, Heinrich 200, 214
Heinemann, Hilda 192, 198
Heinz, Wolfgang 73
Held, Martin 201
Hellberg, Ruth 56
Heller, André 214
Herzl, Theodor 27
Heuss, Theodor 88
Heyde, Dr. Bernhard 62, 64, 75 ff., 88 ff., 96 f., 100, 106, 108 f., 112, 119, 133, 166, 194 f., 198
Heydrich, Reinhard 99, 109
Himmler, Heinrich 109
Hinz, Werner 198, 206
Hiob, Hanne 229
Hitler, Adolf 71, 74 f., 78, 84, 218
Hoffmann, Heinz 187
Hofmannsthal, Hugo von 113
Höger, Ilse 132
Homann, Peter 213
Höpfner, Geschwister 129 f.
Hoppe, Marianne 68, 206
Horwitz, Mirjam 118
Hübner, Bruno 54
Hugenberg, Alfred 66

Ibsen, Henrik 58
Ihering, Herbert 67

Jacobi, Johannes 172
Jana, La 115
Janssen, Horst 208
Jenninger, Philip 222, 224
Jens, Walter 139, 196, 201, 204, 208 f., 221, 226 f., 229
Jeßner, Leopold 56, 59, 66, 73

Kafka, Franz 81
Kaiser Franz Joseph 30
Kaiser Joseph 27
Kaiser Karl 40
Kaiser, Georg 134
Kaiser, Joachim 174, 176, 205
Kanin, Fany 183
Kanner, Dr. Heinrich 16 ff., 26
Kant, Emmanuel 56
Kästner, Erich 218
Käutner, Helmut 88, 159, 176, 183 ff., 198
Kentner, Heinz-Dieter 63
Kerr, Alfred 67
Kinsky, Gräfin Maria Elisabeth Josepha 40
Kishon, Ephraim 191
Klaus, Peter 157
Kleist, Heinrich von 134
Klose, Hans-Ulrich 199
Koniarski, Helmut 139, 145
König, Dr. Walter 159

König, Ingeborg 119
König, Lucie 23
Königswarter, Baronin 42
Koppenhöfer, Maria 68
Kortner, Fritz 68, 73, 130
Krahl, Hilde 130 ff., 136, 183
Kranefuß, Gisela 168, 169
Kraus, Karl 16 ff., 23, 26, 30, 38, 43, 67
Krauß, Werner 68
Kröger, Helmuth 118
Krogmann, C.V. 93
Krüger, Bum 63
Kuh, Anton 28, 41
Kupsch, Anita 191

Langheinz, Ernst 63
Laube, Heinrich 37
Leander, Zarah 115
Legal, Ernst 67
Lenschau, Hermann 181
Lenz, Siegfried 81, 182
Lessing, Gotthold Ephraim 227
Lichtwark, Alfred 151
Liebeneiner, Johanna 183
Liebeneiner, Wolfgang 130, 145, 147, 183
Lietzau, Hans 177, 187, 189
Linder, Erwin 113, 118
Lingen, Marianne (1. Frau B. Brechts) 229
Lingen, Ursula 229 f., 232
Lorca, Frederico Garcia 180
Lorre, Peter 73
Lübbert, Katie 9
Lueger, Karl 30, 74
Lüth, Erich 155

Mahnke, Hans 118
Maisch 66
Makart, Hans 38
Mannheim, Lucie 73, 115
Marks, Eduard 118 f., 198
Massari, Fritzi 115
Mattes, Eva 217
Mattishent, Gisela 138
Mehring, Walter 214, 218, 220
Meisel, Kurt 229
Menzel, Gerhard 64
Meysel, Inge 117
Michal, Robert 118, 121
Minetti, Bernhard 68, 206
Morgenstern, Christian 200
Mosheim, Grete 115
Mrożek, Sławomir 200
Mueller, Rick 168, 204
Mueller-Eisler, Ruth (Tochter von Ida Ehre) 22, 63 f., 73, 89 f., 99, 112, 130, 162 ff., 168 ff., 190, 224, 229
Müller, Agnes 53
Müller, Heiner 206
Münch, Richard 177, 187
Murrell, John 199

Neher, Carola 68, 73
Nestroy, Johann Nepumuk 69
Neuber, Caroline 8, 162, 180
Nevermann, Paul 199
Nietzsche, Friedrich 200
Nissen, Godber 198
Noack, Max 54
Nölling, Dr. Wilhelm 225

Olden, John F. 117 f., 128
Oprecht 144
Osborn, Paul 134
Ostrowskij, Alexander N. 181 f.
Otto, Hans 68

Palmer, Lili 115
Peine, Helmut 187
Piscator, Erwin 174
Platte, Rudolf 201
Pluhar, Erika 229
Polgar, Alfred 14, 34, 41
Pontow, Käte 135
Popp, Severin 45 ff.
Porten, Henny 115
Prechtler, Ehepaar 36
Prechtler, Heinrich 35
Proust, Marcel 26

Quest, Hans 135, 143, 147
Quittel, Enno 196 f.

Radetzky, Tatjana von 181
Reimers, Dr. Stephan 228
Reiß, Kurt 125
Rheinhardt, Heinrich 50
Rheinhardt, Max 50, 68
Roda Roda 41
Rohlffs, Erich 113, 116, 120, 122, 125, 154, 168, 198
Röhm, Ernst 78
Rowohlt, Ernst 144
Rolland, Romain 61
Rosenbaum, G. B. 212
Roth, Joseph 12, 14 f.
Rudolph, Niels-Peter 229
Rühmkorf, Peter 217 f.

Sachs, Nelly 227
Saroyan, William 134
Sartre, Jean Paul 155
Schamir, Graf Otto 54
Schleier, Irmgard 9, 213 f., 216 ff., 220
Schlösser, Rainer 72, 120
Schmidt, Helmut 80, 127, 225, 227
Schnabel, Ernst 142, 144
Schmittlein, Ferdinande 36
Schnitzler, Arthur 27, 37, 41, 50 f.
Schomberg, Hermann 118, 135
Schönberg, Arnold 14
Schönerer, Georg Ritter von 75
Schönherr, Karl 68
Schradiek, Annemarie 63, 186, 206
Schramm, Günther 187
Schuh, Oskar Fritz 204
Schulz, Peter 199
Schütter, Friedrich 214 f.
Schweisguth, Willy 118
Schwiers, Ellen 225 f., 228
Scribe, Eugène 88
Seippel, Edda 147, 187
Seyffert, Andreas 208
Shaffer, Peter 229
Shakespeare, William 35, 45 f.
Shaw, George Bernard 132, 183, 211
Sievers, Professor 97
Simmersbach, Hans-Jürgen 228
Singer, Isidor 18
Sladek, Maximilian 50
Söderbaum, Kristina 115
Sokrates 63
Spira, Camilla 115
Spoerl, Heinrich 134
Storz, Dr. Gerhard 63
Strindberg, August 48
Sukowa, Barbara 229

Trebitsch, Gyula 228
Tschechow, Anton 200

Tukur, Ulrich 144, 232
Twain, Mark 37

Uhland, Ludwig 36
Ullrich, Luise 68

Valetti, Rosa 114 f.
Voscherau, Henning 227

Waechter, F. K. 232
Waller, Ulrich 144, 232
Walter, Frau 97 f.
Wedekind, Frank 69
Wedekind, Pamela 56
Wegener, Paul 59, 68
Weichert, Richard 53
Weichman, Elsbeth 197
Weichmann, Herbert 94, 197, 199, 232
Weigel, Hans 200
Weigel, Helene 176, 178
Weininger, Otto 74
Weisenborn, Günther 174, 176, 200, 205
Weiser, Grete 157, 159, 174, 182, 198
Weizsäcker, Friedrich von 225
Weizsäcker, Richard von 222
Werfel, Franz 19, 136, 195, 210
Werner, Mary 119
Wiedemann, Dr. Gustav 224, 229
Wilbrandt, Adolf von 37 f.
Wilbrandt, Robert 37
Wilbrandt-Baudius, Augustine 36, 39 f., 42
Wilder, Thornton 134 ff.
Wildgans, Anton 52
Williams, Tennessee 198
Wischmann, Marianne 113
Witter, Ben 78, 199
Wolfgang 91, 194 f.
Wolter, Charlotte 36, 38

Zeska, Frank von 172
Zeska, Philipp von 19, 172
Ziegel, Erich 118, 123
Zweig, Stefan 28

Econ & List

Jochen Schmidt

Tanzen gegen die Angst

240 Seiten, 20 Abbildungen

TB 26513-X

Originalausgabe

Pina Bausch ist die wichtigste Tänzerin und Choreographin dieses Jahrhunderts. Ihr Tanztheater erlangte Weltgeltung, weit über Wuppertal hinaus.

Ihre revolutionären Inszenierungen haben das Publikum in höchstes Erstaunen versetzt: Sie lockte alle an – die begeisterten Fans, die skeptischen Kritiker und das entsetzte Establishment. Alle wollten ihr huldigen, auf ihre Art.

Das einstige Genie der Essener Folkwang-Schule hatte es geschafft: In zehn Jahren konnte sie alles niederreißen, was bis dato für das Tanztheater galt. Es gab kein Ensemble, das sich nicht an ihrer Kunst orientiert hätte. Sie definierte das Genre völlig neu. Und Grenzen zu überschreiten, das ist ihr großes Ziel – noch heute.

Econ & List

Mariam Niroumand

»Westwärts, junger Mann!« Mae West

232 Seiten, 20 Abbildungen

TB 26517-2

Originalausgabe

Mit starken Schultern, Hüften und Backen, den Pelzstolas und den glitzernden Juwelen hatte Mae West etwas von der lüsternen Kaiserin, als die sie sich selbst immer am liebsten sah. Die »Empress of Sex«, ein Proletenkind aus Brooklyn , das auch in Hollywood noch gern blutige Boxkämpfe anschaute, hatte ihr Leben lang ein Faible für die Rolle der Prostituierten mit dem goldenen Herzen. Sie blieb dabei, als ihr die Hollywood-Zensoren auf den Fersen waren, aber auch dann noch, als die Sittenlockerung dem Ganzen schon längst die Aura des Skandalösen genommen hatte.

Mariam Niroumand beschreibt Mae Wests Weg vom Vamp der zwanziger Jahre bis zur Camp-Figur der Sixties in einem lebendigen Sittengemälde, das bei den fahrenden Vaudeville-Trupps der Jahrhundertwende beginnt und in den Schwulenbars von New York endet.

Econ & List

Matthias Henke

»Süchtig nach der Sehnsucht« Edith Piaf

224 Seiten, 20 Abbildungen

TB 26516-4

Originalausgabe

»Mut heißt, bis zum Ende zu gehen«, bis zum bitteren Ende. Die Piaf hat gekämpft und nicht gesiegt. Sie ist eine Extremistin der besonderen Art, eine Rebellin ohne Grenzen: Sie begehrt nicht einen Mann, sie begehrt sie alle – ohne Rücksicht auf bürgerliche Moralvorstellungen. Sie mußte ihre Sehnsucht nach dem Absoluten mit dem Leben bezahlen, aber die Menschen verehren sie. Die eindringliche Stimme, ihre Vitalität und Leidenschaft, ihre Hingabe an das Unerreichbare haben Millionen in ihren Bann geschlagen. Sie ist und bleibt die Göttin des Chansons.

062

Econ & List

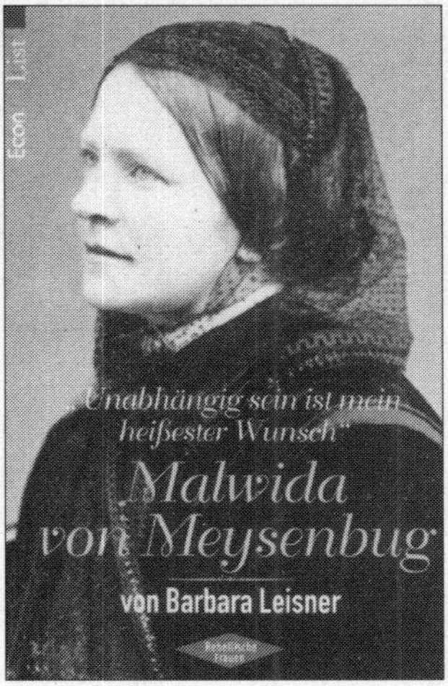

Barbara Leisner

»Unabhängig sein ist mein heißester Wunsch« Malwida von Meysenbug

216 Seiten, 20 Abbildungen

TB 26515-6

Originalausgabe

Malwida von Meysenbug verschmähte den im 19. Jahrhundert vorgezeichneten Weg für ein junges Mädchen aus adeligem Haus. Sie erlebte die 48er Revolution und war von da an eine leidenschaftliche Demokratin. Sie kämpfte für die Emanzipation der Frau und war eine der Lehrerinnen an der Hamburger »Hochschule für das weibliche Geschlecht«. Verfolgung trieb sie ins Exil nach London, wo sie bald mit dem russischen Sozialisten Alexander Herzen zusammenlebte. Ihre intellektuelle Kraft und ihre Warmherzigkeit machten sie zur geschätzten Gesprächspartnerin der europäischen Geistesgrößen ihrer Zeit.

Die Historikerin Barbara Leisner zeichnet in diesem Buch das Porträt einer ungewöhnlichen Frau, die gegen Monarchie, Kirche und Familie rebellierte und trotz aller Widerstände ihren eigenen Weg ging.

Econ & List

Max Gallo
»Ich fürchte mich vor gar nichts mehr« Rosa Luxemburg
488 Seiten, 20 Abbildungen
TB 26518-0

Rosa Luxemburg ist eine politisch-historische Reizfigur. Die einen assoziieren Agitation und Revoluzzertum, die anderen halten sie für eine der intelligentesten Frauen des 20. Jahrhunderts. Unerschrocken widmete Rosa Luxemburg dem Kampf für Freiheit, Demokratie und Frieden ihr ganzes Leben – bis zu ihrer Ermordung 1919.

Sie war eine der einflußreichsten Persönlichkeiten unseres Jahrhunderts, doch »Mensch zu sein« blieb für sie die Hauptsache. Der bekannte französische Historiker Max Gallo zeigt die Frau hinter der Politikerin – mit ihren Liebesbeziehungen, Ängsten und Sehnsüchten.

»Geschrieben von einem Menschen, als wäre er dabei gewesen.« *Radio Bremen*

»Blendend geschriebene Biographie über die ›Rote Rosa‹, die sich spannend wie ein Roman liest.«
Die Zeit im Buch

Econ & List

Leo Linder

»Ah, mein kleiner Herzog, du hast Angst?« Jeanne d'Arc

240 Seiten, 20 Abbildungen

TB 26514-8

Originalausgabe

Sie ist einzigartig: Niemals hat eine Frau so direkt und mit derart durchschlagendem Erfolg in den Gang der Geschichte eingegriffen, und in keinem Fall hat der Auftritt eines Menschen auf der politischen Bühne so viele Rätsel aufgegeben. Ihr Werdegang ist atemberaubend: Eben noch Hütemädchen am äußersten Rand Frankreichs, geht sie zu dem jungen schwachen König und bringt als politisches Genie in einem schon fast hundert Jahre dauernden Krieg die entscheidende Wendung. Mit 19 ist sie tot, verbrannt als Hexe. Und sie bleibt eine Heldin.

Econ & List

Peter Ustinov
Der Verlierer
Roman
320 Seiten
TB 27374-4

Florenz im Sommer 1944: Der deutsche Offizier Hans Winterschild verliebt sich in eine sechzehnjährige italienische Prostituierte. Diese Entdeckung wirft den jungen Hans, dessen Herz bisher nur für Vaterland und Evangelium schlug, in eine tiefe Krise: Zum erste Mal in seinem Leben wird er von dem Verlangen nach Liebe und Nähe überwältigt. Doch es ist Krieg, die deutschen Truppen befinden sich auf dem Rückzug, und auch Hans muß mit seiner Truppe die Stadt räumen. Dabei verliert er das Mädchen aus den Augen, und eine hoffnungslose Suche nach dem verlorenen Glück beginnt.

Eine ergreifende Geschichte, ein bewegendes Menschenleben, ein kühner erster Roman des jungen Peter Ustinov.

Regina Schönfelder
Rebeccas Mond
Roman
284 Seiten
TB 27371-X
Originalausgabe

Rebecca führt ein unbeschwertes Leben als Schriftstellerin – bis sie in einer Vollmondnacht von einem Unbekannten überfallen wird. Plötzlich brechen die dunkelsten Ängste in ihr auf. Zwar wird der Täter wenig später gefaßt, doch nicht einmal ihr Freund Tony, der als Polizist arbeitet, vermag Rebecca ihre Ängste zu nehmen. Sie verhält sich immer rätselhafter und abweisender. Dann, in der nächsten Vollmondnacht wird ein Mann grausam ermordet. Die Tat scheint ohne Motiv, denn der Tote galt als unbescholtener, ehrbarer Bürger. Nur Tony ahnt, daß seine Freundin etwas mit dem Mord zu tun hat. Am Tatort findet er Rebeccas Ohrringe.

Ein spannender, ungewöhnlicher Thriller über eine junge Frau und ihre unheimliche Mondsucht.